中国钢铁工业
低碳生产与逆向物流模式研究

胡 睿 卫李蓉◎著

企业管理出版社
ENTERPRISE MANAGEMENT PUBLISHING HOUSE

图书在版编目（CIP）数据

中国钢铁工业低碳生产与逆向物流模式研究 / 胡睿，
卫李蓉著. -- 北京：企业管理出版社，2016.4
ISBN 978-7-5164-1256-5

Ⅰ.①中… Ⅱ.①胡… ②卫… Ⅲ.①钢铁工业－节
能－研究－中国②钢铁工业－物流－物资管理－研究－中
国 Ⅳ.①F426.31

中国版本图书馆CIP数据核字(2016)第076325号

书　　　名：中国钢铁工业低碳生产与逆向物流模式研究

作　　　者：胡睿　卫李蓉著

责任编辑：申先菊

书　　　号：ISBN 978-7-5164-1256-5

出版发行：企业管理出版社

地　　　址：北京市海淀区紫竹院南路17号　　　邮编：100048

网　　　址：http://www.emph.com

电　　　话：总编室（010）68701719　发行部（010）68701073
　　　　　　编辑部（010）68456991

电子信箱：emph003@sina.cn

印　　　刷：虎彩印艺股份有限公司

经　　　销：新华书店

规　　　格：170毫米×240毫米　16开本　　15.75印张　　230千字

版　　　次：2016年4月第1版　2016年4月第1次印刷

定　　　价：98.00元

前 言

钢铁行业是中国重工业中的支柱产业。一直以来，以煤炭等化石能源为主要能源的生产方式导致钢铁企业成为能源消耗和碳排放的大户。

自从"低碳经济"的理念在 2003 年的英国能源白皮书《我们能源的未来：创建低碳经济》中被正式提出，这一概念就迅速被各个行业所接纳，逐步成为未来发展的一个重要指导思路，同时也是可持续发展在不同行业的具体体现。这一概念被引入到工业当中，就派生出了低碳工业的理念。

本书就针对钢铁这一传统重工业在低碳工业的理念指导下如何走可持续发展的道路展开讨论。内容主要包括两部分：上篇主要针对的是钢铁生产中的低碳模式研究和策略制定；下篇主要是针对钢铁物流回收中的低碳模式展开研究。

低碳生产模式的研究主要包括：可持续发展和低碳工业领域的研究成果回顾，影响低碳生产的主要因素分析，钢铁生产—能耗—排放系统模型的分析与构建，铁钢比、新技术推广和煤气回收对能耗和排放的影响分析及原因剖析，以及带有控制节点的低碳线路图绘制和具体政策建议提出。用到的主要方法是物质流 – 能量流分析和系统动力学模型。

低碳逆向物流回收的研究主要包括：逆向物流网络构建中的关键因素

识别；逆向物流网络构建中的三种模式对比；考虑自营和联营模式下钢铁企业决策的演化分析；考虑外包模式下钢铁企业群体的演化博弈模型建立；外包模式下钢铁企业群体与第三方回收处理商群体的演化博弈模型建立；最后建立了不确定环境下多目标逆向物流网络优化模型。用到的方法主要是情景分析和演化博弈模型。

　　本书主要是笔者读博士期间的研究成果，书中有详细的文献回顾、全面的方法介绍和丰富的数据资料，力求读者通过本书的学习，能够对重工业领域的低碳研究现状和未来发展有初步的了解，引发深入的思考。本书可作为相关研究领域的研究人员和学生的参考之用。

目 录

上 篇

下 篇

上　篇

中国钢铁工业低碳生产研究

作为世界上最大的发展中国家，中国近年来的发展有目共睹。伴随着国家实力的日益增强，发展带来的环境影响也日益严重。我国以钢铁企业为代表的重工业在国家建设中起到了至关重要的作用，同时也带来了不容忽视的能源消耗和碳排放问题。

2014 年，我国钢铁行业粗钢产量为 8.23 亿吨，已经连续 18 年位居世界第一。同年，我国吨钢综合能耗降至 584.7 千克标煤 / 吨钢。虽然同比有所下降，但绝对值仍处于世界较高水平。

针对我国钢铁行业高能耗、高排放的现状，本研究利用碳素流分析的方法对冶金过程中碳元素足迹进行了追踪，利用系统动力学模型对长流程钢铁生产的主要工序进行了仿真，并通过情景分析试图寻找到适合中国钢铁工业发展的低碳道路。具体来讲，本研究主要从以下五个方面展开：

第一，从背景及意义的角度入手，介绍了本研究开展的必要性和可行性，并对钢铁行业可持续发展、钢铁行业碳足迹研究和主要方法系统动力学等领域已有的研究成果进行了总结概述。

第二，进行了基于能量流分析的钢铁行业低碳生产关键影响因素的选取，找到了铁钢比、技术推广和煤气回收三个主要因素。用到的方法是 AHP（Analytic Hierarchy Process，层次分析法）方法，AHP 评价体系评分来自三个方面：其一，收集来自钢铁研究院冶金经济研究所的专家的意见，对指标体系进行打分并记录分析；其二，钢铁企业能源管理中心和一线生产人员的访谈记录；其三，利用问卷和文献数据对指标的历史评价结果进行收集整理，辅助打分。最终综合两者意见得出三个关键指标。

第三，构建钢铁企业"高炉/转炉"长流程炼钢的系统动力学模型。模型被命名为"生产－能耗－排放"模型，主要分为技术影响模块、废气回收模块、铁钢比模块和生产流程核心模块。模型中关系的建立和反馈回路的确定主要来源于国内千万吨级产能钢企的能源平衡表数据，2005～2014年《钢铁工业年鉴》以及部分网络资料整理。

第四，针对上述三个影响因素制定三条可行策略：降低铁钢比、提高技术普及率和废气完全回收利用，并在构建的系统动力学模型对三种策略进行分情景的模拟仿真，分别从对能耗的影响和对碳排放的影响两方面进行研究。该部分是研究的一个核心，通过量化的参数对不同策略下钢铁行业的能耗和排放问题进行模拟，找出带有时间节点的低碳规划。

第五，根据第四部分生成的结果，设计出具有中国特色的、符合行业特征的钢铁行业低碳生产路径图，并根据数据分析的结果给出相应的建议。该部分是研究的总结和升华，也是本研究的现实意义的体现。总体结论为：降低铁钢比是一项长远而有效的策略，应当保持高度关注并不断为其实现做准备，随着条件的成熟逐步推进；以高炉炼铁新技术为代表的减排降耗技术的不断研发和推广是一项可行且有效的策略，当前就应抓紧实施，且加大推进力度，争取达到全国钢铁行业100%应用节能技术生产，从而实现行业低碳生产的目标；煤气回收是一项已有成效但仍需加大投入的策略，尤其是高炉煤气和转炉煤气，两者由于热值不如焦炉煤气，所以回收率不如后者高，可以采用先回收存储后重复利用的方式，它可以作为一项中长期策略。

在上述研究的过程中，本文总结提炼出的创新之处共有如下几点：

第一，本研究给出了带有时间节点的我国钢铁企业低碳生产路线图，且路线图中的指标均为量化指标。之前，水泥等其他高能耗行业均已有成型的系统路线图，而钢铁行业在这方面的定性研究较多，定量研究几乎没有，因此本研究具有首创性和较强的可操作性。线路图分为三个阶段：首先进行新技术的推广，并加大力度进行废钢回收，称为"技术阶段"；接下来有足够的废钢积累后逐步提升电炉钢的比例，加大短流程炼钢的推广力度，称为"EAF（Electric Arc Furnace，电弧炉）阶段"；第三步即综合运用多种方法，实现低能耗，零排放，称为"零排放阶段"。

第二，本研究对铁钢比、技术推广和废气回收等三种手段在节能和减排两方面的作用进行了量化的对比研究。这三者对钢铁企业的能耗和排放的影响是大家都认可的，但是具体影响程度和之间的数量化关系则鲜有关注。本研究从系统的视角切入，利用系统动力学的方法将三者规划到一个整体中，结果证明这一尝试是可行并且有效的。研究发现，降低铁钢比在节能和减排两方面都是最为行之有效的，但是考虑到国内钢铁产品的回收周期还很长，废钢存量严重不足，所以进一步加强技术推广是当下最为可行的策略。

第三，本研究在方法上综合了碳素流分析和系统动力学两种系统方法，取得了较好的结果。碳素流分析和系统动力学都是从整体的角度看问题，适合于复杂的、动态的、非线性的系统。而钢铁生产过程正是这样的一套体系。这种综合方法能够有效地抓住核心问题，规避干扰因素，得到有针对性的解决方案。

第四，本研究提取了基于能量流分析的钢铁企业低碳生产关键因素。首先，该打分体系是建立在能量流分析的基础上的，是更有针对性和实际意义的一套指标体系；其次，由于钢铁行业是工业体系中的支柱，因此关于它的研究也较为成熟。因此，在本研究的关键因素寻找过程中，结合了已有文献的分析结果，利用已经得到认可的结果来补充和完善专家打分体系，使得后续的研究更加可信。

　　总之，本研究利用能量流分析和系统动力学模型构建了钢铁企业生产模型，并对铁钢比、技术推广和废气回收等三个关键因素对能源消耗和碳排放的影响进行了综合分析，给出了低碳生产路线图，并提供了相关的政策建议。

1. 引言

1.1 研究背景

综观人类的发展史，是一部人与自然做斗争的历史。人类发挥自己的主观能动性，一步步从原始的"畏天命"观念到"天人合一"的世界观而后发展到工业时代的"向大自然进军"和"人定胜天"。我们向大自然无节制地索取，用以提高自己的生活水平、改善自己的生活质量。

然而，正如恩格斯所说："我们不要陶醉于我们对自然界的胜利，对于每一次这样的胜利，自然界都报复了我们。"随着工业化进程的推进，人类在走向高度发达的技术时代的同时，也走上了以破坏生存环境为代价换发展的不可持续发展道路。

在工业发展而引发的环境问题中，全球气候变暖是较为突出的一个。它会导致温室效应和厄尔尼诺现象的出现，对全球生态系统造成影响，对人类生活带来威胁。全球气候变暖的诱因和机理尚未有明确的解释，但是毫无疑问的是，以 CO_2 为代表的温室气体在大气层中的聚集是一个重要影响因素。CO_2 在生活和生产中被大量生成，是一种占温室气体排放量 2/3 以上的氧化物。而且 CO_2 分解消耗周期长，在大气中寿命约为 50 ~ 200 年，对环境影响持久。

统计显示，1959 年以来，CO_2 每年增加 0.5%，其中由人类活动释放的 CO_2 总计 7.5×10^9t 左右。CO_2 的排放，主要来源于企业及居民对含碳能源的使用和消耗。每年化石燃料燃烧释放 CO_2 约 6×10^9t。

随着世界范围内的工业化进程的加快，能源消耗也在逐年递增。图 1-1

展示了 OECD（Organization for Economic Co-operation and Development，经合组织）统计和预测的世界能耗变化趋势：

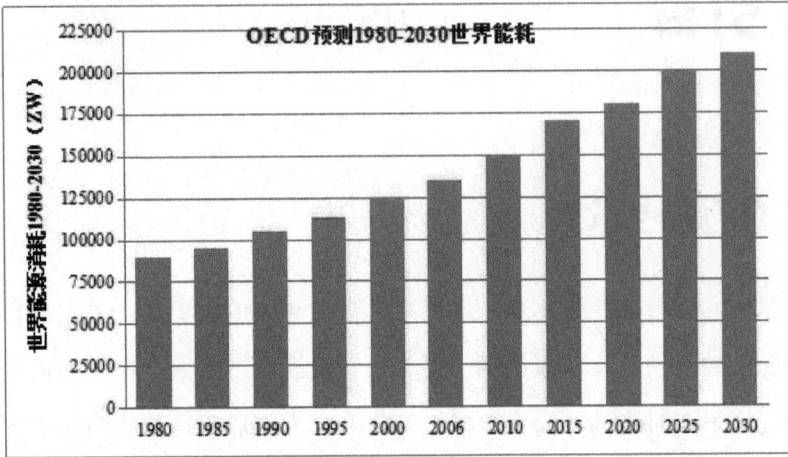

图 1-1　OECD 预测的 1980-2030 年世界能耗变化趋势

可见，能耗在可预见的一段时间内，始终保持着增长态势。2015 年的世界能耗水平比 1980 年增长了 88.89%，而 2030 年预计将比 2015 年增长 23.53%。虽然速度有所放缓，但是总体趋势始终保持增长态势。

现今能耗最大的行业仍是工业，而能源结构也保持着以化石燃料为主。与此相应的，是能源消耗所带来的大量 CO_2 排放。所以，"节能"和"减排"就成为世界范围内的关注主题。为了应对这类问题，各个国家和国际组织通过各种渠道进行管理，包括颁布法规，如可再生能源法与效能管理法令；制定严格的控制目标，如能效改善目标、可再生能源发展目标；控制各类企业的配额比例，如强制性要求能源企业和发电企业进行能源复用等。各方都希望能通过多方面的途径来阻止全球变暖的发生，应对能源危机带来的挑战。

2009 年 12 月 7 日是可持续发展领域一个重要的日子，联合国气候会议在哥本哈根召开。会议到场的有来自 192 个国家的环境部长和其他官员。他们在哥本哈根进行了为期 12 天的讨论，旨在商讨《京都议定书》一期承诺到期后的后续方案。会议在比原计划延长一天，最后却只是通过了无法律约束力的《哥本哈根协议》。中国作为最大的发展中国家，积极承担大国责任，承诺到 2020 年单位国内生产总值二氧化碳排放比 2005 年下降 40% ~ 45%。这对于发展中国家来说，属于创举性的承诺。因为发达国家在碳减排方面显然负有更大的责任，而发展中国家在发展过程中对能源的需求是巨大的，相应排放也更难以控制。但是既然主动做出了承诺，我国就开始了低碳经济从理论走向实践的探索。

低碳经济，就是以低能耗、低污染、低排放为基础的经济模式，即在经济发展中在排放最少温室气体的前提下获得整个社会最大的产出，是减缓气候变化和促进人类可持续发展的必由之路。低碳的实质可以转化为两个方面：减少能耗和控制排放。减少能耗主要是通过提高化石能源的利用效率并积极寻找替代能源来实现的；控制排放则主要是通过清洁回收复用和技术创新改进。除了技术手段，全球范围的产业结构升级和政策扶持也是低碳经济实现的重要手段。

低碳经济的出现不是一日之功，而是随着问题的积累和研究的深入经过不断完善而逐步成长起来的概念。各国在 20 世纪 90 年代开始的研究中就频繁关注了环境问题对经济、生活、生产等方面的影响。温室气体在 1992 年的测算水平下排放将给美国带来高达 620 亿美元的经济损失，占其 GDP 的 1%；这一比例在世界其他发达国家也基本一致，而对于发展中国家，它则会上升到 GDP 的 2% ~ 6%（Ciine, 1992）。在京都议定书所约定的六种温室气体二氧化碳（CO_2）、甲烷（CH_4）、氧化亚氮（N2O）、氢氟氮合物（HFCS）、全氟化物（PFC5）、六氟化硫（SF6），CO_2 约占总量的 64%，且降解时间长，对温室效应的贡献最大（Bachu,2000; 姜克隽，胡秀莲，庄幸，刘强,2009），因此，控制 CO_2 的排放被认为是解决温室效应的关键措施。这些问题的日益凸显给低碳经济的出现提供了动机和理论基础。

同时，从这些讨论中也可以看出，低碳经济的提出，对发展中国家既是发展的机遇也是严峻的挑战。作为已经做出承诺的国家，中国在这方面的探索还处在初级阶段。

由于整体科技水平落后，技术研发能力有限，中国的能效还很低。现在中国每百万美元 GDP 所消耗的能源数量是美国的 3 倍，德国的 5 倍，日本的近 6 倍。中国 1 吨煤产生的热效率仅相当于美国的 28.6%，欧盟的 16.8%，日本的 10.3%（于立新，2010）。这一趋势在短时间内不会有显著的改变，因为我国正处于工业化、城市化、现代化建设的关键时期，各类大规模基础设施建设正在如火如荼的开展，不可能全部停止。与此相关的能源需求将会继续保持增长，而建设带来的排放问题也不会有显著的改观。再加上人口规模继续增长，各类硬性需求都会保持在平稳的较高水平。总的来说，在可预见的 20 ~ 30 年内，随着中国能源需求的不断增长，温室气体排放总量也会继续增加。中国以化石燃料为支柱的能源结构，也让温室气体排放控制的工作更加艰难。

所以，期待中国随着能源需求的稳定而自发达到预期目标，实现低碳发展，是不切实际的。而基础建设部分的能耗和排放也是和人口基数与增长率密切相关的，暂时不会有有效的控制措施。因此，另一个能耗和排放都很大的终端——工业，就成为关注的焦点。

作为国民经济的支柱产业，我国工业能源消费量占全国能源消费总量的约 70%。虽然在各方努力下，工业单位产值 GDP 已经有所下降，但是绝对值仍处在较高的水平。在工业中，钢铁工业又是一个典型的代表。作为重要的原料生产和加工部门，钢铁行业是国家经济建设的重要组成部分，是基础设施建设的原料供应商，也是一个国家经济和社会发展水平的重要标志之一。钢铁行业有"五大密集"：人力密集、资金密集、资源密集、能源密集和技术密集。属于高投入高产出行业，也是能源消耗和转换的重要单位。

　　钢铁工业是典型的联合生产企业，属于高能耗、高排放的产业，是主要的涉碳行业，是全球温室气体的主要制造者之一。从全球统计来看，钢铁工业排放的 CO_2 约占人类总排放的 5%，而在中国要占到 12% 以上。由于中国钢铁生产中铁钢比高，电炉钢比例低以及钢铁产业集中度低和冶金装备容量偏小等原因，使得钢铁工业 CO_2 排放量占全球钢铁工业 CO_2 总排放量的 51%，而欧盟为 12%，日本为 8%，俄罗斯为 7%，美国为 5%，其他国家为 17%（徐匡迪，2010）。从这些数据可以看出，中国钢铁工业的排放总量远远高于其他国家。2009 年，中国的粗钢产量占全球产量的 46.3%，钢铁工业总排放却要占全球 CO_2 排放量的 51%，进行粗略的对比，可以看出排放强度也远远高于其他国家。

表 1-1　我国大中型钢铁企业各工序能耗与世界先进水平的对比（kgce/t）

工序	单位产品能耗（Kgce/t）		
	中国		先进水平
	2013	1999	1999
焦化	100.5	163	128.1
烧结	49.14	72	58.89
高炉	398.09	469	437.93
转炉	−7.17	28	−8.8
电炉	60.82	280	198.6
热轧	51.8	155	47.82
冷轧	66.9		80.28

* 数据来源：来源于《中国钢铁年鉴》，2013，129 页，表 5；Zhang B 等人论文中数据整理（Zhang, Wang, Yin, Su, 2012）

　　从 1996 年到 2014 年，中国粗钢产量连续 19 年保持世界第一。从 1996 年的 1 亿吨产量到 2014 年产量超过 8 亿吨，我国粗钢产量的增速也是之前从未有过的。2014 年，我国粗钢产量为 8.23 亿吨，占全球总产量的 49.5%。而钢铁产量的峰值尚未来到。因为目前中国的工业化进程还没有完成，城镇化建设也正处在关键时期，发展经济、改善民生的任务繁重。随着国民经济的发展，钢铁无论从品种还是产量上都将继续增加。中国钢铁的排放强度、生产总量同单位国内生产总值碳排放量减少40%-45%的目标，形成了强烈的对比。图1-2展示了我国粗钢产量和能耗变化趋势：

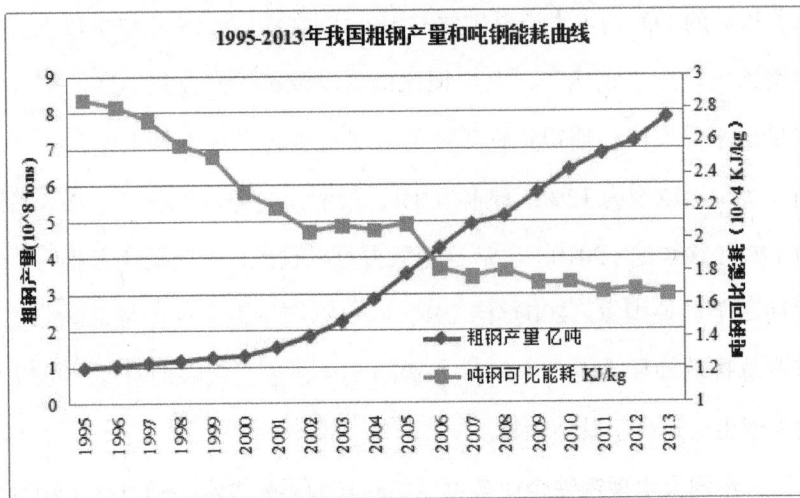

图1-2 1995-2013年我国粗钢产量和吨钢可比能耗曲线图

虽然我国的吨钢可比能耗在逐年下降，但是由于基数较大，且近年来下降趋势放缓，所以绝对值还保持在一个较高的水平上。

总之，中国工业企业的碳减排任重道远。而化石能源的依赖、落后技术的使用和回收再利用意识的薄弱使得工业低碳化困难重重。在这样的现实背景下，作为重工业代表的钢铁企业的节能减排、低碳生产成为研究的热点。

1.2 研究目的及意义

研究钢铁行业低碳生产策略主要目的在于控制该行业的能耗和排放，进而实现整个工业行业的低碳生产。具体来讲，研究目的可以分解为四个子目标：

（1）确定对低碳生产影响最大的几个关键因素。这一过程的实现主要是利用能量流分析的方法，将影响钢铁企业能量的诸多因素根据能量流的特点进行分类，进而建立一个影响指标体系；通过 AHP 的方法对指标进行分别打分，找出得分最高的影响因素作为关键影响因素，同时也作为进一步分析的基础。

（2）建立钢铁行业低碳生产系统动力学模型。该模型是建立在关键影响因素的基础上的，用于模拟分析钢铁生产流程及其参数改变对能耗和排放的影响。

（3）利用系统动力学模型对不同策略下的能耗和排放进行模拟仿真，通过对比发现每种策略的量化影响程度，以及该种策略的适用条件。

（4）根据分析结果得出具有控制节点的中国钢铁行业低碳生产线路图。

本研究的意义也可以从国家政策、产业建设及行业发展等三个方面进行：

（1）从政策意义上来讲，研究有助于我国实现在哥本哈根会议上对全世界作出的承诺，树立负责任的大国形象，提升我国国际地位；

（2）从产业意义上讲，工业现在仍是我国的支柱产业，世界各国也纷纷提出"工业 4.0"等相关概念，表明工业在国民经济中的重要地位，钢铁行业低碳生产是工业低碳化的重要一步；

（3）而从行业本身的意义上来讲，在钢铁行业形势比较低迷的时期，控制能耗和排放能够有效地节约能源，提高效率，控制成本，同时尽到企业对社会的责任。

可以说从各个方面来讲，钢铁行业的低碳生产策略都是有研究价值的。在本研究中，给出中国节能减排的一个期望目标。在我国"十二五"规划中提出，2020 年单位 GDP 的 CO_2 排放量力争较 2005 年降低 40% ~ 45%。根据国家统计局、国家发改委和国家能源领导小组办公室在 2006 年 6 月 30 日发布的数据，中国 2005 年单位 GDP 能耗为 1.22 吨标煤 / 万元。对应于 2005 年 18 万亿元的 GDP 可知，当年的能耗折合 2.224×10^9 吨标煤。这样根据国家的碳排放目标，2020 年单位 GDP 能耗应为 0.732–0.793 吨标煤 / 万元。国家统计局还指出，到 2020 年，我国 GDP 预计将达到 29.764365 万亿元，

对应能耗达到 2.3×10^9 吨标煤。1 吨标煤相当于 0.68 吨碳即 2.493 吨二氧化碳。而钢铁行业约占全国总排放量的 15%。因此，全国总目标可以转化为钢铁行业碳减排目标：2020 年 388.92 千克标煤 / 吨钢。

1.2.1 研究内容

对应上述目标，研究主要从以下几方面展开：

（1）总结了可持续发展、钢铁行业低碳和系统动力学理论方面已有的研究成果。总结主要是从发展历程、应用领域、国内外研究现状和前景等几方面展开的。具体思路是先引入可持续发展的概念，而后引出低碳经济的理念。低碳经济是从"节能"和"减排"两方面阐述的。之后介绍了本研究的对象，钢铁行业低碳方面取得的研究成果。最后讲述了本研究的主要方法论——系统动力学方法——的历史沿革和研究成果。章末对已有研究的成果和不足进行了总结，并引出本研究的主要方向。

（2）确定了钢铁行业低碳生产的关键影响因素。钢铁行业低碳生产的影响因素指标体系是在能量流分析的基础上进行的。能量流分析梳理了整个冶金过程中所用到的能源类型、数量、工序、利用效率、排放情况等，并基于文献综述中提到的能量的六分类法进行指标体系构建。之后在进行关键因素筛选时综合了钢铁研究院的 5 位专家意见和多篇文献研究内容，选择出"铁钢比""煤气回收"和"技术普及"等三个关键影响因素，为下一步的仿真分析提供了基础。

（3）建立了"生产 - 能耗 - 排放"系统模型。模型的建立主要是利用了系统动力学的原理。系统包括 61 个实体变量和两个影子变量，共分为"生产""技术""排放"和"铁钢比"等四个子系统。变量间的相互关系基于实际生产情况建立，变量的定量描述来源于某千万吨级钢厂四年的能源平衡表和每年出版的《钢铁工业年鉴》。系统描述采用的是 Dynamo 语言，变量命名规则是英文名称的缩写。系统中控制变量是粗钢产量的预测峰值。

（4）对比分析了铁钢比、技术和回收对能耗和排放的影响。通过不同的参数设置，"生产－能耗－排放"模型给出了不同策略下中国钢铁行业吨钢能耗和排放情况。铁钢比在模型中被设置为四个不同的值：中国现状，世界平均水平，除中国外世界平均水平和最先进水平；15项新技术被分为四组：应用于焦化工序，应用于烧结工序，应用于炼铁工序和应用于炼钢工序；回收策略也被分为三组：焦炉煤气全部回收，高炉煤气全部回收和转炉煤气全部回收。不同策略的作用效果被量化的列出，并且给出了他们各自适用的情况。

（5）提供了基于数据分析的中国钢铁企业低碳生产策略，并绘制了带有控制节点的路线图，同时给出了可行的政策建议。中国钢铁行业低碳生产的解决方案主要是从废钢回收，电炉设备引进，煤气零排放和新技术推广方面切入，具体的实现途径在研究的第六章有具体建议。

总之，研究内容可以总结为五个问题：钢铁低碳研究进展如何，是否有研究价值？影响钢铁低碳的关键因素有哪些，如何确定？采用什么方法来确定这些因素的影响程度？这些因素的具体影响有多大？如何控制这些因素来达到低碳生产的目的？

1.2.2 主要创新点

本文的主要创新点也与研究内容一一呼应。所以，创新点主要有四方面：

（1）基于碳素流分析的钢铁行业低碳生产影响因素确定。碳素流分析从输入、放散、承接、传递、回收自用和回收他用等六个方面详细分析了钢铁长流程生产过程中以碳素为载体的能量流的活动情况，并利用能量流的特点构建了包括"工序能耗控制""系统节能减排""回收利用"和"技术措施"等四个方面的指标体系，利用 AHP 方法确定了各项指标的权重，则其最高分的"回收""铁钢比"和"新技术"等三个指标作为关键影响因素。

（2）基于系统动力学的"生产－能耗－排放"系统模型构建，研究利用系统动力学非线性、处理复杂问题能力强、所需初始数据数量少等特征，建立了与实际生产情况相符的一套仿真系统。系统创新性的将"技术推广""铁钢比""煤气回收"和"生产"等四个模块整合在一个整体中，以长流程生产五大工序为内部结构，以实际生产方式为建模基础，以时间序列生产资料为数据支撑，以 Dynamo 语言为主要工具，构建了一个简洁、真实和完整的仿真体系。

（3）基于"生产－能耗－排放"系统模型的关键影响因素控制策略量化分析。之前的研究在影响因素方面大多是建议性的描述或定性的分析，不同策略下能耗和排放的具体变化程度没有量化的解释，更鲜有利用系统动力学模型进行仿真运算。本研究关注了不同铁钢比策略（中国现状，世界平均水平，除中国外世界平均水平和最先进水平）、不同技术推广策略（应用于焦化工序，应用于烧结工序，应用于炼铁工序和应用于炼钢工序）和不同回收策略（焦炉煤气全部回收，高炉煤气全部回收和转炉煤气全部回收）下中国钢铁行业能耗和排放的量化结果，并针对造成这些结果的原因进行了深入的分析。

（4）基于数据分析的中国钢铁行业低碳策略建议及低碳发展线路图。在我国，水泥等行业都已经有成型的低碳发展线路图，而钢铁行业的线路图没有官方发布，只有学者根据自己的观点给出的建议。本研究也针对上述数据分析给出了自己的低碳发展建议，同时对钢铁行业低碳发展应当采取的策略及时间节点给出了阐述。这些政策建议都是具体的，可操作的，对钢铁行业政策制定和发展规划都具有实际意义。

1.2.3　研究技术路线图

本文研究从我国钢铁行业生产情况和环境问题入手，第一章验证了该问题研究的可行性及意义，并给出了研究目的；第二章对该领域已有的研究成果进行了总结，并发掘出其中可供进一步深入研究的潜力；第三章主要利用能量流分析和 AHP 方法进行了关键因素确定；第四章利用系统动力学原理和已确定的关键因素构建了"生产－能耗－排放"模型；第五章利用第四章构建的模型进行了仿真和分析；第六章是全文的结论，给出了基于前文分析的相关建议和路线图。见图 1-3。

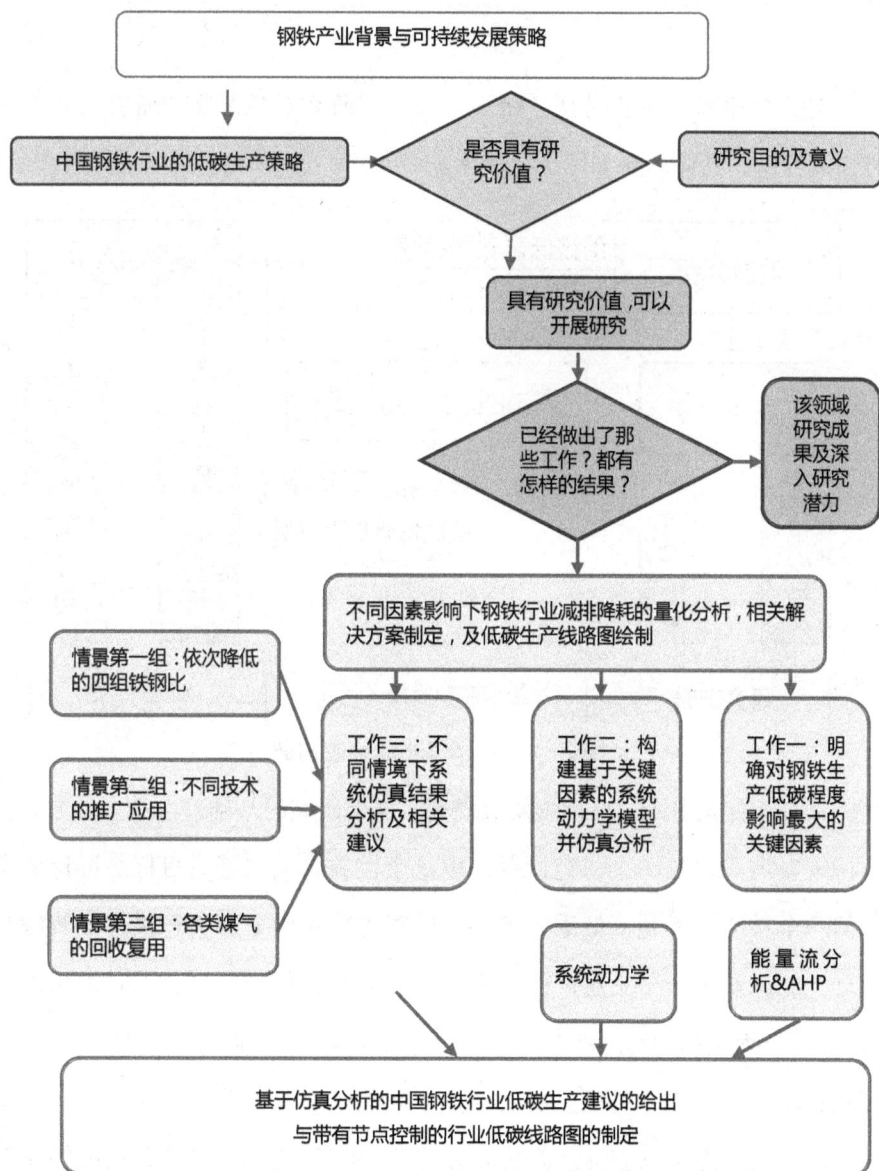

图 1-3　研究技术路线图

17

2. 文献综述

文献综述部分主要是从"研究范畴""研究对象"和"研究方法"三方面展开的，具体思路如图 2-1 所示：

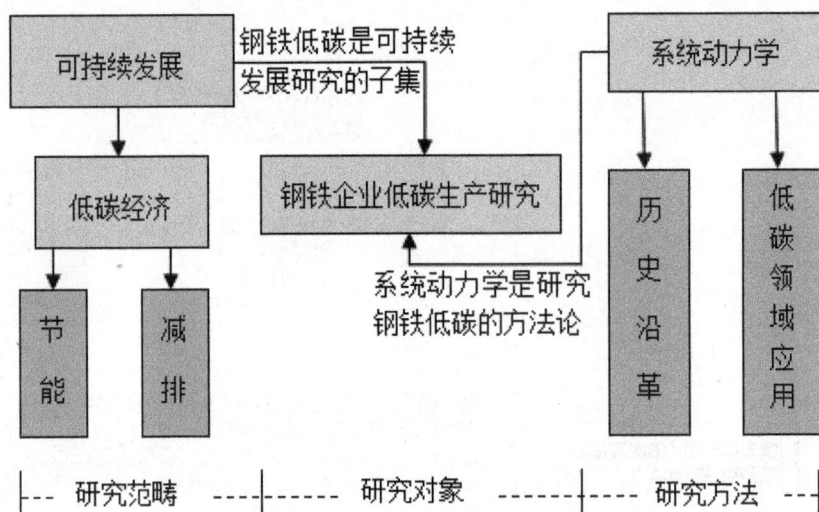

图 2-1 文献综述部分结构图

第二章首先引入了可持续发展理论，这是研究的基础理论和主要方向。可持续发展不仅是一个研究课题，也是全世界各国的努力目标。可持续发展的一个核心内容是"低碳"理论。低碳可以从两方面进行论述：节能和减排。能源是一个历史悠久的研究课题，但是在低碳的概念下它被赋予了新的含义。而减排则是之前"三废治理""环境保护"等概念的根本理念所在。节能和减排也是本研究的主要关注点。明确了研究的范畴，接下来介绍了研究的对象，即钢铁企业。钢铁企业作为传统行业，且又是典型的耗能企业，低碳在钢铁行业的研究由来已久。近年来，蔡九菊等人的研究理论成为钢铁企业能源相关研究的一个重要分支。之后，又引入了研究的方法论：系统动力学。系统动力学是 20 世纪 70 年代提出的一种非线性、系统化研究方法，在各种复杂系统领域都有较好的表现。

2.1 可持续发展理论

2.1.1 可持续发展与低碳经济

以复杂科学理论（Complexity Science Theory）的视角来看，发展是一个非线性的复杂系统。可持续发展（Sustainable Development）是指各个子系统协调发展，这些子系统一般指资源系统、经济系统、环境系统、人口系统和社会系统。国际上对于可持续发展问题，通常研究经济、社会、环境和制度的相互作用（朱启贵，1999）。可持续发展遵循"持续性、平等性、协调性"三个原则和"生态学、经济学、社会学"三个基本方向。

在可持续发展的大主题下，"低碳"（Low-carbon）的概念应运而生。其概念可以分解为控制温室气体排放、控制能源消耗、控制环境污染等几个方面。

面对全球气候变化，急需世界各国协同减低或控制二氧化碳排放，1997年的 12 月，《联合国气候变化框架公约》第三次缔约方大会在日本京都召开。149 个国家和地区的代表通过了旨在限制发达国家温室气体排放量以抑制全球变暖的《京都议定书》。2005 年 2 月 16 日，《京都议定书》正式生效，目标是在第 1 个承诺期 2008—2012 年，主要发达国家承担各自定量化的减排义务，将京都议定书约定的温室气体二氧化碳、甲烷、氧化亚氮、氢氟碳化物、全氟碳化物和六氟化硫的总排放量要比 1990 年消减 5.2%。2009 年，"COP15"（《联合国气候变化框架公约》缔约方第 15 次会议）在丹麦首都哥本哈根的贝拉会议中心举行。会议旨在诞生一份新的《哥本哈根议定书》，以代替 2012 年到期的《京都议定书》。如果在本次会议上，各国不能达成共识，并通过新的决议，那么在 2012 年《京都议定书》第一承诺期到期后，全球将没有一个共同文件来约束温室气体的排放。遗憾的是，由于发达国家和发展中国家利益上的冲突以及发达国家在碳排放方面不愿负责任的态度，本次会议没有达成预期的目标。中国在本次会议上承诺，将确保完成 2020 年碳强度降低 40% ~ 45% 目标。2012 年 11 月 26 日，COP18 在多哈召开，气候大会对《京都议定书》第二承诺期作出决定，要求发达国家在 2020 年前大幅减排并对应对气候变化增加出资。

"低碳经济"最早见诸于政府文件是在 2003 年的英国能源白皮书《我们能源的未来：创建低碳经济》。英国充分意识到了能源安全和气候变化的威胁，它正从自给自足的能源供应走向主要依靠进口的时代，按目前的消费模式，预计 2020 年英国 80% 的能源都必须进口。同时，气候变化已经迫在眉睫。英国首相布朗于 2007 年 11 月阐述英国的主张是，努力维持全球温度升高不超过 2℃。这就要求全球温室气体排放在未来 10 ~ 15 年内达到峰值，到 2050 年则消减一半。英国的目标是：2020 年 CO_2 比 1990 年减排 20%，2050 年减排 60%，并创建低碳经济。

"低碳经济"（Low-carbon Economy），是指在可持续发展理念指导下，通过技术创新、制度创新、产业转型、新能源开发等多种手段，尽可能地减少煤炭石油等高碳能源消耗，减少温室气体排放，达到经济社会发展与生态环境保护双赢的一种经济发展形态（付允，马永欢，刘怡君，牛文元，2008）。

现有的我国低碳方面的研究主要可以归结为三个问题：中国节能减排的潜能；我国和能源管理方面较为发达的国家之间的差距及原因分析；以及怎样提升我国的能源管理水平。

我国节能减排方面，对历史能耗数据进行随机前沿分析的结果表明，在 2005—2011 年间，我国的能源效率表现出提升的趋势。在 2005—2011 年之间，我国的平均能效指数为 0.699，累积节能潜力为 72344 万吨标准煤（Lin and Wang, 2014; Lin, Wu, Zhang, 2011）。换言之，虽然能效在统计期的七年内有所提升，但在同一时期内仍存在很大的节能空间。

为了实现节能减排的目标，充分挖掘各方面的潜力，我国在碳排放控制方面也作出了卓有成效的努力。研究表明，2010—2030 年间，由使用具有成本效益的电力所带来的二氧化碳排放减少潜力为 139Mt，而有技术电力带来的二氧化碳减排潜力为 237Mt；具有成本效益的燃油带来的节能潜力为 11999PJ，而技术燃油方面带来的节能潜力为 12139PJ（Hasanbeigi, Morrow, Sathaye, Masanet, Xu, 2013）。

可以说，全球可持续发展的潜力很大，以中国为代表的发展中国家这一点尤其明显，但是同时也面临更大的挑战。

低碳经济在本文中的具体化概念为：以钢铁工业为代表的重工业企业利用技术、管理等手段，对含碳原材料的使用和碳化合物的排放进行控制。简而言之，其目的就是"节能减排"。显而易见，研究包括工业领域内的"节能"和"减排"两个方面。

2.1.2 能源经济与能源环境

能源（Energy sources）是向自然界提供能量转化的物质（矿物质能源，核物理能源，大气环流能源，地理性能源）。能源是人类活动的物质基础，人类社会的发展离不开优质能源的出现和先进能源技术的使用。能源的有效利用对经济的稳定发展和环境的合理保护都具有积极的作用。然而，直到 20 世纪 80 年代，能源管理才在学术界得到广泛的重视。

起初，能源的利用和研究主要是工业企业的责任，长期以来政府在推动节能技术推广的过程中的作用被低估。而事实上，政府在政策方面的合理引导能够使能源利用效率有效的提升。例如，在情景分析的情况下，政府积极采取措施推广节能技术，节约能源成本，能使美国未来20年（1982—2002）仅石油一项的采购花费减少500亿元的支出（Hirst, Fulkerson, Carlsmith, Wilbanks, 1982）。1982年之后，政府主导的能源管理成为主流。在各国政府的大力主持下，各类提高能源利用率的具体研究开展起来。

20世纪80年代，随着中国经济发展的加速，能源问题也同样受到国内越来越多学者的关注。当时正处在改革开放初期，生产力快速发展，而一定的生产力发展水平要求有与之相适应的能源种类和形式，而一种新能源的发现与利用，又可以促进社会生产力的迅速发展。由于中国的经济增长将会在相对较长的时间内保持在较高的水平，而能源，尤其是不可再生能源的有限性，会对经济发展速度造成制约（张思平，1980）。

具体来讲，20世纪80至90年代的中国学者更关注能源与基础经济建设相关的问题。当时中国经济正在快速发展初期，全国各地经济蓬勃发展，对能源的需求也很旺盛。地域经济发展与能源、环境的相关关系成为关注的焦点。在当时的地理环境、资源限制约束下，分地域的稳定可持续发展策略蓝图被制定出来（毛汉英，1991）。虽然有可持续发展的思想，但是由于技术差距等原因，当时全国范围内的综合能源利用率较之发达的资本主义国家还有10%左右的差距（黄毅诚，1999）。中国能源管理道路任重而道远。

20世纪90年代，发达国家和发展中国家在能源方面的情况有所区别。此时发展中国家正在建设工业化社会的关键时期，对资源的索求非常巨大。以中国为代表的一批国家这一阶段的研究主要集中在较为微观的领域，具体表现为两个方面：一是不同产业的可持续发展能源管理（柏章良,1997；邓建，彭怀生，张强，1997；魏同，潘惠正，贾勤修，王立杰，1997），二是不同地域的可持续发展能源策略（毛汉英，1996；谢克昌，1995；徐华清，1997；殷瑞钰，1997）。而与此同时，发达国家已经完成工业化，主要面临的问题是经济转型。波兰发现在经济转型过程中，能耗出现了先快速下降而后降速放缓的现象，究其原因，是 90 年代国内第二产业的产出下降带来了能耗快速下降，而第三产业中交通运输业的发展则减缓了下降的速度（Meyers, Salayf, Schipper, 1994）。这一现象在其他发达国家也存在。澳大利亚是另一个代表。与波兰不同的是，它的工业还在继续快速发展，而能耗却在降低。通过对比南北部发展状况，发现造成这种现象的主要原因是发达国家的工业已经脱离了能源密集、重污染型的发展模式。当然这也从一个方面反映出发达国家对发展中国家的污染输出问题（Park, Labys, 1994）。

面对能源短缺和环境污染的问题，以美国为首的国家开始思索更长远的出路。面对"地球温室化"的威胁，最好最直接的解决方法就是尽快从以化石燃料为核心的经济，转变为以太阳能、氢能为核心的经济（R., 1999）。莱斯特·R. 布朗还认为要建构零污染排放、无碳能源经济体系，从以化石燃料或以碳为基础的经济向高效的、以氢为基础的经济转变，是十分必要的、紧迫的（R, 2002）。

随着各国经济的发展和工业化水平的提高，能源经济在 21 世纪得到了空前的重视，国内外研究者均有值得关注的成果，这一时期的研究主要集中在能源的合理利用和污染物排放的控制方面。在能源利用方面一直走在前沿的日本利用能源署提供的一个局部均衡模型研究了能源税和碳税对能源消耗和碳排放的影响。研究表明，税收会显著提高能源利用率，有效控制碳排放，但同时也会遏制能源的多样性发展，所以应当适当进行碳税改革（Nakata, Lamont, 2001）。2006 年，由前世界银行首席经济学家 Nicholas Stern 牵头的《斯特恩报告》指出，如果政府在未来十年内不采取有效地行动遏制温室效应，那么气候变化的总代价和风险相当于每年至少失去全球 GDP 的 5% ~ 20%，采取行动的代价可以控制在每年全球 GDP 的 1%；在没有政府干预的情况下，收入增长和人均排量的长期正比关系将持续下去，呼吁全球向低碳经济转型（Stern, Treasury, 2006）。可以说，20 世纪 80 年代至 21 世纪初期，各国政策对节能的影响都十分明显。而 21 世纪以来，大量的期刊论文、学位论文利用国家的官方数据作为支撑，证明依靠技术手段可以节约相当数量的电能并控制污染物和温室气体的排放（Abdelaziz, Saidur, Mekhilef, 2011）。对应于 80 年代 Eric 等人指出的政策对节能的影响，这一阶段把技术节能提到了新的高度。

在中国，GDP 每年 8% 的增长速度导致经济与能源之间发展的极度不匹配。过去学界普遍采用的能源与经济发展的线性关系已经不适应新的发展形势，非线性模型被提出。利用非线性模型开展的研究得出我国经济增长对能源消费的影响具有非对称性的结论。模型显示当 GDP 增长绝对下降时，能源消费比 GDP 有更快的下降速度；当 GDP 增长率不超过 18.04% 时，经济增长对能源消费的影响具有相对稳定性，能源消费对经济增长的弹性为 0.9592；当 GDP 增长率超过 18.04% 时，能源消费较 GDP 有更快的增长速度，经济增长完全以能源的高消耗为代价（赵进文和范继涛，2007）。因此，应尽可能地避免经济的负增长和超高速增长，而是保持在一个平稳、有序的水平。而且，我国粗放式的、依赖能源促增长的模式亟须改进，因为碳容系统是有限的、非增长的，人类行为必须同基于碳容系统特征的约束条件相协调，在经济增长与环境破坏之间找到平衡点。我国应对如何构建低碳社会进行思考，并从企业、消费者、政府和非政府组织（NGO）的角度，逐步开始改善现有模式（唐建荣和张荣荣, 2010）。

伴随着越来越多的国家完成工业化，面临经济转型，发展和能源之间的矛盾也日益凸显。低碳经济（Low-carbon Economy）这一绿色经济发展模式被越来越多的人所接受，它是以低能耗、低污染、低排放和高效能、高效率、高效益（三低三高）为基础，以低碳发展为发展方向，以节能减排为发展方式，以碳中和技术为发展方法的绿色经济发展模式（付允，马永欢，刘怡君，牛文元，2008）。低碳经济是指依靠技术创新和政策措施，实施一场能源革命，建立一种较少排放温室气体的经济发展模式，从而减缓气候变化。低碳经济的实质是能源效率和清洁能源结构问题，核心是能源技术创新和制度创新，目标是减缓气候变化和促进人类的可持续发展，并且从内部需求和外部驱动两方面说明了中国经济需要走低碳发展道路，并对中国发展低碳经济的可能途径和潜力进行了分析（庄贵阳，2005）。

在低碳经济的环境下，碳排放量成为衡量人类经济发展方式的新标识，碳减排的国际履约协议孕育了低碳经济，表面上看低碳经济是为减少温室气体排放所做努力的结果，但实质上，低碳经济是经济发展方式、能源消费方式、人类生活方式的一次新变革（鲍健强，苗阳，陈锋，2008），它将全方位地改造建立在化石燃料（能源）基础之上的现代工业文明，转向生态经济和生态文明。低碳经济是在人类社会发展过程中，人类自身对经济增长与福利改进、经济发展与环境保护关系的一种理性权衡；是对人与自然、人与社会、人与人和谐关系的一种理性认知；是一种低能耗、低物耗、低污染、低排放、高效能、高效率、高效益的绿色可持续经济；是人类社会经历原始文明、农业文明、工业文明之后的生态文明；是人类社会继工业革命、信息革命之后的新能源革命。低碳经济是一种新的经济发展模式，它与可持续发展理念和资源节约型、环境友好型社会的要求是一致的，与当前大力推行的节能减排和循环经济也有密切联系（金乐琴，刘瑞，2009）。理解低碳经济需要把握其三个重要特性：（1）综合性。低碳经济不是一个简单的技术或经济问题，而是一个涉及经济、社会、环境系统的综合性问题。（2）战略性。气候变化所带来的影响，对人类发展的影响是长远的。低碳经济要求能源消费方式、经济发展方式和人类生活方式进行一次全新变革，是人类调整自身活动、适应地球生态系统的长期的战略性选择。（3）全球性。全球气候系统是一个整体，气候变化的影响具有全球性，涉及人类共同的未来，超越主权国家的范围，任何一个国家都无力单独面对全球气候变化的严峻挑战，低碳发展需要全球合作。

在发展低碳经济的过程中，有几种误解需要澄清（潘家华，2010）：（1）发展低碳经济并不是要走向贫困，而是要在保护环境气候的前提下走向富裕；（2）低碳经济绝对不排斥高能耗、高排放的产业和产品，而应该尽量提高碳效率；（3）发展低碳经济并不是降低生活质量，在低碳经济状态下，交通便利、房屋舒适宽敞是可以得到保证的；（4）搞低碳经济要用先进技术、低碳能源，虽然成本过高，但是从长远战略上来看，低碳经济是世界经济发展的大势所趋，如果我们为减少成本，图当前一点蝇头小利，将来我们的产品、产业甚至整个经济就可能没有竞争力，从而被排斥出世界经济的主流；（5）低碳经济是点点滴滴汇集起来的，任何节能的、防治污染的、环境友善的行为，都是对低碳经济的贡献，并不能因为我国现在经济发展条件而限制发展低碳经济。

在明确了低碳发展这一大方向后，各国都开始规划自己的低碳发展路径。日本采取倒逼机制法来寻求到2050年实现比1990年CO_2的排放减少70%的途径。其他国家也都明确提出了减排CO_2的目标，如英国发布在政府白皮书《我们能源的未来：创建低碳经济》中，将实现低碳经济作为英国能源战略的首要目标，计划到2050年将英国CO_2的排放量消减为2003年的60%。澳大利亚于2008年发布了酝酿已久的《减少碳排放计划》，长期减排目标是2050年达到2000年气体排放量的40%。欧盟提出到2050年则希望将温室气体排放量减少60%至80%（付加锋和刘小敏，2010）。

同时，我国作为世界上最大的发展中国家，在对比研究了基准情景、低碳情景和强化低碳情景三种假设之后，给出了 2050 年前节能减排路径。研究结论证实，作为一个经济快速增长国家，中国未来的能源需求和相应的温室气体排放将快速明显增加，到 2030 年将比 2005 年增加 1 倍以上；但中国也存在很大的机会在 2020 年之后将 CO_2 基本稳定下来，不再明显增长（姜克隽，胡秀莲，庄幸，刘强，2009）。之后，复旦大学的陈诗一撰文研究了我国工业在低碳框架下求生存、求发展的合理途径。文章利用情景分析证明了波特假说在中国的合理性，指出工业——环境和谐发展，互利共赢是可以实现的。节能减排行为在初期会造成较大的潜在生产损失，但长期来看，潜在生产损失将会逐步下降，最终会低于潜在产出增长，达到波特假说所描述的双赢发展前景。相对于轻工业，节能减排行为的这种双赢机会在重工业和主要受重工业影响的全行业中表现更明显（陈诗一，2010）。

总之，能源经济方面的研究在不同国家和地区也有不同的表现：发展中国家主要考虑提高能源效率，在能源和环境的约束下求得经济的进一步发展；而发达国家主要考虑转型发展，力求寻找更加清洁、更加持久的发展道路。这也导致了低碳经济这一概念应运而生。

2.1.3 碳排放控制与低碳评价

所谓"低碳"，直观的理解就是减少碳元素向大气中的排放。为了实现碳减排，各国政府和研究机构都针对碳排放进行了一系列研究。

初期，对于碳减排可能会造成的经济发展速度放缓，技术成本提升等问题，各国都有所顾虑。因为有研究表明，通过转换电力部门的能源类型、进行技术改造，同时加强植树造林的力度，减排 CO_2 的成本投入为：每减排 1 吨 CO_2 将最大增加投入 106.4 美元（Sheinbaum, Masera, 2000）。起初减排温室气体时的投入并不大，原因是由于对氟氯化碳减排的费用较低，但最终随着时间的推移，减排的成本将呈指数曲线上升（Nordhaus, 1994）。这一影响对发展中国家的作用更为明显，将 CO_2 的浓度控制在前工业期 2 倍的水平上，对发达国家来讲，国内生产总值将要减少 1% ~ 1.5%，而在发展中国家要减少 1.5% ~ 2.0%，实行减碳的政策将会给发展中国家带来更大的损失（Smith, 1996）。尽管碳减排对各国经济都有不同程度的影响，但是"成本—效益"分析法的研究表明，由 CO_2 增加对经济造成的损失呈指数曲线上升，减排 CO_2 的费用也成指数上升，但其中的获益呈直线上升（Hamaide, Boland, 2000）。这里的"获益"不仅是经济方面的收益，也包括环境评价、人民生活质量满意水平和健康等多个方面的正面作用。

虽然 Smith 的研究指出，发展中国家会比发达国家在碳减排方面承受更大的损失，但是作为世界上最大的发展中国家的我国，并没有为了保持经济的增速而对碳减排这一目标弃之不顾。中国二氧化碳库兹涅茨曲线的理论拐点对应的人均收入是 37170 元，即 2020 年左右。但实证预测表明，拐点到 2040 年还没有出现；除了人均收入外，能源强度，产业结构和能源消费结构都对二氧化碳排放有显著影响，特别是能源强度中的工业能源强度（林伯强和蒋竺均，2009）。而工业能源强度与工业产业结构是存在紧密联系的（谭丹，黄贤金，胡初枝，2008）。而拐点推迟出现的一个解释是基于 1995—2004 年间，能源结构、能源效率和经济发展等因素的变化对中国人均碳排放的影响分析，得到经济发展对拉动中国人均碳排放的贡献率呈指数增长，而能源效率和能源结构对抑制中国人均碳排放的贡献率都呈倒"U"形。这说明能源效率对抑制中国碳排放的作用在减弱，以煤为主的能源结构未发生根本性变化，能源效率和能源结构的抑制作用难以抵消由经济发展拉动的中国碳排放量增长（徐国泉，刘则渊，姜照华，2006）。另一种解释是基于中国 CO_2 排放量与人均收入增长的关系进行时间序列分析，二者之间呈现，"N"型而非倒"U"型的演化特征。这种似"N 型"而非"倒 U 型"的演化特征，意味着我国在同时推进经济发展和环境保护事业上仍处于过渡期，尚无法达到两者协同发展的阶段（杜婷婷，毛锋，罗锐，2015）。

既然碳排放的控制如此重要，那么在推广低碳理念之前，找到自身的不足之处和发展潜力就显得尤为重要。国际上在 1980 年代就已经开始了环境评价指标体系的研究，这些研究是低碳这一概念被正式提出之前的研究基础。最早进行环境指标评价的官方机构为荷兰政府，它在 1987 年就开展了该项工作；两年之后，OECD 提出了一套标准的指标体系，并在实际使用中被不断地改进和完善。随后，在 20 世纪 90 年代初，加拿大环保部和美国环保局也相继提出了适合自己国家的环境指标体系，使得国家层面的环境评价成为常态（Hammond, World, 1995）。在 2003 年"低碳"这一名词被明确提出之后，更多有针对性的指标体系相继被提出。最具代表性的是由 OECD 提出的低碳经济指标和澳大利亚提出的低碳竞争力指数，这些指标体系侧重于低碳经济方向（吕学都，王艳萍，黄超，孙佶，2013）。

与国外研究相比，国内对低碳经济的关注起步时间稍晚，但是水平基本相当。无论是国内还是国外，对低碳经济指标的研究都还处于探索和发展阶段。国内外的低碳经济指标体系一般都由若干个层次构成，例如 OECD 核心环境指标根据压力—状态—响应（PSR）模型构架，从环境压力指标、环境条件的直接和间接指标、社会响应指标三方面来衡量，再将这三方面进行细分为共约 50 项具体指标。此外，拉丁美洲绿色城市指标体系对拉丁美洲 17 个主要城市的环境和政策进行了评估。评价体系的指标根据独立的专家小组的建议而选择。分别对能源和 CO_2 土地利用和建筑、运输等 8 个方面进行评估，并进一步细分为 31 个独立的子目标（包括了 16 个定量指标和 15 个定性指标），再对每一个子目标进行评价（Friederich, Langer, Unit, Aktiengesellschaft, 2010）。另外，普华永道构建的低碳经济评估体系，用于预测 2020 年到 2050 年的低碳进展情况。指标分为低碳经济成就指标和低碳经济挑战指标两大类,再对这两大类进行细分(LLP, 2012)。

目前,国内针对低碳评价体系的研究急剧增长,研究对象几乎涵盖了各种行业和层次。总的来讲,是从两个方面开展的:一是从地域的角度,二是从产业角度。

例如针对中国省际、城际碳排放建立评价体系:有的研究从居民生活、商业活动、工业生产和交通四方面对我国六省市(北京、上海、山西、山东、广东、湖北)的单位 GDP 碳排放和人均碳排放进行评价并给出下一步可持续发展策略(Price et al., 2013);也有基于能源消费结构调整的评价,有学者以东三省的数据为例,分析得出能源消费强度和能源消费结构是影响区域碳排放量的重要因素(李雨潼, 2010)。

在行业研究方面,服务业和传统产业的比较往往是研究的重点,研究通过行业结构调整来进行低碳水平的对比。有的研究通过对工业和服务业的碳排放指数进行比较,指出低污染、低消耗、高附加值的服务业才比传统能耗型工业具有更强的可持续发展性,应当重点扶植(吉庆华, 2010)。还有研究在研究水泥行业的低碳技术成效上,使用各项措施(包括水泥生产工艺的改变和多种节能技术使用)对二氧化碳减排效果及减排成本进行推演(高长明, 2010)。

而专门针对工业行业,尤其是钢铁行业的低碳评价体系的研究更是层出不穷。有从经济性角度入手,综合经济、管理、环境、社会、资源等方面因素,对基于低碳经济的钢铁企业综合绩效进行评价(杜春丽, 2009; 江晨辉和张霜, 2013; 李菽林, 2013; 肖彦, 2010);也有文献从钢铁生产技术层面入手,评价不同余热回收技术对钢铁企业碳排放的影响(蔡九菊,王建军,陈春霞,陆钟武, 2007)以及长、短流程对碳排放的影响(张春霞,上官方钦,胡长庆,齐渊洪,殷瑞钰, 2010);还有学者从"源头""末端""中间管理环节"三方面建立指标体系,对钢铁低碳化发展水平进行评价(陈琦和欧阳崝，2013）。

也就是说，国际上的研究倾向于长期发展规划，即碳减排的评价体系构建和寻求经济增长与排放控制的平衡点；国内研究主要倾向于微观层面的优化，即寻找不同行业和不同地域的碳排放水平及改进措施。这些都为本研究针对钢铁行业的低碳生产提供了有力的理论支持。下一节将重点讨论可持续发展理论在钢铁行业中的体现。

2.2 钢铁行业低碳研究

关于钢铁业低碳生产方面的研究主要集中出现在最近 20 年，因为"低碳"这一概念的提出也是在这一时间段。之前鲜有学者进行这方面的研究。钢铁行业能耗高，排放量大，正走在由粗放生产到科学管理的转型道路上，是低碳经济在工业领域应用的最好切入点。我国钢铁行业较国际先进水平差距很大，有改进空间，更面临挑战。

可见，我国在节能减排方面还有很大的改进空间。当然，在采取改进措施之前，准确定位中国和先进国家、地区间的差距是十分必要的。

2.2.1 钢铁行业低碳生产概论

在发展低碳经济的全球大潮中，钢铁工业首当其冲。欧盟启动了"超低 CO_2 制钢"（ULCOS）计划。日本拟订了低碳排放工业技术路线图及"冷地球 50"（COURSE50）计划，并且不约而同的把未来的钢铁工业方向定位于非碳冶金学（娄湖山，2007）。钢铁的生产是一个复杂的过程，主要有矿山开采→选矿→烧结→炼铁→炼钢→连铸→轧钢等工序。其中能耗大、污染严重的主要是铁前系统。按重点企业能耗工序平均值计算，炼铁系统三大工序——烧结、焦化、高炉炼铁，就占了吨钢综合能耗的 72% 左右。从世界范围来看，钢铁生产流程 CO_2 排放量占到人类活动 CO_2 排放量的 5% ~

6%（徐匡迪，2010）。其中高炉炼铁的能耗又位于各工序之首。图 2-1 展示的是 2005 年至 2010 年间大型钢铁企业分工序能耗的分布状态。为了方便绘制，数据取以 10 为底的对数进行处理。从图 2-1 可以看出，烧结、焦化和高炉工序的能耗是最高的，轧钢处于第二阶层，转炉则基本上已经实现了负能炼钢。

我国钢铁企业低碳生产面临的首要问题是能耗问题。就我国目前状况而言，原料的利用率较高，成材率与国外先进水平相比，差距为 5% 左右，而能源消耗的差距在 20%~40%，另外，大多数我国钢铁企业的余热余能回收利用率在 30%~50%，而日本新日铁钢铁公司的余热余能回收利用率已达到 92% 以上，所以钢铁产品的物料成本中，能源费用有最大的潜力可挖，也就是说，强化节能，压缩能源费用是降低产品成本，提高市场竞争力的最重要的途径之一（Zheng, 2006）。日本的钢铁企业生产成本的变化也表明了能耗潜力大的特点，1975 年日本钢铁企业的钢材成本中，能源费用占的比例为 35%，通过持之以恒的节能工作，1994 年，这一比例压缩到 14%，20 年间下降了 22 个百分点（同期吨钢能耗降低 20% 左右）（李柱山，1998）。

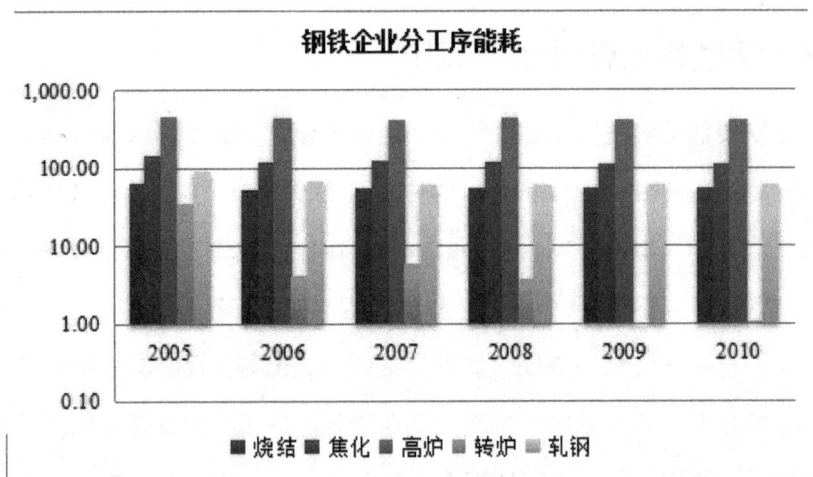

图 2-1 钢铁企业分工序能耗（数据来自《钢铁工业年鉴》）

既然我国钢铁行业在低碳生产方面的潜力十分巨大，如何发掘这部分潜力就成为关注的焦点。技术减排是一种可以采纳的手段。通过总结我国现在所普遍采用的钢铁行业节能减排技术，如干熄焦、煤调湿、煤气回收利用、余热余能回收利用及低压饱和蒸汽发电等，有研究指出我国到 2020 年，有望减排 2.9Gt 的 CO_2（徐文青，李寅蛟，朱廷钰，曹万杰，2013）。中国、巴西、印度、墨西哥、韩国和美国等几个典型国家钢铁行业的排放的对比研究也验证了这一观点（Kim, Worrell, 2002）。

此外，控制铁钢比，提升电炉钢的比例也是直接有效的措施。对于废钢－电炉炼钢手段，它比传统的高炉－转炉炼钢减少二氧化碳排放 1.38t 每吨钢，而采用天然气的直接还原、电炉炼钢则能够减少吨钢二氧化碳排放 1.39t（Change, 2006）。四大类现代钢铁生产工艺包括：高炉－转炉（BF-BOF）、废钢－电炉（Steel scrap-EAF）、直接还原－电炉（DIR-EAF）和熔融还原－转炉（COREX-BOF），其中，废钢－电炉工艺不涉及铁前部分，且以电能为主要能源，直接排放量最低；其次是直接还原－电炉工艺，但该工艺对铁料及还原物质要求高，适合具有资源优势的地区（魏国，赵庆杰，董文献，王治卿，2004），熔融还原－转炉工艺和高炉－转炉工艺 CO_2 排放相当。

政策干涉对能耗控制和排放降低的作用也不可忽视。各国在钢铁行业低碳生产方面已经出台过很多政策。例如，欧洲的碳税体制已经较为完善，且在碳排放控制方面有显著效果；在中国，通过应用碳捕捉和碳存储技术以及强制性节能措施，碳排放在过去 40 年被认为减少了 55%（Maroto-Valer, 2010）。如果中国继续给予能源补贴和废钢利用，则在未来 20 年间预计会有 850 亿立方米的废气得到回收利用，并且在能耗控制方面也会有成效（Ansari, Seifi, 2012）。

总之，我国钢铁行业低碳生产潜力巨大。当前面临的主要问题是铁钢比偏高，电炉钢比较低，且废弃物回收不完全。解决这些问题需要建立更大规模的电炉和大量的废钢回收。同时应当制定更加严格的废物回收政策。政府和其他部门在环保强制性措施和新技术推广普及方面也需要做出更多的努力。

2.2.2 基于碳素流的低碳研究

碳素流（Carbon Flow）是能量流（Energy Flow）的主要形式。

能量流最初是热学中的概念。能流图被广泛应用于能源系统中，用来掌握某一特定生产过程或能量运转实体中能量的流向、数级、利用效率、发展趋势、使用合理程度等相关内容。能量流研究的主要目的是提高能源的合理利用程度、提升能源利用效率、节能降耗并支持低碳生产的理论依据。

国内外对能量流的研究涉及的领域很广，例如生态系统研究方面有利用能量流分析海洋环境生态系统情况（Cardoso, Witte, van der Veer, 2006; Maury et al., 2007）；社会系统研究有利用对比分析的方法探讨一个国家的各个不同产业对能耗的贡献情况（Tuyet, Ishihara, 2006）；经济系统研究有利用能量流来进行过程创新的研究（Fürnsinn, Günther, Stummer, 2007）。

在各个领域对能量流的研究中，高能耗的重工业一直是研究重点。对工业企业能量流的研究主要集中在能量的流动过程和能量流结构模型。学者们针对能量流的特征，构建了几种经典的能量流结构模型。

（1）双子系统模型（Umeda, Itoh, Shiroko, 1978）：它将任何一个热系统分为加工和换热两部分，将物流和能量流分别分析，跟踪能量在系统中前进和回流的痕迹。该模型主要是定性的分析，且分析了热量闭合环路的循环，在当时的研究中比较先进。但是相应的，模型缺乏定量的分析及基于实际生产过程的实证分析。

（2）三子系统交互模型（Townsend, Linnhoff, 1983）：该模型将过程系统划分为加工、换热网络、动力3个子系统，与双子系统相似的，它也是一个定性分析的模型，侧重于研究系统能量转换和利用的相互联系、相互制约关系。

（3）洋葱模型（Smith, Linnhoff, 1988）：顾名思义，该模型结构是一组叠加的圆环。圆环的个数是根据系统的层次特性设计的，主要有四层，从内到外依次为：反应子系统，分离子系统，换热网络和公用工程子系统。这四层的选择较好地反映了现实生产系统中的能量结构，但是定义较为笼统，同样没有定量的分析，也没有具体的指标体系。

（4）三环节模型（华贲，1989）：所谓"三环节"是指能量转换环节、能量利用环节和能量回收环节三个能量流转的节点，划分标准是能量的演变过程。目前该模型是应用最广泛的能量模型，尤其是在重工业领域（范庆春，2013; 龚婕和华贲，2007; 刘二恒和华贲，2009; 仵浩，刘二恒，华贲，2009）。

针对钢铁企业，能量流主要就是碳素流。对钢企来说，碳素流是从煤的形式（洗精煤、燃料煤）开始的。洗精煤经适当的配比进入焦炉，转化成焦炭和焦炉煤气、焦油（焦化过程碳素流转化为固态焦炭和气态碳一氢化合物、液态碳一氢化合物）。另一类煤以煤粉形式与铁矿粉等混合，经烧结机转化为一定还原程度的烧结矿并排放出 CO_2、CO 等气体（范庆春，2013; 郑海峰，2006）。铁矿、烧结矿等含铁料与焦炭等进入高炉，经鼓风燃烧并发生升温和还原反应，形成液态含碳生铁并排出含 CO_2、CO 等高炉煤气。此高炉煤气既含热能、化学能，还有动能，可供加热和发电。过还原的高温含碳铁液，经吹氧转化为液态钢并排出蕴含 CO_2、CO 的转炉煤气，此煤气既有热能（>1600℃），又有化学能（CO），可回收蒸汽和热值 1800kcal/m3 以上的煤气。钢液经脱氧、合金化、净化后经连铸机转变成高温铸坯，铸坯经不同类型的煤气适度加（均）热后，经高温压力加工转变成一定组织形态的钢材。这就是钢厂生产流程中碳素流的转化行程及其对铁素流运行、转化的作用过程。

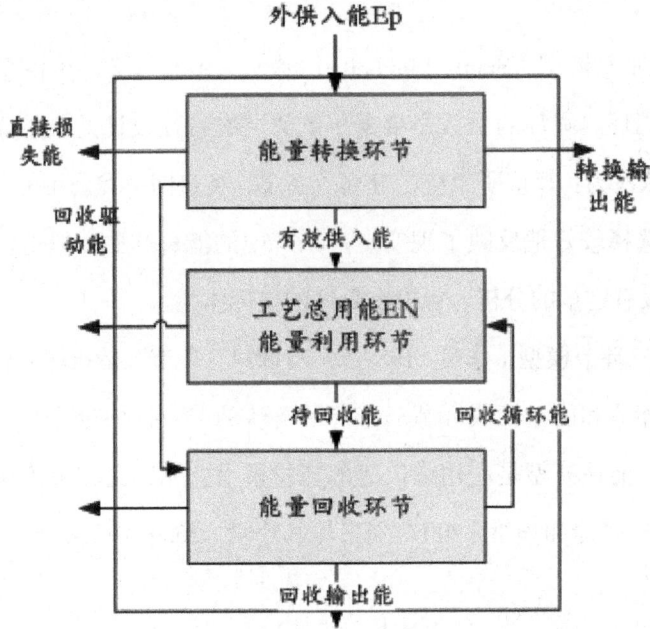

外供入能Ep

直接损失能

回收驱动能

能量转换环节

有效供入能

转换输出能

工艺总用能EN
能量利用环节

待回收能　　回收循环能

能量回收环节

回收输出能

图 2-2　三环节能量流模型

碳素流追求在厂内生产过程中一方面提高能源转换效率，另一方面也重视及时、充分地回收加工排放过程中的热量、能量（碳素流的转化体）回收及各工艺环节排出热量、能量的集成回收，尽可能地在钢厂内部形成不同形式的碳素流循环（Korhonen, Savolainen, 2001）。

2.3 系统动力学理论

2.3.1 动态系统思想概述

动态系统（Dynamical System）是指按确定性规律随时间演化的系统，又称动力学系统。动态系统理论来源于经典力学。美国数学家 G.D. 伯克霍夫发展了法国数学家 H. 庞加莱在天体力学和微分方程定性理论方面的研究。1912 年 H. 庞加莱去世前把限制性三体问题归结为一个几何问题，但除特殊情形外未能证明。伯克霍夫证明了这个庞加莱最后定理（1913）。他还引进动力系统的运动极小集、回归集等概念，证明其存在性，开辟了动力系统研究的新时代。他 1927 年撰写的的《动力系统》一书成为这方面的重要著作。奠定了动力学系统理论的基础。现代控制理论的发展促进了对动态系统的研究，使它的应用从经典力学扩大到一般意义下的系统。

动态系统理论是数学领域中的一部分。主要在描述复杂的动态系统，一般会用微分方程或差分方程来表示：若用微分方程来表示，会称为"连续动态系统"，若用差分方程来表示，则称为"离散动态系统"。若其时间只在一些特定区域连续，在其余区域离散，或时间是任意的时间集合（像康托尔集），需要用时标微积分来处理。有时也会需要用混合的算子来处理，像微分差分方程。

动态系统理论处理动态系统长期的量化特性，有时也称为动力系统、系统理论、数学动态系统理论或是动态系统的数学理论等。动态系统理论有数学和物理学方面的基础。其目标在于用少数变量从数学方面研究、描述系统变化的一般特征，而任何一个系统都被定义为变量的一个集合，而这些变量由独特的互动原理管理着，系统的状态是变量互动变化的结果（Van Geert, 1998）。

动态系统理论是以一系列的假设为理论根基的，这些假设可以归结为四点（Yoshikawa, Hsueh, 2001）：

（1）个体与环境之间是相互依赖、相互改变的；

（2）人类发展是一个开放系统，随着时间的发展日益复杂化，并非像封闭系统一样在既定均衡和非均衡状态之间摆动；

（3）系统变化体现在其内部的各个参数内；

（4）系统内没有一个发展状态或阶段是静止的。

动态系统的主要特点是：

（1）系统具有自组织性；

（2）系统中任何一个微小的变化都可能对未来产生不可控制的影响；

（3）系统状态在稳定和不稳定之间转化；

（4）系统是非线性的。

系统动力学（System Dynamics）是一种研究动态系统的方法论，它也是建立在时间变化的基础之上的一种仿真方法。系统动力学是一门分析研究信息反馈系统的学科，也是一门沟通自然科学和社会科学等领域的横向学科。它以系统论为基础，吸取了控制论、信息论、计算机模拟技术、管理科学及决策论等学科的知识，是研究复杂社会系统的定量方法（俞金康，1993）。

2.3.2 国外系统动力学的发展

系统动力学是由麻省理工学院（MIT）的教授 Jay. W. Forrester 于 1956 年创立的。并在 1961 年出版的著作《工业动力学（Industrial dynamics）》中做了系统的阐述。初期主要应用在工业企业管理，所以也被称为"工业动态学"，之后，其应用几乎涉及各个方面：从民用到军用，从科研、设计工作的管理到城市系统的应用和决策，从世界人口、能源危机到临床医学等（姚勇，1987）。

在《工业动力学》一书问世后，Forrester 教授于 1968 年发表了《系统原理（Principles of systems）》一书（Forrester, 1968），接着于 1969 年发表了《城市动力学（Urban Dynamics）》一书（Forrester, 1970）。几部著作为系统动力学的形成奠定了基础。

20 世纪 70 年代初期，著名的罗马俱乐部利用 Forrester 教授的世界模型（WORLD II）致力于解决世界人口增长而带来的资源危机问题。麻省理工学院以梅多斯（Dennis Meadows）教授为首的小组承担着该模型的研究课题。小组于1972年发表了《增长的极限》一书，1973年出版了《趋向全球均衡》一书（Meadows, 1973; Meadows, Meadows, Randers, Behrens III, 1972），并在该书中提出了更为完备的世界模型WORLD III。这几部著作研究了世界范围内的人口、自然资源、工业、农业和环境污染诸因素的相互间关系、制约作用及其产生后果的各种可能性。

1972年之后，Forrester教授又承接了美国社会系统的系统动力学建模工作，这是系统动力学诞生以来另一次大展身手的机会。此项研究历时11年，耗资约600万美元，共建立了4000个方程，以美国社会经济问题作为一个整体研究，解决了一些在经济方面长期存在的、经济学家们感到困惑不解的问题。其最有价值的研究成就还在于揭示了美国与西方经济长波（Long Wave）形成的内在奥秘。1983年10月，Forrester教授在国际会议上发表了长波、衰退与革新的论述，并由此极大地推动了系统动力学在理论与应用研究方面的快速进展。此后，在80年代后期，涌现出一批杰出的系统动力学相关著作：Sterman J.D教授关于长波理论的系列研究（Sterman, 1985, 1987, 1989）等。

同时，20世纪80年代系统动力学在项目管理领域还有不俗的表现。1980年Cooper K.G就用SD模型来分析、量化在一个大型军事造船工程成本超额的原因，这是SD在大规模工程管理中最初的运用，同时也是最成功的应用之一（Cooper, 1980）。由于与项目的独特性相关的各种信息是随着项目的展开不断完备的，因而在实际的项目运作中返工常常不可避免，其影响也是不可忽视的。这种影响往往是非线性的，系统动力学提供了一种自上而下的，从战略层面描述项目进展，估计项目时间、成本风险的方法。这种方法把项目视为一个整体，而不是一系列任务的简单组合，并能有效地描述项目中的返工等回路和任务间的非线性关系，有助于项目管理者理解项目过程对项目表现的影响，从宏观上对项目进行估计和把握（Abdel-Hamid, Madnick, 1991; Rodrigues, Bowers, 1996; 钟永光，钱颖，于庆东，杜文泉，2006）。

进入 20 世纪 90 年代以后，系统动力学有了更为广阔的发展。Naill R. F 用系统动力学研究了国家能源政策计划（Naill, 1992），并在稍后分析了美国旨在减轻全球气候变暖的能源政策所花费的成本（Betsill, 2001）。MIT 的 Senge P·M 博士在 Forrester 教授研究的基础上，出版了《第五项修炼 The Fifth Discipline》一书，并因此被授予世界企业学会的开拓者奖。他在著作中运用系统动力学的方法、工具，对学习型组织的特点和构建方法作了比较全面的论述。他指出学习型组织的基本构成方法，是在系统思考的思想指导下利用共同脑力模型、共同前景、团队学习、个人进取的方式来维持组织运营（Senge, 2006）。

21 世纪以来，系统动力学已经走下了纯粹的学术研究神坛，走向了应用研究领域。系统动力学的应用十分广泛，涵盖了生物学（Piotrowska, Bodnar, Poleszczuk, Foryś, 2013）、物流和供应链（Choi, Narasimhan, Kim, 2012）、能源环境（Reid et al., 2000; Sušnik, Vamvakeridou-Lyroudia, Savić, Kapelan, 2012）、经济学和管理学（Kontogiannis, 2012; Schiuma, Carlucci, Sole, 2012）等方方面面。

2.3.3 国内系统动力学的发展

在国内，系统动力学起步较晚，比美国晚约 25 年，比日本晚约 15 年。80 年代初期是系统动力学在国内从崭露头角到蓬勃发展的关键时期，代表人物有戈正铭，杨通谊，王其藩，陶在朴和胡玉奎等专家学者。戈正铭教授于 1980 年发表论文，讨论了系统动力学的国内外发展现状及其基本原理（戈正铭，1980），是国内在该方面开展研究较早的学者。上海交通大学的杨通谊教授于 1982 年撰文讨论了系统动力学的四个基础性支柱、信息反馈理论、决策制定过程、系统分析的实验方法和数字计算机，并利用实际算例演示了系统动力学在库存方面的应用（杨通谊，1982）。北京航空航天大学的胡玉奎教授在接下来的 1983 年撰写论文讨论了系统动力学在社会经济系统中的应用价值，并描述了社会经济系统系统动力学建模的一般步骤和应用意义（胡玉奎，1983）。1984 年，王其藩教授也撰文介绍了系统动力学的基本方法论及其发展展望（王其藩，1984）。陶在朴在 1985 年发表文章具体介绍了系统动力学的流程图、反馈机制、DYNAMO 语言、延迟效果等内容（陶在朴，1985）。以上几位学者的工作成功地将系统动力学引入了中国的学术界，并开始了它的应用道路。1986 年成立了国内系统动力学学会筹委会。

20 世纪 90 年代初期，我国的系统动力学研究队伍已初具规模，主要有 500 人左右的学者团队进行研究，分布在清华、哈工大、国防科大、人大、北航、上海交大、浙大等各大科研院校，先后翻译了《工业动力学》《系统原理》《系统动态学学习指南》等教材，并自行编撰出版了《系统动力学》《系统动态学——社会系统模拟理论和方法》等书。1990 年我国正式成立了国际系统动力学学会中国分会，1993 年正式成立了中国系统工程学会系统动力学专业委员会，2005 年 11 月国际系统动力学学会中国分会等单位主办了"2005 亚太地区可持续发展国际会议——系统动力学与其他管理学科应用组合会议"。

2.4 已有研究中存在的不足之处

总体看来，国内外学者对钢铁工业发展低碳经济，CO_2 减排等方面的研究已做了大量工作，取得了很多有价值的成果，这些成果为本研究提供了理论支撑，但同时也存在一些不足之处，总的来讲，是目前研究定性建议多，定量分析少；单项分析多，综合分析少；线性方法多，非线性方法少。具体表现在：

（1）定性建议多，定量分析少。关于钢铁行业的低碳化生产，大部分研究停留在基于生产经验的建议提出和基于相关政策的发展规划，并没有针对整个生产流程的、完整的、系统的模型化分析。

（2）针对铁素流的研究多，针对碳素流的研究少。钢铁生产是铁素流（物质流）和碳素流（能量流）相辅相成，共同作用的结果。但由于铁元素是钢铁产品中的主要构成成分，所以针对铁元素的研究更多更全面，而针对碳元素的专业研究只有东北大学。利用碳元素在系统中的流动情况构建模型，从而从源头和出路两部分对其总量进行控制的研究更是几乎空白。

（3）线性方法使用较多，非线性方法使用较少。低碳生产的最终目标可以分解为"最少的能源消耗"和"最低的能源排放"，因此可以量化为多目标规划问题。由于线性规划的思想、解法都相对成熟，多数研究都采用该方法建立约束方程来进行求解。而实际上，钢铁生产受到各种因素的影响和制约，有些影响是线性的、直接的，有些是非线性的、间接的。所以利用非线性的方法能更好地进行描述。

（4）指标体系评价较多，系统层面动态优化较少。针对钢铁生产成本、绩效、人力、物料等方面的评价研究已经较为全面和成熟，不同学者从不同角度构建了丰富的评价指标体系，并有侧重地给出了指标权重和实例结果。但是利用变量串联起钢铁生产的完整流程，并利用系统理论构建模型，进行优化的研究先例并不多见。

大部分研究都是涉及钢铁低碳生产的某一个方面，即使综合了多方面的研究也主要倾向于定性的描述而不是定量的分析。本研究结合已有研究的成果，利用定量分析为主导，定性描述为支撑的方法，借助于系统动力学强大的非线性模拟仿真能力，模拟了钢铁行业长流程生产的五个基本工序，对低碳生产的关键影响因素进行定位，并探寻这些影响因素对整个生产过程的影响。最终，在模拟分析的基础上为钢铁行业的低碳生产提供可执行、可实现的政策建议和生产策略。本研究是一项定量的、非线性的、具有实际意义的研究。

3.基于碳素流分析关键影响因素分析

影响钢铁行业低碳生产水平的因素有很多，第三章主要内容是在能量流分析的基础上寻找对钢铁低碳生产影响最大的三个因素，为下一部分的系统动力学仿真做准备。

3.1 碳素流研究在钢铁企业的应用

殷瑞钰院士针对钢铁企业能量问题发表了一系列的重要文章。他曾经提出钢铁企业的三个主要功能是"钢铁产品制造，能源转换和废弃物消纳、处理、再资源化"（殷瑞钰，2008）。这在钢铁冶金研究领域是非常重要的理论基础和研究出发点。

在这三项基本功能中，能量转换是与低碳生产密切相关的一项。在钢厂制造流程中，铁素物质流与碳素能量流的关系是相伴而行的，而碳素能量流与铁素物质流的关系则是时合时分的。他在研究钢厂的能源转换功能的方法时指出，不能停留在物料平衡、热平衡的方法上，而应该以动态的输入－输出概念和能量流网络的概念来进一步推动钢厂节能减排工作。还讨论了钢厂能量流运行的动力学机制以及能源管控中心的设计原则。进而从铁素物质流系统和碳素能量流系统提出了一系列钢厂节能减排的着手环节。特别对钢厂"只买煤、不买电、不用燃料油"的内涵与煤气等含能介质"近零"排放作了解释。提出中国钢厂的节能减排应该进入以建立能量流网络

——能源管控中心为主要标志的新阶段（殷瑞钰，1997）。

他在钢铁企业三个主要功能的研究基础上，对比分析了热力学孤立系统、封闭系统、开放系统和耗散结构基本特征的基础上，从充分发挥钢厂 3 个功能的视角，阐述了钢铁制造流程中铁素物质流和能量流的行为规律，提出了应注重与铁素物质流相关的能量流的输入 / 输出特点和能量流网络构建以及相应的信息化集成调控的观点，剖析了钢铁工业节能减排的潜力，指出了提高钢厂综合竞争力和多方位服务于可持续发展社会的可能性，探讨了相关理论的建立、技术开发和工程化实施的策略等（殷瑞钰，2010）。

殷瑞钰院士还组织申请了"钢铁工业生态化模式及其管理和评价体系"这一项目，旨在通过资源和能源的优化配置，使钢铁企业向同持续发展的新型工业化模式转变，实现资源、能源使用效率最大化，污染物排放最小化，同时获得最好的投资效益、经济效益和环境效益（殷瑞钰，2012）。

来自东北大学国家环境保护生态工业重点实验室的蔡九菊教授和他的团队则从生产实际出发，更细致地分析了钢铁企业能量流。在 2004 全国能源与热工学术年会上，蔡九菊教授首次提到了钢铁企业能量流的"六类分类法"，即将钢铁企业能量流分为输入（input）、耗散（emission）、传入（influx）、传出（outflow）、回收自用（self-recycle）和回收他用（no-self recycle）等六类（蔡九菊，王建军，徐杰，2004）。这六类能源构成了整个钢铁冶炼流程中的 C 素流动，每一部分都对钢铁行业的节能减排有重要意义。

2006 年王建军等人讨论了基于能量流的优化节能模型（王建军，蔡九菊，张琦，吴复忠，陈春霞，2006），利用能源的六种分类建立能源效率表达式，研究指出，加强钢铁生产流程中各种余热余能的回收利用是降低钢铁企业能耗非常有效的措施。此后，在这种"六类分类法"的基础上，王建军、蔡九菊、杜涛等人发表了系列文章探讨钢铁企业能量流问题（蔡九菊和孙文强，2012；刘飞和蔡九菊，2012；吴复忠，蔡九菊，张琦，王建军，陈春霞，2007；张琦，蔡九菊，庞兴露，姜文豪，2011）。这一系列论文也奠定了钢铁企业能源六类分类法的理论基础。

可以看出，钢铁是典型的物质流、能量流并行行业，研究能量在生产中的流转既有理论价值，又有实际意义。

3.2 钢铁生产能源与动力分析

钢铁企业中的能源可以分为两大类：燃料和动力，燃料用来提供热量，动力用来转化为其他形式的能量。钢铁生产流程是一个复杂的过程，有超过 20 种能源介质参与了其中的化学反应。能源的"输入 – 输出"关系存在每一工序中，并且上一步骤的能源配置会影响下一工序的生产。表 3–1 展示了一个典型钢铁企业中的能源分布情况：

表 3–1　　　　　　　　典型钢铁企业的用能分布

类别		名称	比例（%）	类别		名称	比例（%）
燃料	煤	洗精煤	27.2	动力		电力	11.32
		无烟煤	7.64			鼓风	1.28
		动力煤	2.55			蒸汽	1.58
	油	汽油	0.00098		水	原水	0.098
		柴油	0.053			环水	0.25
	焦	冶金焦	23.79			软水	0.0029
		焦粉	2.87		气体	氧	1.92
	煤气	焦炉煤气	5.06			氮	0.29
		高炉煤气	10.79			氩	0.0083
		转炉煤气	1.4			氢	0.089
	其他		1.44			压缩空气	0.36

表 3–1 中可以看出，燃料占能源的比例高达 82%，动力占另外的 18%。在所有燃料中，煤炭的比例高达 45.16%，焦炭次之，为 32.2%。相对的，煤气所占比例较小，仅有 20.83%。油和其他类别的燃料所占比例最低，

仅为 1.8%。在动力部分，电力是最主要的动力，比例高达 65.82%。从燃料和动力整体来看，洗精煤所占比例最高，占整体能耗的 27.2%。油类能源在冶金过程中必不可少，但是所占份额很小。

这 22 类能源都参与到生产过程中。它们有两种来源：采购和二次能源生成。在燃料类能源中，所有的煤炭类、油类和部分焦炭是外购的；而另一部分焦炭和所有的煤气隶属于二次能源。这些二次能源都是一次能源——煤炭在生产过程中的副产品。在动力部分，除了部分电力、氧气、氮气和氩之外，其他的都是二次能源。

在整个生产过程中，有五条主要的能源足迹，分别是：

（1）煤炭→焦炉→高炉/转炉→气体罐存储→动力装置/预轧/冷轧/热轧；

（2）油→动力装置/高炉/热轧；

（3）动力装置→氧气站/动力设备；

（4）水→蒸汽→高炉；

（5）氧气站→O2→高炉/电弧炉/预轧；氧气站→N2→转炉/冷轧。

第一条是炭足迹，包括煤、焦和煤气；第二条是油足迹；第三条是电力足迹；第四条是水和蒸汽足迹；第五条是气体足迹。除了这五条之外，还有一部分购买的煤气和其他气体被直接用于热轧工序。

也就是说，这五条足迹形成了一张钢铁企业能源转移的网络。可以根据之前的数据得出，第一条足迹，也就是炭足迹，是最主要的一条路线。其他的路线虽然在量上较小，但也是必不可少的。

在本研究中，主要关注的就是炭足迹的情况。在表 3-1 中可以看出，煤（37.39%），炭（26.66%），煤气（17.25%）和电力（11.32%）是钢铁冶炼过程中四种占比最高的能源形式。同时他们也代表了流程中最重要的能量元素。而电力基本也是由前三者生成的，所以，我们主要研究前三者在冶金系统中的流动情况。

3.3 钢铁生产碳素流分析

3.3.1 碳素流系统分析

流（Flow）是指在系统中，各个构成实体间发生，并具有联通作用，表达一定关系，构成一定功能，实现一定目标，具备一定结构的，拥有流动性和传递性的客体汇（李太杰，2007）。任何一种流，都会在其流动过程中呈现出其特有的流动和传递特性。

钢厂的物质流和能量流都是学者和企业研究的重点，钢铁冶炼过程中的物质流即铁素流的研究由来已久，针对能量流即碳素流的研究还不够完善。

殷瑞钰院士曾提出，钢厂的三项主要功能分别是：钢铁产品制造，能源转换和废弃物的消纳、处理及再资源化（殷瑞钰，2008）。本文研究的低碳主题就是能源转化的范畴。能源是碳元素的载体，随着 C 元素在系统中的流动和化学反应过程，能源形式也不断地改变着：最初是以洗精煤、无烟煤、冶金焦、石油、天然气等形式进入，经过各种反应过程最终以化合物等形式存在于产品中或放散到大气中。这里的各种反应过程有物理的粉碎、球团，也有化学的置换和氧化等。完全氧化反应直接生成物就是我们关注的主要温室气体 CO_2，不完全氧化反应生成 CO，经过进一步反应也以 CO_2 的形式放散。

资金过程中涉及 C 元素的反应主要有：

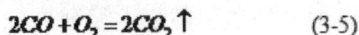

$$2C + O_2 = 2CO \uparrow \qquad (3-1)$$
$$FeO + C = Fe + CO \uparrow \qquad (3-2)$$
$$FeO + CO = Fe + CO_2 \uparrow \qquad (3-3)$$
$$Fe_2O_3 + 3CO = 2Fe + 3CO_2 \uparrow \qquad (3-4)$$
$$2CO + O_2 = 2CO_2 \uparrow \qquad (3-5)$$

可见，冶金系统中所有的碳元素只有两种去向，一是固化在钢产品中的碳元素，二是排放到系统之外的碳氧化物。

固化在钢产品中的那部分碳元素主要用于调节钢的品质，短时期内不会参与到其他的碳循环中，所以在分析中不予考虑；碳氧化物也有两种去向，一种随着煤气被回收利用，另一种则直接排放到环境中。

钢铁生产系统的碳排放清单如表3-2所示：

表 3-2   钢铁企业的碳排放清单

	化石燃料	其他排放	含碳熔剂
直接排放源	洗精煤，无烟煤，煤粉，焦炭，灰焦，焦粉，焦泥，高炉煤气，焦炉煤气，转炉煤气，石油，天然气，煤焦油，废塑料，废橡胶等	铁矿粉，烧结粉尘，高炉粉尘，高炉渣，钢渣，焦化污泥	石灰石，白云石，菱镁矿等
	外购原燃料	动力介质	外购中间辅料
间接排放源	焦炭，球团，生铁，烧结矿，废钢，铁合金等	电力，氧气，氮气，氩气，压缩空气，蒸汽等	消石灰，轻烧白云石等
	能量	低碳化学品	
碳排放抵扣	焦炉煤气，转炉煤气，高炉煤气，蒸汽，电力	CO，焦油，氨，萘，苯，酚等化工品	硫磺，氢气等化工副产品，硅酸钙水泥，微晶玻璃等

数据来源：《钢铁冶金学》，冶金工业出版社

3.3.2 分工序碳素流分析

钢铁生产长流程主要分为"焦化"-"烧结"-"高炉"-"转炉"-"轧钢"五个步骤，短流程则为"废钢"-"电炉"两个部分。长流程的碳素流主要是还原碳和燃料碳两部分构成的，短流程的碳则主要是火力发电部分的消耗和排放。电炉短流程炼钢比例在世界范围内已经从1950年代的7.3%上升

到近年来的 35% 左右。反观我国，尽管新建了一批电炉钢厂，但由于钢产量总量的急速增长，长流程增产钢能力占比重大，而且电炉建设受到成本制约，所以电炉钢比例连年下降（杨宁川，黄其明，何腊梅，游香米，吴令，2010）。

由于"高炉－转炉"长流程炼钢的碳素流更具有代表性，且在我国钢铁产品中所占比例更高，所以本章从长流程碳素流分析入手研究。

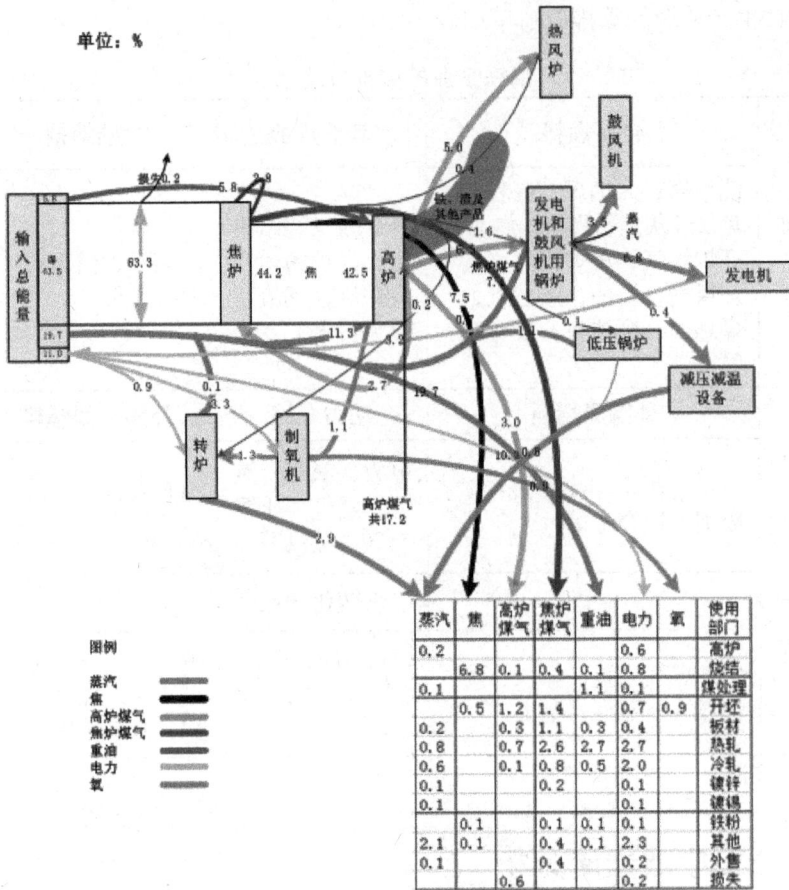

蒸汽	焦	高炉煤气	焦炉煤气	重油	电力	氧	使用部门
0.2					0.6		高炉
	6.8	0.1	0.4	0.1	0.8		烧结
0.1					1.1	0.1	煤处理
	0.5	1.2	1.4		0.7	0.9	开坯
0.2		0.3	1.1	0.3	0.4		板材
0.8		0.7	2.6	2.7	2.7		热轧
0.6		0.1	0.8	0.5	2.0		冷轧
0.1			0.2		0.1		镀锌
0.1					0.1		镀锡
	0.1		0.1	0.1	0.1		铁粉
2.1	0.1		0.4	0.1	2.3		其他
			0.4		0.2		外售
		0.6			0.2		损失

图 3-1　钢铁联合企业的能量流示意图

图 3-1 展示了传统钢铁企业的能量流动情况。图中展示系统边界为能源输入、焦炉、高炉、转炉、制氧机、鼓风机、热风炉、发电机、低压锅炉、减压减温设备和发电机及鼓风机用锅炉。其他工序如烧结、轧钢、开坯、板

材等工序均属于系统外环境。从系统内来看，能量输入的形式主要有 63.5% 的煤、11% 的电、19.7% 的重油和 5.8% 的天然气。煤主要经由焦炉生成焦炭产品，另有部分用于烧结、开坯等工序。焦炉产生的焦炉煤气 2.8% 用于回收利用，7.4% 用于热轧、开坯等工序，还有少量（2.2%）被用于转炉、热风炉和发电机及鼓风机用锅炉。高炉产生的高炉煤气 5% 被用于热风炉，6.5% 被用于发电机和鼓风机用锅炉，2.7% 用于焦炉，3.0% 用于开坯、热轧等工序。转炉煤气产量较少，该图中没有表示。另外还有一部分动力来源，即蒸汽，主要由转炉、锅炉和减温减压设备产生，去向主要有鼓风机、发电机和减压减温设备等。

图 3-1 的比例是钢铁联合企业的典型数据，具有一般性。从系统整体角度来看，所有碳元素的系统输入都是化石燃料，系统输出形式都是碳氧化物，在图 3-1 的基础上整理得到图 3-2，表示冶金基本过程及各中间产品的比例：

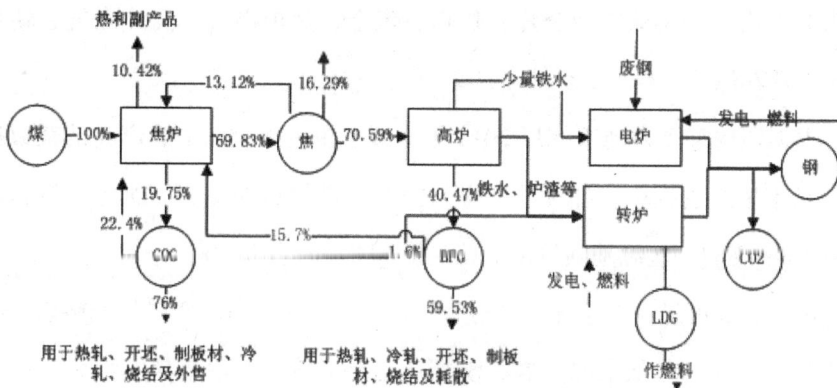

图 3-2　钢铁企业能量流动示意图

* 数据来源：中国百科网：钢铁厂能源。钢铁联合企业的能量流程和分配示例图

长流程炼钢五大主要工序（焦化、烧结、高炉炼铁、转炉炼钢、轧钢）的产量、可比能耗之间的相关关系如表 3-3 所示：

表 3-3   产量、能耗与工序相关关系

	产量	可比能耗	烧结	焦化	高炉	转炉	轧钢
产量	1						
可比能耗	−0.6348	1					
烧结	−0.2605	0.88287	1				
焦化	−0.5867	0.98080	0.870067	1			
高炉	−0.8290	0.93378	0.683099	0.935569	1		
转炉	−0.5125	0.98311	0.925014	0.9871	0.890351	1	
轧钢	−0.5491	0.97702	0.854573	0.962074	0.893049	0.974316	1

表 3-3 显示，粗钢产量与吨钢可比能耗呈负相关，即产量越高，能耗指标越低，说明钢铁企业的能耗存在规模效应；同时，从相关性系数可以看出，吨钢可比能耗与五个主要工序能耗的相关性均值在 0.9，最高达到转炉的 0.983，最低相关性是它与烧结的关系，为 0.88。可以说，吨钢可比能耗和五个主要工序的关系都是非常密切的，按相关性排列如下：转炉、焦化、轧钢、高炉和烧结。

在几个工序中，主要动力来源都是化石燃料，主要包括洗精煤、无烟煤、动力煤、汽油、柴油、冶金焦、焦粉、焦丁、焦炉煤气、高炉煤气、转炉煤气以及其他。

根据国内某千万吨级钢厂 2011 年能源平衡表提供的原、燃料消耗数据得出当年生产过程中，各种原、燃料的 CO_2 排放量如图 3-3 所示（折算系数由 1999 年的《能源基础数据汇编》提供）：

由图 3-3 可见，在整体生产过程中，CO_2 排量最高的燃料是洗精煤、冶金焦和高炉煤气。从来源上看，洗精煤是环境输入，冶金焦一部分是由焦化工序提供的，另一部分是环境输入的，高炉煤气是高炉炼铁工序生产的。从用途上看，洗精煤主要用于焦化工序，冶金焦主要用于高炉炼铁工序，高炉煤气产生于高炉炼铁工序，回收后在炼铁、焦化、烧结工序都有较大的消耗量。

不同种燃料CO2排量

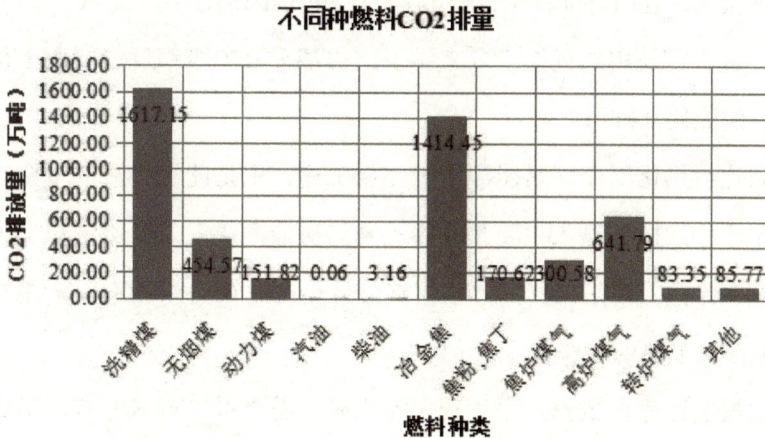

图 3-3 不同原、燃料对应 CO_2 排量

各工序的输入方向主要有两种碳元素的形式：原、燃料和其他工序产生的煤气；输出方向的碳元素形式主要有：完全反应产生的 CO_2 不完全反应产生的CO、中间产品煤气以及含碳产品如焦炭等。根据某千万吨级钢厂能源平衡表，可以发现如下关系：

（1）系统的碳元素来源有三种：一是环境向炼焦工序输入的洗精煤；二是环境向烧结、炼铁工序输入的无烟煤；三是炼铁工序环境输入的冶金焦，这部分的输入量取决于炼焦工序对炼铁工序的焦炭用量满足程度。三者共同构成了系统的总输入。

（2）系统的碳元素去向也主要有三种：一是以化合物形式存在于产成品中；二是以氧化物（主要是 CO_2）的形式释放到环境中；三是以煤气形式被储存或循环利用。

（3）焦化工序输入为洗精煤、焦炉煤气和高炉煤气，输出为焦炉煤气和焦炭；烧结工序输入为无烟煤、焦炉煤气和高炉煤气（另有少量转炉煤气），输出主要为 CO_2；炼铁工序输入为无烟煤、冶金焦和三种煤气（主要为高炉煤气，另外两种用量极少），输出为 CO_2 和高炉煤气；炼钢工序主要输入为三种煤气，且用量都较少，输出为转炉煤气和 CO_2。

文章研究采用的数据主要来源于国内某千万吨级钢厂的能源平衡表。分工序的能耗分析如下：

焦化：焦化工序即是能源消耗主要工序，也是能源生产的重要来源。炼焦工序中，能源输入主要是固体煤和二次能源煤气。而能量输出主要是焦及其副产品及焦炉煤气的热，这部分显热占到 65% ~ 70%。干熄焦设备可回收焦炭显热的 80%。

根据实际生产数据，每生产 1 吨焦炭，需要 1.32 吨洗精煤，0.03 吨焦炉煤气和 0.09 吨高炉煤气（此处及后面文中均折算为标煤计算）。与此同时，每生产 1 吨焦炭约伴随产生 427m3 焦炉煤气，热值为 17GJ/ 千 m3（< 钢铁生产技术指标集 >），折算为标煤为 0.25 吨。

烧结：作为铁矿粉造块的主导工艺，烧结工序的物料处理量在钢铁联合企业中处于第二位，仅次于高炉炼铁。而烧结工序的能源消耗占钢铁企业的吨钢可比能耗 10%~16%。烧结过程中的能量是以焦粉、煤粉等固体燃料形式存在的，它们与物料——主要是铁矿粉等混合，进行烧结矿的生产。除了固体燃料，二次能源煤气也会参与反应，作为点火剂和燃料。烧结过程的主要产品是具有冶金性能的烧结矿，和碳氧化物副产品。除了 CO、CO_2 之外，另一种能量输出的形式是热损失，包括烧结矿和烧结废气带走的物理热，化学不完全燃烧与残碳损失的化学热，蒸发、分解耗热以及散热损失等。生产一吨烧结矿，需要消耗 0.0075 吨无烟煤，0.032 吨焦，以及各种煤气，其中转炉煤气用量极少，忽略不计。

炼铁：炼铁工序是整个钢铁生产过程中能耗和排放都最大的部分。炼铁工序的输入主要有无烟煤、焦炭和各种复用的煤气。炼铁工序能耗主要由燃料消耗和能源介质消耗两部分；而能量的输出主要有三部分：高炉煤气、TRT 发电和余热放散。

由于高炉炼铁是整个工艺流程中能耗和排放都最显著的环节，所以钢铁企业必须努力降低炼铁工序能耗。高炉炼铁所需能量约有 78% 是来自碳素的燃烧。炼铁工序的节能减排主要从三方面开展：首先是燃料和动力的减量化使用；然后是能源利用效率的提升；此外还要提高二次能源回收利用水平。

具体来讲，每生产一吨铁水，消耗无烟煤 0.117 吨，焦炭 0.383 吨，焦炉煤气、转炉煤气用量极少，忽略不计，消耗高炉煤气 0.076 吨。同时，该工序生产高炉煤气 0.186 吨 / 吨铁水。

炼钢：炼钢工序能耗相对较低，大部分大中型钢铁企业已经实现了负能炼钢。其实炼钢工序所承载的能量是很大的。转炉炼钢能量主要形式为：首先，炼钢的原料——铁水，其热值为 700 千克 ~900 千克标准煤 / 吨铁，其承载的所有能量都会进入高炉中；其次，炼钢过程中要消耗大量的高热值载能体——铁合金、石灰、耐火材料等；最后，炼钢还直接消耗其他大量的能源介质，包括氧气、电、水、燃料以及部分氮气和氧气等。从能源输出角度来看，主要包括 LDG、高温蒸汽和回收的烟尘。

炼钢消耗三种煤气，其中高炉煤气用量极少，忽略不计。同时它产生一部分转炉煤气。每一吨粗钢生产约 0.023 吨转炉煤气。

轧钢：在轧钢加工费用中，能源消耗占 65% ~ 70%。轧钢生产主要工艺流程中，耗能最大且节能潜力最大的是坯料加热，其次是热轧。我国大型钢铁企业加工的钢材种类多，工艺复杂，例如钢材的品种分为：板、管、丝、带、型、涂镀以及深加工；生产工艺分为热轧、冷轧、涂镀层、冷拔和挤压等。所以，笼统述评轧钢工序能耗值是不科学的，要根据不同品种具体分析。

轧钢工序主要利用的也是三种煤气，每生产一吨产品需要消耗 0.02933 吨焦炉煤气，0.00675 吨高炉煤气，0.00242 吨转炉煤气。

为了更明确的表示各工序间的关系，利用表的形式来表示碳素的活动轨迹。bij 表示各个工序的碳素流，bij+ 表示工序 i 生成产品 j 的量，bij- 表示工序 i 消耗产品 j 的量，其中 $i \in (1,2,3,4,5)$，其中 1= 焦化，2= 烧结，3= 炼铁，4= 炼钢，5= 轧钢；$j \in (1,2,3,4,5,6,7,8,9,10)$，其中 1= 焦炭，2= 烧结矿，3= 洗精煤，4= 无烟煤，5= 焦炉煤气，6= 高炉煤气，7= 转炉煤气，8= 铁水，9= 轧钢，10= 粗钢。见表 3-4：

表 3-4   各工序碳足迹分析

t	焦炭	烧结矿	洗精煤	无烟煤	焦炉煤气		高炉煤气		转炉煤气		铁水	轧钢	粗钢
焦化	b_{11}^+	0	0	b_{13}^-	0	b_{15}^+	b_{15}^-	0	b_{16}^-	0	0	0	0
烧结	0	b_{21}^-	b_{22}^-	0	b_{24}^-	0	b_{25}^-	0	b_{26}^-	0	0	0	0
炼铁	0	b_{31}^-	0	0	b_{34}^-	0	0	b_{36}^+	b_{36}^-	0	b_{38}^+	0	0
炼钢	0	0	0	0	0	0	b_{45}^-	0	0	b_{47}^+	b_{47}^-	0	b_{410}^+
轧钢	0	0	0	0	0	0	b_{55}^-	0	b_{56}^-	0	b_{57}^-	0	b_{59}^+	0
C˙	25.8kg/GJ		25.8 kg/GJ	26.8 kg/GJ	**		***		****				
标煤 μ	0.9714		0.9	0.714	6.143 （万 m³·t）		1.286 （万 m³·t）		3.5701 （万 m³·t）				

*C 为燃料及炉气的碳排放系数向量。焦炭热值为 3.0 ✖ 107J/kg，故焦炭的碳排放系数可转换为 0.774kgC/kg；同理，洗精煤热值取 26MJ/kg，碳排放系数转换为 0.6708kgC/kg；无烟煤热值为 0.7kgC/kg。

** 焦炉煤气中成分约为 23% ~ 27% 的 CH4，本文中取 25%；5% ~ 8% 的 CO，本文中取 6.5%；1.5% ~ 3% 的 CO_2，本文取 2.5%。故焦炉煤气碳排放为 $0.25 \times \frac{12}{16} + 0.065 \times \frac{12}{28} + 0.025 \times \frac{12}{44} = 0.222$ kgC/kg.

*** 高炉煤气中成分约为 25% 的 CO；15%CO_2 和约 3% 的 CH4。故高炉煤气碳排放为 $0.03 \times \frac{12}{16} + 0.25 \times \frac{12}{28} + 0.15 \times \frac{12}{44} = 0.1706$ kgC/kg.

**** 转炉煤气中成分约为 50% ~ 65% 的 CO，本文中取 58%；15% ~ 20% 的 CO_2，本文取 17.5%。故焦炉煤气碳排放为

$$0.58 \times \frac{12}{28} + 0.175 \times \frac{12}{44} = 0.2963$$

在本研究 2.2.2 部分，介绍了能量流的六分类法，分别为：环境输入、上一个工序流入、向下一工序流出、向环境放散、回收自用、回收他用。本文用 E（d, i）来表示能量流，其中 d 代表能量流名称，d ∈（in,ou,di,rs,ro,tr），其中 in= 环境输入，ou= 向下一工序流出，di= 向环境放散，rs= 回收自用，ro= 回收他用，tr= 上一工序流入；i 代表相关工序，$i \in (1,2,3,4,5)$，其中 1= 焦化，2= 烧结，3= 炼铁，4= 炼钢，5= 轧钢。

六类碳素流如图 3–4 示：

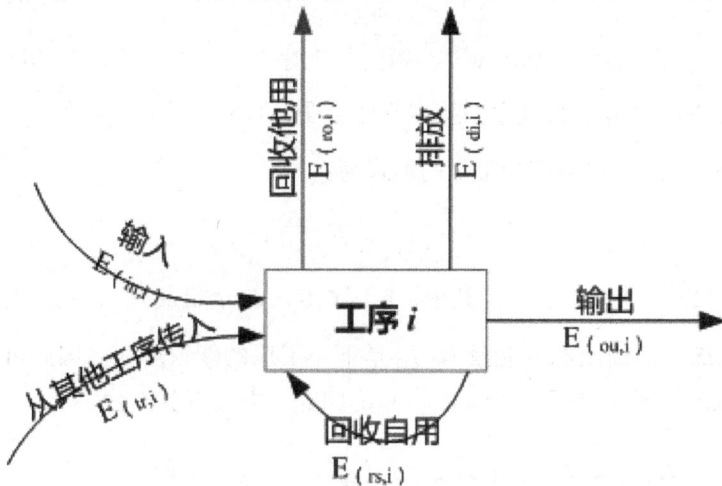

图 3-4 钢铁企业能量流构成

$E_{(in,i)}$——表示"input"，指环境向工序i提供的能量，包括很多能源形式，例如用作动力的电力、热力、蒸汽和用作燃料的各类煤、炭等。它的单位是 kgce/t。

$E_{(tr,i)}$——表示"transfer"，指的是由前序工序 i-1 传入到工序 i 的能量，它包括物质形式和能量形式两种。物质形式是焦化工序向其他工序传递的焦炭，能量形式是铁水等携带的化学能、热能等。它的单位是 kgce/t。

$E_{(rs,i)}$——表示"recycle for self-use"，指的是工序 i 回收自用的能量。它包括三种主要的煤气（焦炉煤气、高炉煤气、转炉煤气），蒸汽、热力和废钢等。它的单位是 kgce/t。

$E_{(di,i)}$——表示"discharge"，指的是工序 i 向环境的排放，它包括燃料燃烧产生的氧化物，机器运转产生的热量消耗和其他的废渣废料。它的单位是 kgce/t。

$E_{(ro,i)}$——表示"recycle for other-use"工序 i 回收并被用于系统内其他工序的能量，主要是各种煤气、蒸汽、电力和焦炭。它的单位是 kgce/t。

$E_{(ou,i)}$——表示"outflow"，指的是工序 i 的产出品带走的热能和化学能等，这部分能量会传递至系统内其他工序，它的单位是 kgce/t。

对于工序 i，自身的能量平衡形式为：

$$E_{(ou,i)} + E_{(ro,i)} + E_{(rs,i)} + E_{(di,i)} = E_{(in,i)} + E_{(tr,i)} + E_{(rs,i)} \tag{3-6}$$

即总输出等于总输入。其中，i 工序传入部分能量 $E_{(tr,i)}$ 来自上一工序 i-1 的输出，而输出部分能量 $E_{(ou,i)}$ 是下一工序的能量输入。因此可以将能量传入和传出统一表达为 E(i-1) 和 E(i). 因此，有以下关系式：

$$E_{(i)} + E_{(ro,i)} + E_{(rs,i)} + E_{(di,i)} = E_{(in,i)} + E_{(i-1)} + E_{(rs,i)} \tag{3-7}$$

$$E_{(i)} = E_{(i-1)} + E_{(in,i)} + E_{(rs,i)} - E_{(ro,i)} - E_{(rs,i)} - E_{(di,i)} \tag{3-8}$$

$$E_{(i)} = f(E_{(i-1)}, U_{(i)}, i) \tag{3-9}$$

其中，U(i) 包括两组方向相反的变量，一组是正向控制变量，包括 E(in, i) 和 E(rs, i)，它们的增长能够引起本工序能量的增加；另一组是负向控制变量，包括 E(di, i)、E(rs, i) 和 E(ro, i)，它们的增加能够导致本工序的能量减少。其中 E(rs, i) 会使得煤气产生单元能量减少，煤气接收单元能量增加。

由分析可知，钢铁企业的能量流按照实际生产中的运转情况可分为六类，而从不同的角度进行研究又可以将这六类分别纳入几个不同的大类：从能源变化角度，可分为正向变量和负向变量两类；从能量流动角度，可分为输入型变量和输出型变量等。3.4 节将从能耗控制目标角度入手，建立基于钢铁企业能量流分析的评价指标体系。

3.4 低碳影响因素指标体系构建

3.4.1 低碳影响因素选取

六类能量流可归结为五大类指标：

指标集 1：$E_{(i-1)} - E_{(i)}$，工序能耗控制。含义是工序 i 流出到下一工序的能量和前序工序流入的能量数量之差，也就是本工序的系统内能量消耗。

指标集 2：$\sum E_{(in,i)}$，系统节能控制。含义是环境向各工序输入的能量之和。上文提到过，系统低碳目标可以分解为"节能"和"减排"两方面，指标集 2 就是"节能"方面的控制指标。

指标集 3：$\sum E_{(di,i)}$，系统减排控制。含义是系统向环境放散的能量之和。企业能耗控制的总体目标是"节能减排"，也就是减少和，本文称其为"目标 2"和"目标 3"，也就是系统节能、减排目标；

指标集 4：而有效达成这两个目标的手段之一，就是增加能源回收，也就是增加 $E_{(R)} = E_{(rs,i)} + E_{(ro,i)}$，讨论中记作"目标 4"，对应于回收利用目标。

指标集 5：由于企业的相关技术指标也会影响企业的碳排放量，因此选取 8 个代表性的比例指标，将他们也纳入到指标分析体系当中去，记作"目标 5"，对应于技术指标。

详细的指标体系及符号表示见表 3–5：

表 3-5 钢铁低碳生产影响因素体系

	二级指标	三级指标	符号	单位	指标方向
钢铁行业低碳生产	$E_{(i-1)}-E_{(i)}$ I_1 工序能耗指标	焦化工序能耗	I_{11}	kgce/t	−
		烧结工序能耗	I_{12}	kgce/t	−
		炼铁工序能耗	I_{13}	kgce/t	−
		转炉能耗	I_{14}	kgce/t	−
		电炉能耗（普钢）	I_{15}	kgce/t	−
		电炉能耗（特钢）	I_{16}	kgce/t	−
		轧钢能耗	I_{17}	kgce/t	−
	$E_{(in)}$ I_2 系统能耗指标	燃煤消耗量	I_{21}	万吨标煤	−
		外购焦炭消耗量	I_{22}	万吨标煤	−
		外购电力消耗量	I_{23}	万吨标煤	−
		燃油消耗量	I_{24}	万吨标煤	−
		天然气消耗量	I_{25}	万吨标煤	−
	$E_{(di)}$ I_3 系统耗散指标	高炉煤气放散率	I_{31}	%	−
		焦炉煤气放散率	I_{32}	%	−
		转炉煤气放散率	I_{33}	%	−
	$E_{(R)}$ I_4 回收复用指标	回收焦炭量	I_{41}	万吨标煤	+
		焦炉煤气回收量	I_{42}	万吨标煤	+
		高炉煤气回收量	I_{43}	万吨标煤	+
		转炉煤气回收量	I_{44}	万吨标煤	+
		二次能源发电	I_{45}	万吨标煤	+
		二次能源利用率	I_{46}	%	+
		余热余压余能自发电比例	I_{47}	%	+
	I_5 技术指标	转炉钢比	I_{51}	%	+
		电炉钢比	I_{52}	%	+
		连铸比	I_{53}	%	−
		冷轧比	I_{54}	%	−
		铁钢比	I_{55}	%	+
		平炉钢比	I_{56}	%	+
		炉外精炼比	I_{57}	%	+
		废钢比	I_{58}	%	−

3.2 和 3.3 节的分析表明，工序能耗对总能耗的影响非常明显：所谓工序能耗即对应工序的输入与输出能量之差，对应于 I1；根据原、燃料 CO_2 放散图的数据，可知原、燃料的用量和回收量对低碳生产的影响也是直接而明显的，其消耗、放散和回收水平分别对应目标 I2、I3 和 I4；另外，冶炼过程的铁钢比等技术指标对应于目标 I5。在此基础上，本文选取了 30 个三级指标，能够较为全面地对钢铁企业的低碳生产水平进行评价。其中，有 18 项指标为"负向"指标，即指标值越小，对低碳生产的总目标贡献越大；另有 12 项为"正向"指标，即指标值越大，对总目标的贡献越大。

该评价指标体系中，所有的指标项都为量化指标。因为指标的方向和量纲都不同，所以需要进行无量纲化处理，根据指标不同情况进行不同方式的处理：

对于 18 项负向指标，进行如下处理

$$C_{pq} = \frac{\overline{I}_{pq}}{I_{pq}} \qquad (3-10)$$

对于 12 项正向指标，进行如下处理

$$C_{pq} = \frac{I_{pq}}{\overline{I}_{pq}} \qquad (3-11)$$

式中 C_{pq} 为指标 I_{pq} 对应的单项评价指数；

$\overline{I}_{pq}$ 为指标 I_{pq} 对应的评价基准值；

I_{pq} 为其实际值。

3.4.2 指标权重确定

在评价指标体系基本构架完成后，采用 AHP 方法对指标间的相对权重进行计算。层次分析法是美国运筹学家 T.L.Saaty 在 20 世纪 70 年代提出的（Saaty, 1980）。它是多指标综合评价的、一种定性分析与定量计算相结合的系统分析方法，运用系统观点，整体性、综合性、最优性，求得系统的最优设计、最优控制、最优管理。AHP法将复杂问题分解为不同要素，并将这些要素归并为不同层次，在每一层次可按某一规定准则，对该层要素进行逐对比较，建立判断矩阵，通过计算判断矩阵的最大特征值及对应的正交化特征向量，得出该层要素对于该准则的权重，进而计算出各层次要素对于总体目标的综合权重，从而为选择最优方案提供依据。AHP法的特点是：分析思路清楚，所需的定量数据较少，实现了定性和定量分析的结合。

本文中的判断矩阵的给出主要是来源于三个方面：一是冶金经济发展研究中心多位专家的打分，二是钢铁企业能源管理中心数据和一线工作人员访谈，三是钢铁企业问卷发放以及多篇文献的研究结论作为辅助打分依据（陈琦，欧阳峣，徐雪松，2015；冯光宏，张宏亮，张培，2012；何维达和张凯，2013；贾钦然，2014；梁聪智，2012；刘金玲，2012；张敬，2008；张芸，张敬，张树深，刘素玲，游春，2009）。综合这三方面的结果，5个二级指标及对应的三级指标之间的权重矩阵如下：

表 3-6 I_1 下二级指标权重矩阵

	I_{11}	I_{12}	I_{13}	I_{14}	I_{15}	I_{16}	I_{17}
I_{11}	1	2	1/2	1	3	2	1
I_{12}	1/2	1	1	1/2	3	2	2
I_{13}	2	1	1	1	3	2	1
I_{14}	1	2	1	1	3	2	1
I_{15}	1/3	1/3	1/3	1/3	1	1	1/2
I_{16}	1/2	1/2	1/2	1/2	1	1	1/2
I_{17}	1	1/2	1/2	1	2	1	1

表 3-7 I_2 下二级指标权重矩阵

	I_{21}	I_{22}	I_{23}	I_{24}	I_{25}
I_{21}	1	2/3	1	2	1 1/2
I_{22}	1/2	1	4/5	2	1 1/4
I_{23}	1	1 1/4	1	2	1 1/3
I_{24}	1/2	1/2	1/2	1	1
I_{25}	2/3	4/5	3/4	1	1

表 3-8 I_4 下二级指标权重矩阵

	I_{41}	I_{42}	I_{43}	I_{44}	I_{45}	I_{46}	I_{47}
I_{41}	1	2	2	2	2	1	1
I_{42}	1/2	1	2	2	1	1	2
I_{43}	1/2	1/2	1	1/2	1	1	1
I_{44}	1/2	1/2	2	1	1	1	1
I_{45}	1	1/2	1	1	1	2	1
I_{46}	1	1	1	1	1/2	1	1
I_{47}	1	1/2	1	1	1	1	1

表 3-9 I_5 下二级指标权重矩阵

	I_{51}	I_{52}	I_{53}	I_{54}	I_{55}	I_{56}	I_{57}	I_{58}
I_{51}	1	2	1/2	1/3	1/3	2	2	1
I_{52}	1/2	1	1/2	1/2	1/2	1	1	1
I_{53}	2	2	1	1	1/2	2	1	1
I_{54}	3	2	1	1	1/2	2	2	2
I_{55}	3	2	2	2	1	3	2	2
I_{56}	1/2	1	1/2	1/2	1/3	1	1	1
I_{57}	1/2	1	1	1/2	1/2	1	1	1
I_{58}	1	1	1	1/2	1/2	1	1	1

表 3-10　I₃ 下二级指标权重矩阵

	I_{31}	I_{32}	I_{33}
I_{31}	1	1	1/2
I_{32}	1	1	2
I_{33}	2	1/2	1

表 3-11　二级指标权重矩阵

	I_1	I_2	I_3	I_4	I_5
I_1	1	1/2	2	1	1/2
I_2	2	1	1	1/2	1
I_3	1/2	1	1	1/2	1
I_4	1	2	2	1	1
I_5	2	1	1	1	1

判断矩阵构建完成后需要对他们进行一致性检验以确定矩阵的有效性。一致性判断结果如表 3-12 所示。一般认为，该指标值小于 0.1 时，判断矩阵的一致性是可以接受的。可见以上五个判断矩阵都满足一致性要求。

表 3-12　　　　　指标一致性检验结果

指标	I_1	I_2	I_3	I_4	I_5
CR	0.0427	0.015	0.073	0.055	0.041

根据权重矩阵，计算可得如下带权重的指标体系：

表 3-13　　　　　带权重的低碳生产评价指标体系

0.031	I_{11}						I_{41}	0.052
0.022	I_{12}						I_{42}	0.045
0.050	I_{13}						I_{43}	0.026
0.046	I_{14}	0.182	I_1		I_4	0.255	I_{44}	0.033
0.009	I_{15}						I_{45}	0.036
0.010	I_{16}						I_{46}	0.031
0.013	I_{17}						I_{47}	0.031
0.045	I_{21}			I			I_{51}	0.026
0.061	I_{22}						I_{52}	0.017
0.065	I_{23}	0.200	I_2				I_{53}	0.030
0.011	I_{24}				I_5	0.218	I_{54}	0.039
0.018	I_{25}						I_{55}	0.049
0.036	I_{31}						I_{56}	0.017
0.058	I_{32}	0.145	I_3				I_{57}	0.019
0.051	I_{33}						I_{58}	0.020

由表 3-13 可以看出，相对于一级目标，I4 是较为关键的一个指标，即能源的回收量对节能减排、低碳生产的作用最为明显；技术相关的比例指标和原、燃料消耗量对低碳生产的作用基本持平；工序能耗和煤气放散率对低碳生产的影响程度基本相同。相对于二级指标，影响最为显著的五个因素分别为：转炉能耗、外购电力消耗量、焦炉煤气放散率、回收焦炭量和炉外精炼比。

根据打分结果，影响最明显的回收率被选为关键影响因素之一；在影响第二大的技术指标中，选取得分较高的 I55 即铁钢比作为另一个关键影响因素；此外，二级指标 I2 和 I5 综合可以总结为由技术升级带来的低碳水平改变，因此，第三个关键因素取新技术推广应用。

本章主要研究内容是对钢铁生产流程中的能量运行情况进行分析，并利用能量流分类给出一个低碳生产影响因素列表。利用传统的 AHP 方法对列表中数据进行打分分析，从而得出对低碳生产影响最大的三个关键因素：铁钢比、新技术和废气回收利用。具体来说，第三章首先分析了钢铁企业的整体能量流动情况，绘制了详细的能源消耗、排放示意图；之后详细分析了长流程炼钢中各工序的能量输入、输出、排放和回收利用情况；最后从能量流分析的角度，建立了钢铁企业低碳生产评价指标体系。指标体系从工序能耗、能量输入、能量耗散、能量回收利用和能量相关技术指标五个方面进行了构建，与钢铁企业生产过程中的能量流动状况彼此对应，密切相关。

分析结果为第四章的系统动力学模型的建立提供了基础，这三个影响因素就将是系统动力学模型的三个基本模块，对能耗的仿真预测和情景分析也是从这三个方面切入的。

4. 基于关键影响因素的系统动力学模型构建

4.1 系统动力学在低碳领域的应用

由于低碳领域的研究多为非线性的、复杂的系统，所以系统动力学非常适合该类型问题的仿真。

国际上的研究针对行业的较多。例如交通运输行业的碳排放问题（Wansart, Walther, Spengler, 2008）；钢铁行业能源消耗和相关政策的关系（Ansari, Seifi, 2012）；闭合回路式造纸行业资源循环利用系统动力学模型及相关循环经济建议（Georgiadis, 2013）等。

虽然我国系统动力学的发展晚于国外，但是发展速度很快。尤其是在低碳领域有较好的应用：有学者利用 SD 模型分析了各省市的低碳经济发展路径，例如广东省（周志，2011）、山西省（李玮和杨钢，2010）、天津市（张圆，檀翠玲，王兴，2011）、重庆市（陈彬，鞠丽萍，戴婧，2012）等。同时也有部分学者利用该模型讨论了我国不同行业的低碳化发展，例如石化行业（李松和赵英才，2003; 朱颖超，2010）、农业（贾仁安 et al., 2011）、电力（李莉，2011）、钢铁（李红和栗卓新，2008; 张华，陈凤银，王艳红，张旭刚，张志清，2012）、水泥（Anand, Vrat, Dahiya, 2006）、国民经济领域（李农和王其藩，2001）等。

除了分行业和分地区的研究，针对 CO_2 排放与社会发展关系的研究也很多。中国钢铁行业的能源效率较低（Ross, Feng, 1991），因此如果不进行行业内节能减排和产品结构调整，我国将持续保持在世界排放第一位（秦钟，章家恩，骆世明，叶延琼，2008）。为了解决能源效率低下的问题，有学者利用系统动力学模型把技术进步作为内生变量，考察了技术进步对中国钢铁行业 CO_2 排放的影响（Longbin, 2007）。除了钢铁行业，电力方面的能耗也与电力需求、GDP、人口数、单位 GDP 能耗和单位 GDP 碳排放密切相关。因此我国应以电力为中心，以煤炭为基础进行能源结构调整，以降低火电比例（范德成，王韶华，张伟，2012）。

可以说，系统动力学在低碳领域的方方面面都有所应用，主要功能是趋势预测和情景分析。定性的应用较多，定量的分析较少。系统动力学原理在各种非线性复杂系统中都有所应用，且表现突出，适合于研究钢铁低碳生产这一复杂问题。

4.2 钢铁行业低碳生产模型的构建

在建立钢铁生产系统模型之前，首先对系统动力学的基本原理做一个简单介绍。系统动力学建模主要利用 DYNAMO 语言，时间表示方法如图 4-1 所示：

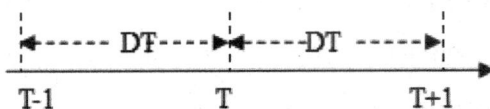

图 4-1　Dynamo 语言中时间表示方法

图 4-1 是一个时间间隔示意图。T 表示本次预测周期开始时间，T-1 表示上一个已经完成的计算周期的开始时间，而 T+1 则表示下一个预测周期的开始时间。也就是说，在 Dynamo 语言中，每一个计算周期长度是相等的，即 DT。DT 就是一个标准预测长度，单位由系统设计者决定，可以是年、月、

周、日等时间单位。

系统动力学模型是由六类基本方程形式来描述的，分别是：

L 方程：水平变量方程。L 方程对应系统中水平变量（Level），水平变量是积累量化变量，KL 期末的取值取决于 JK 期末的值和 KL 期的变化量。L 方程表示方法如公式 4-1 所示：

$$L \quad F_{l,t+1} = F_{l,t} + DT * \Delta R_{l,t} \tag{4-1}$$

公式 4-1 中，Fl,t+1 是指水平变量 L 在 t+1 时刻的值，Fl,t 是变量 L 在 t 时刻的值，DT 是时间间隔，ΔRl,t 是变量 L 在 DT 时间段的变化率。

R 方程：速率方程。R 变量（Rate）是用来描述变化量的，它的取值方式可以通过外部影响因素来控制。如果说水平变量是系统静态的状态的描述，速率则是系统变化的动力。对速率的控制可以改变系统的行为规则。R 方程就是控制 R 变量取值的途径，而 R 变量是 L 变量取值的决定因素。

速率方程的表达方式见公式 4-2：

$$R \quad R_{l,t} = f_{l,t} \tag{4-2}$$

公式 4-2 表示 Rl,t，即水平变量 L 在 DT 时间段的变化率，是由规则 fl,t 决定的。

A 方程：辅助变量方程。系统中除了水平变量、流量和一些常数，还有一些用于辅助决策的变量，即 A 变量（Auxiliary）。辅助变量方程在公式 4-3 中表示：

$$A \quad A_t = f_{a,t} \tag{4-3}$$

A_t 辅助变量在 t 时刻的取值，$f_{a,t}$ 是 A 的变化规则，以方程形式表示。

N 方程：初始值方程。表达方式如 4-4 所示：

$$N \quad N_{t0} = Int \tag{4-4}$$

N_{t0} 是变量 N 在 t0 时刻的取值，取值为 Int。Int 通常表示为常数、向量或矩阵 (后两者需要借助表函数实现)。

C方程：常量方程，表示一个固定的取值，如系数等。

4.2.1 系统分析

根据系统论的基本原理，在系统构建之前，首先要确定系统的边界。在本研究中，长流程冶金的五大基本工序：焦化、烧结、高炉炼铁、转炉炼钢、轧钢构成研究对象系统，而其他能源交换等均视作与环境进行的物质和能源交流。这样，本章要构建的系统就是针对这五个工序的能源和排放的。系统的整体输入是粗钢产量，输出是能耗和排放水平。

根据第三章的分析，钢铁低碳生产的关键影响因素选取了三个，分别是"铁钢比""回收"和"新技术"。因此在系统动力学模型构建时，也从这三个角度入手，分别建立三个模块，另外一个基础模块是钢铁生产模块。该模型在文中被称为"生产－能耗－排放"模型。

首先，对模型构建中会涉及的变量及其释义进行解释：

表 4-1   "生产－能耗－排放"模型中各变量解释

变量名称	释义	单位
EC	吨钢能耗	千克标煤／吨钢
CS	粗钢产量	吨
d	粗钢产量变化量	吨
Clenedcoal	洗精煤	吨
Anthracite	无烟煤	吨
Coke	焦炭	吨
Sinter	烧结产品	吨
COG	焦炉煤气	千克标煤
BFG	高炉煤气	千克标煤
LDG	转炉煤气	千克标煤
Di i	工序 i 排放量	千克标煤
HM	铁水	吨
P1	焦化工序能耗	千克标煤／吨焦
P2	烧结工序能耗	千克标煤／吨烧结产品
P3	炼铁工序能耗	千克标煤／铁水
P4	炼钢工序能耗	千克标煤／吨钢
P5	轧钢工序能耗	千克标煤／吨钢

变量名称	释义	单位
EIN1	焦化工序能源输入	吨
EIN2	烧结工序能源输入	吨
EIN3	炼铁工序能源收入	吨
Steel ratio	铁钢比	%
Rate ij	从 i 工序到 j 工序的二次能源流转率	%
roRate	回收他用的二次能源比例	%
rsRate	回收自用的二次能源比例	%

在三个模块中，"生产"是系统的基本模块，主要用来描述钢铁生产长流程的五个工序。这里用 P1-P5 来表示五个工序，其他变量都是围绕着五个工序开展的。

P1 相关变量及其关系如图 4-2 所示：

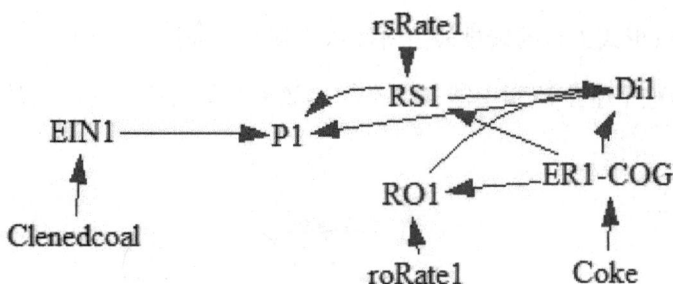

图 4-2 P1 工序涉及的变量

P1 工序涉及到两种关键物料，"Clenedcoal"和"Coke"，前者是主要的能源输入载体，后者是 P1 工序的产品输出。产生的煤气主要形式是"ER1-COG"。焦炉煤气热值高，可重复利用。它的去向分为两部分：回收自用和回收他用。回收自用和回收他用的比例是由"rsRate1"和"roRate1"决定的。roRate 构成了与其他工序交换能源的桥梁，是该工序向外输出煤气的主要途径；此外还有来自其他工序的复用煤气输入到该工序中。除此之外，还有一部分不能完全回收利用的煤气被放散到系统之外，形成了 Di1。

相比而言，P2 工序的关系比较简单，因为烧结工序没有产生可供回收利用的煤气，所以这部分不予考虑。P2 工序涉及的变量如图 4-3 所示：

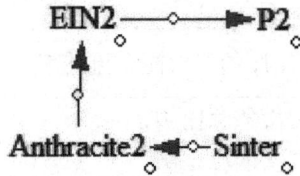

图 4-3　P2 工序涉及的变量

P2 工序也涉及两种物料，分别是"Anthracite"和"Sinter"，前者是主要能源输入载体，后者是 P2 工序的产品输出。该步骤不产生可用的煤气。但是有来自其他工序的复用煤气参与到 P2 的反应过程中。同理，因为主要考虑以煤气形式进行的碳排放，所以该步骤的 Di 指标也为 0。

P3 是整个生产流程中能耗最高，排放最大的工序。它涉及的变量如图 4-4 所示：

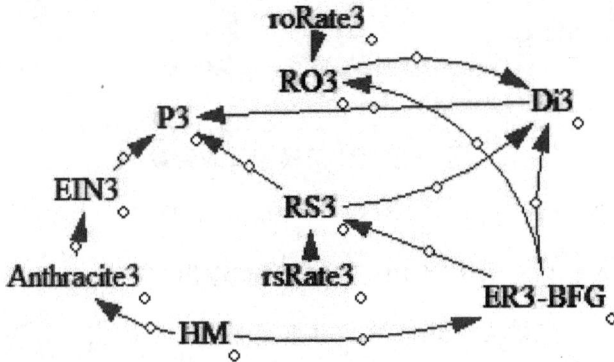

图 4-4　P3 工序涉及的变量

P3 涉及的关系比较复杂。它也涉及两种物料，分别是"Anthracite"和"HM"。前者是主要能源输入载体，后者是产品输出。P3 产生的煤气形式主要是"ER3–BFG",它的去向也主要有两个:"RO3"和"RS3",两者的值是由"roRate3"和"rsRate3"决定的。除此之外,还有没有完全回收利用的煤气放散到大气中,形成了"Di3"。P3 中,RO3 是向外能量传输的主要途径,同时也有其他工序的能源以能源和副产品的形式传递进入 P3。除了 RO3,HM 在 P3 中是产品,但是在整体系统中是由粗钢产量和铁钢比共同决定的,它也是连接的桥梁。

P4 工序在本文的系统中十分关键,因为整个系统的总体输入就是粗钢产量。P4 相关变量关系如图 4-5 所示:

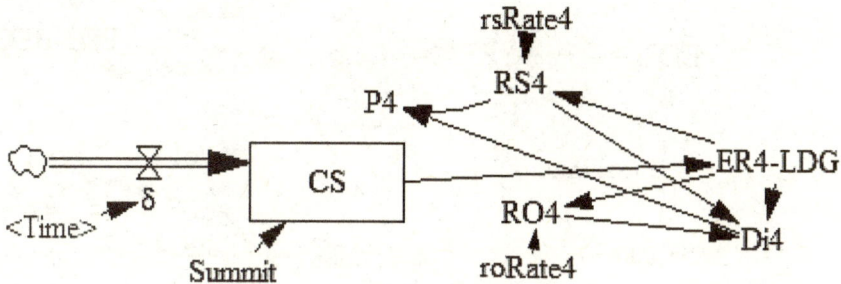

图 4-5　P4 工序涉及的变量

P4 涉及的物料主要是它的产品"CS"。而 CS 是由预测峰值水平"Summit"和年增长水平"d"决定的。而这两个变量是由市场决定的。P4 主要生成的煤气形式为"ER4–LDG",它的去向分别为"RS4"和"RO4"。不能回收利用的部分形成了放散量"Di4"。同样的,RO4 是 P4 向其他工序输出回收利用煤气的主要途径。

P5 工序的能耗相对较低,排放量也较少。它主要涉及的变量是其他工序传递给它的物料和能源。

综上所述,整个"生产"模块的变量关系如图 4-6 所示:

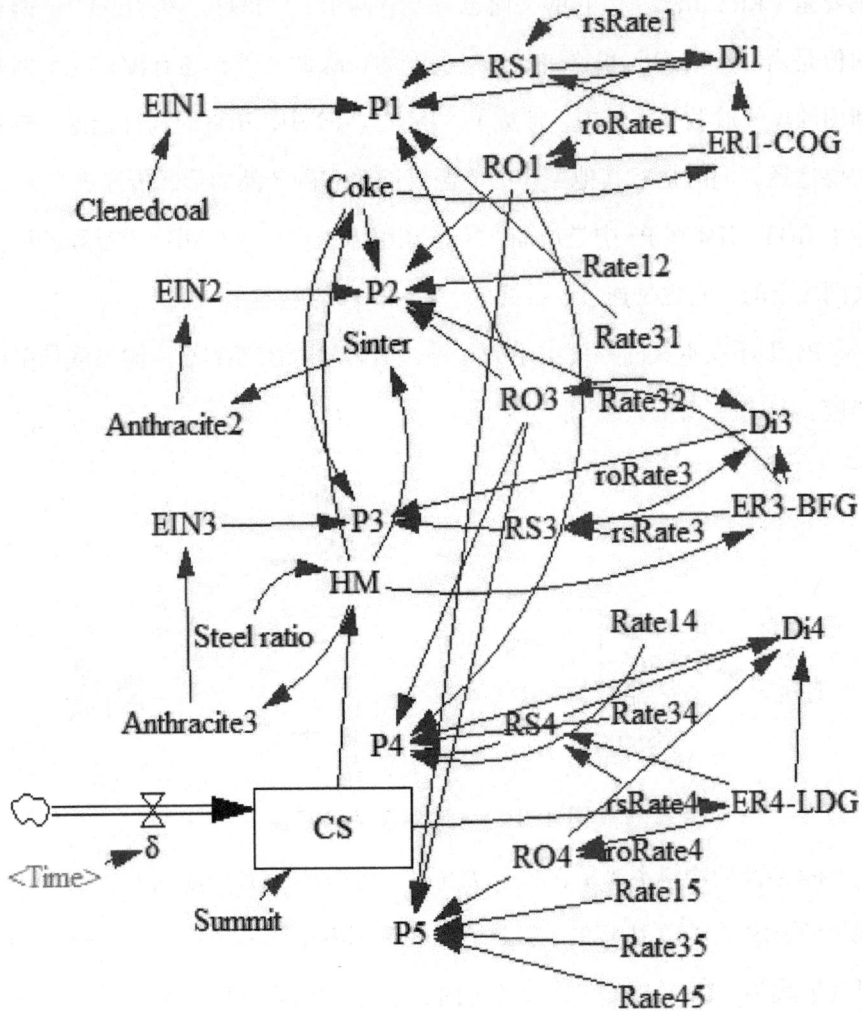

图 4-6　"生产"模块变量间的关系示意图

可见，每一个工序都涉及多项物料，工序之间还有物质和能源的交换与传递。

"能耗"模块主要涉及所有外部能源输入之和与粗钢产量之间的比值。

"EC"是需要关注的两个系统输出之一，另一个是排放量之和"Di"。能耗 EC 的相关关系变量如图 4-7 所示：

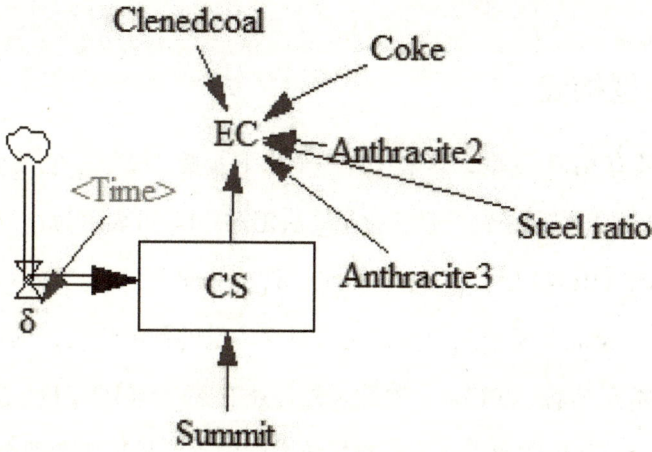

图 4-7 "能耗"部分系统关系图

相对应的，排放 Di 的相关关系变量如图 4-8 所示：

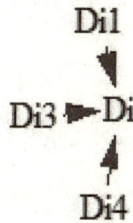

图 4-8 "排放"量的计算

排放主要是通过各个工序的排放量加和得到的。

除了"生产""能耗""排放"三个模块之外，另一个重要的部分就是"技术推广"。这里，就利用这一数据和推广率来直接计算它们对能好的影响。

这样，就基本完成了"生产－能耗－排放"系统的分析工作，下一部分主要进行各变量的取值设置和变量间的关系构建。

4.2.2 模型构建

系统共有 61 个变量，其中只有一个水平变量"CS"，它的值是由上期期末粗钢产量和本期粗钢产量变化量 d 决定的。CS 可表示为：

L:CS=IF THEN ELSE（CS<=Summit, δ, Summit） （4-5）

这里的 Summit 是控制变量，表示粗钢产量的预测峰值，其具体取值为 10.71（张群和胡睿，2015）。除此之外，还有 59 个辅助变量，它们分别描述了钢铁生产过程中的主要能耗和排放影响因素。最重要的两个分别是 EC 和 Di，分别代表吨钢能耗和排放量。这里的吨钢能耗和统计数据吨钢可比能耗不同。统计上的吨钢可比能耗计算方法如下：

而本文中所采用的吨钢能耗是简单能耗，即

$$EC=\frac{\sum_{i=1}^{5}P_i}{CS}$$ （4-6）

表示主要工序能耗之和与粗钢产量的比值。

P1 到 P5 代表了长流程炼钢中的五个基本步骤各自的能耗，相当于六分类法中的 E（i-1）-E（i）；"clenedcoal""anthracite"和"coke"是生产过程中主要的外部能源输入，是六分类法中 Ein 的主要构成部分，属于环境输入；roRate 和 rsRate 是煤气回收再利用的比例，对应六分类法中的 Ers 和 Ero，属于系统内部交换；而 Di 则是系统的排放，表示六分类法中的 Edi，属于对环境输出。这样，整个"生产－能耗－排放"模型就是在能量流六分类法的思想指导下建立的仿真模型，对实际情况有较好的模拟作用。

"生产－能耗－排放"模型中，技术推广是非常重要的一部分，模型中列举的 15 项新技术的具体内容如表 4-2 所示：

表 4-2 节能减排新技术列表

系统代号	技术名称	工序	普及率（期望）%					节能效果
			2010	2015	2020	2030		
Tec1	煤调湿	1	9	13	21	60	8.55	千克标煤/吨焦
Tec2	干法熄焦	1	75	92	98	60	9.22	千克标煤/吨焦
Tec3	低温烧结	2	60	77	93	100	10	千克标煤/吨烧结矿
Tec4	降低烧结漏风率	2	60	77	93	100	0.255	千克标煤/吨烧结矿
Tec5	小球团烧结工艺	2	40	57	73	87	5.5	千克标煤/吨烧结矿
Tec6	高炉鼓风除湿节能	3	4	21	37	55	8.67	千克标煤/吨铁水
Tec7	TRT	3	60	77	93	100	14.5	千克标煤/吨铁水
Tec8	高炉煤气全干法除尘	3	50	67	83	100	21.9	千克标煤/吨铁水
Tec9	高炉高效喷煤	3	40	57	73	87	90	千克标煤/吨铁水
Tec10	高炉喷吹焦炉煤气	3	1	18	34	55	30	千克标煤/吨铁水
Tec11	直接还原铁	3	1	4	9	20	100	千克标煤/吨铁水
Tec12	转炉煤气高效回收利用	4	50	67	83	95	7.75	千克标煤/吨钢
Tec13	转炉煤气干法净化回收	4	60	67	83	95	21.9	千克标煤/吨钢
Tec14	转炉负能炼钢工艺技术	4	50	77	93	100	23.6	千克标煤/吨钢
Tec15	电炉优化供电技术	4	20	37	53	78	2.458	千克标煤/吨钢

这 15 项新技术来源于国家发改委自 2011 年至 2014 年间分七批推出的《国家重点节能技术推广目录》中提到的适用于钢铁行业且已经有实际应用效果的技术，选择标准是技术普及尚有足够的空间，且节能效果明显。

经过 4.1.1 节的分析，"生产 - 能耗 - 排放"系统的模型已经具备了基本的结构，接下来需要在结构框架内添加变量取值和相互间的关系。模型中所用到的数据来源有三处：2005 ~ 2014 年《钢铁工业年鉴》，国内某千万吨级钢厂 2010 ~ 2013 年能源平衡表及中钢协相关发布。

对于生产模块的变量，最关键的是粗钢产量 CS。CS 的取值方式在公式 4-5 中已经介绍过。其中速率变量 d 的取值是采用表函数的形式进行的。除了 CS 这一水平变量，生产、排放相关的辅助变量之间的关系在表 4-3 中进行了解释：

表 4-3　　　　　"生产 - 能耗 - 排放"系统生产模块变量关系表

	Clenedcoal	Anthra-cite	COG		BFG		LDG	
	输入	输入	输出	输入	输出	输入	输出	输入
P1	EIN1	0	ER1COG	ER1-COG *rsRate1	0	ER3-BFG *roRate3 *Rate31	0	0
P2	0	EIN2	0	ER1COG *roRate1 *Rate12	0	ER3-BFG *roRate3 *Rate32	0	0
P3	0	EIN3	0	0	ER3-BFG	ER3-BFG *rsRate3	0	0
P4	0	0	0	ER1COG *roRate1 *Rate14	0	ER3-BFG *roRate3 *Rate34	ER4-LDG	ER4-LDG *rsRate4
P5	0	0	0	ER1COG *roRate1 *Rate15	0	ER3-BFG *roRate3 *Rate35	0	ER4-LDG *roRate4 *Rate45

变量间的关系主要是基于 3.2 节的图 3-1 和图 3-2 得出的。除了表 4-3 中列出的输入输出关系，对煤气来说还有一个出路就是放散。洗精煤和无烟煤作为环境输入，只有输入量，没有输出量；三种煤气的输入主要是它们各自被生产的工序，而输出也可以统一总结为再利用和放散两类。

表 4-3 解释了生产和排放相关的变量间的关系。另一个关键影响因素"铁钢比"是一个常数，如公式 4-7 所示：

$$C:steel\ ratio=c \tag{4-7}$$

这里 c 的取值是由仿真需求决定的，它将直接影响能耗和排放量。

第三个关键影响因素"技术"是系统中一个较为独立的模块。Tec_i, $i=1,...,15$ 在系统模型中指的是第 i 项技术的普及率。

系统中关键变量的具体取值方式如下所示：

EC:A

$EC=$（（*Anthracite*2 + *Anthracite*3 + *Clenedcoal* + *Coke*）* 1000 * 10000 -（*Tec*1/100）*（8.55 * *CS* * *Steel ratio* * 10000 * 0.3518）-（*Tec*2/100）*（9.22 * *CS* * *Steel ratio* * 10000 * 0.3518）-（*Tec*3/100）*（10 * 1.6936 * *Steel ratio* * *CS* * 10000）-（*Tec*4/100）*（0.255 * 1.6936 * *Steel ratio* * *CS* * 10000）-（*Tec*5/100）*（5.5 * 1.6936 * *Steel ratio* * *CS* * 10000）-（*Tec*6/100）*（8.67 * *CS* * 10000 * *Steel ratio*）-（*Tec*7/100）*（14.5 * *CS* * 10000 * *Steel ratio*）-（*Tec*8/100）*（21.9 * *CS* * 10000 * *Steel ratio*）-（*Tec*9/100）*（90 * *CS* * 10000 * *Steel ratio*）-（*Tec*10/100）*（30 * *CS* * 10000 * *Steel ratio*）-（*Tec*11/100）*（100 * *CS* * 10000 * *Steel ratio*）-（*Tec*12/100）* 7.75 * *CS* * 10000 -（*Tec*13/100）* 21.9 * *CS* * 10000 -（*Tec*14/100）* 23.6 * *CS* * 10000 -（*Tec*15/100）* 2.458 * *CS* * 10000）/（*CS* * 10000）

$$\tag{4-8}$$

P1:A

$$P1=EIN1+Rate31*RO3+RS1-Di1 \qquad (4-9)$$

P2:A

$$P2=EIN2+RO1*Rate12+RO3*Rate32+Coke*0.162661 \qquad (4-10)$$

P3:A

$$P3=EIN3+RS3+Coke*0.837339-Di3 \qquad (4-11)$$

P4:A

$$P4=RO1*Rate14+RO3*Rate34+RS4-Di4 \qquad (4-12)$$

P5:A

$$P5=Rate15*RO1+Rate35*RO3+RO4*Rate45 \qquad (4-13)$$

HM:A

$$HM=CS*Steel\ ratio \qquad (4-14)$$

d:A

$$d=(\ [\ (2010,0)-(2020,100000)\ ],\ (2010,4453),\ (2011,3327),\ (2012,6250)$$

$$,(2013,1875),(2014,2183),(2015,2139),(2016,2096),(2017,2054),(2018,2013)$$

$$,(2019,1973),(2020,0)\ )$$

$$(4-15)$$

基于上述分析，系统的基本结构和相互关系就梳理清楚了。系统的整体模型可以利用图 4-9 进行表示：

系统中数量关系的确定是由国内某千万吨级产量钢铁企业连续四年能源平衡图数据提供的。

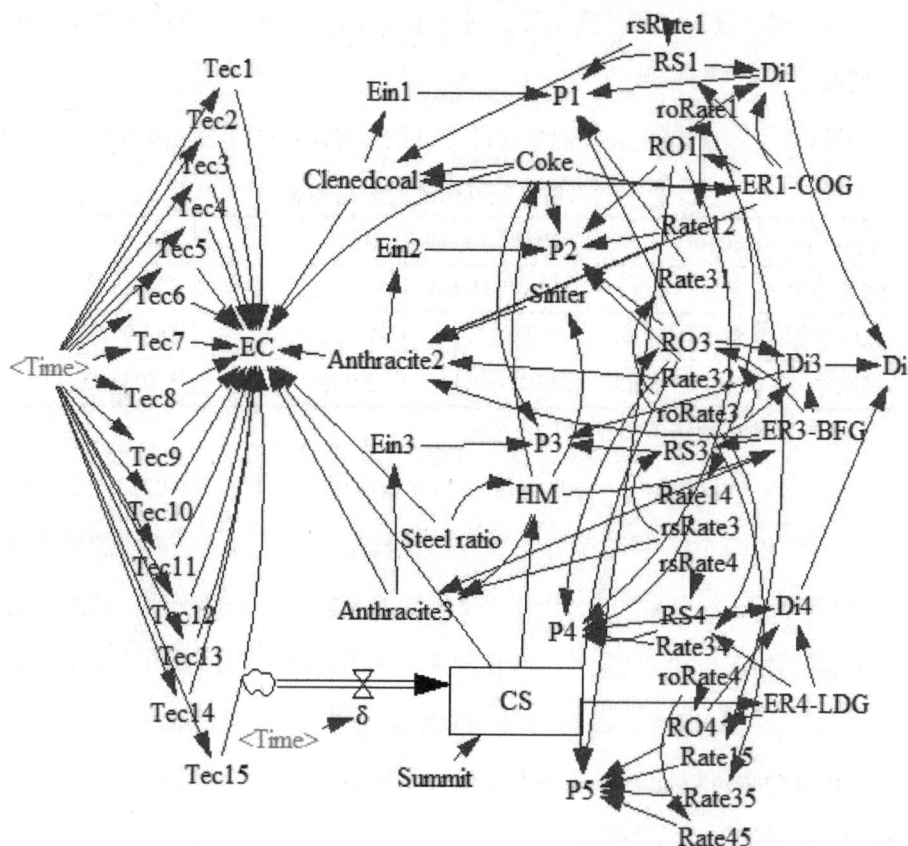

图 4-9 "生产－能耗－排放"系统结构图

4.3 系统动力学模型验证

模型构建完成后，需要对它的可靠性进行验证。首先，对系统能耗的仿真效果进行验证。这里采用 2010 年的数据作为起始时点，2011 到 2013 年的数据作为验证数据集对模型进行验证。

首先，所有的初始参数设置都根据 2010 年实际发生数据进行设定。包括 15 类技术在 2010 年的实际推广利用率，当年粗钢产量以及煤气实际回收率等数据。

接下来，进行一次仿真运算，对未来三年，即 2011—2013 年的情况进行模拟。

最后，对仿真结果和实际情况进行对比。对比情况如表 4-4 所示：

表 4-4　　　　　　　　　　模型能耗仿真验证结果表

Kgce/t 钢	2010	2011	2012	2013
仿真结果	590.23511	576.1116984	573.7928	571.4742
实际数据	592.7176667	572.04	577.74	565.97
结果偏差	−2.482556667	4.0716984	−3.94719	5.504162

数据来源：钢铁工业年鉴

由表 4-4 可以看出，仿真结果和实际数据的误差均值为 0.787。最大误差为 2013 年的 5.5，误差率为 0.972%。该模型的设计目的是描述能耗和排放的趋势情况，一般来讲，10% 以下的误差率均为可以接受的。此外，这里的验证数据之所以只采用了四年的值，是因为技术普及率的首次系统统计和发布是在 2010 年，而 2014 年的数据截止撰文还没有权威发布。

仿真结果可以证明本文的系统动力学模型在能耗预测方面是可靠而有效的，可以被用于后续研究。

然后对系统在排放方面的准确性进行验证。CO_2 排放量的数据没有官方发布，因为其计算方法还没有定论，主流计算方法有：IPCC（Change，2006b），国际钢铁协会版本（Huang, Jiang, Sun, 2015; WorldSteelAssociation, ），WRI 和 WBCSD 开发的工具，以及日本钢铁企业的方法（上官方钦，张春霞，郦秀萍，樊波，黄导，2010）。本研究重点不在于 CO_2 排放的计算方法，因此这部分模型检验，主要采用的方法是利用标煤折算系数推导出实际排放量和系统的预测值进行比较。折算系数为 2.67，根据文献数据（王维兴和王寅生，2014），约 34% 的煤炭转化为副产煤气。

验证结果如表 4-5 所示：

表 4-5 模型排放仿真验证结果表

Kgce/t 钢	2010	2011	2012	2013
实际值	527.5187	509.1157	514.1887	503.7133
预测值	544.4557	498.8093	515.1797	529.341
偏差值	16.937	−10.3063	0.991	25.62767

由表 4-5 可以看出，仿真结果和实际数据的误差均值为 8.31。最大误差为 2013 年的 25.63，误差率为 5.1%。该模型的设计目的是描述能耗和排放的趋势情况，一般来讲，10% 以下的误差率均为可以接受的。因此，模型是可以接受的，在预测中表现是整体可靠的。

本章主要内容是根据钢铁生产实际和第三章得出的关键影响因素构建一个系统动力学模型。模型模拟了钢铁长流程生产的五个基本工序及它们之间的相互关系，利用铁钢比、技术普及率和煤气回收策略作为外生变量，来考量它们的变化对整个系统行为的影响。同时，系统中设置了两个影子变量"time"，即时间变量，它是不受任何因素影响，匀速变化的，两个变量的取值相同。系统内部只包括长流程的五个主要工序，一切与之进行物质和能量交换的客体都被称为环境。该系统动力学模型是基于 Dynamo 语言的，在本研究中，该模型被称为"生产 – 能量 – 排放"模型。

5. 基于系统动力学模型的系统仿真

根据第四章的系统动力学模型，本章将对系统活动进行仿真。系统仿真参数设定采用三种不同的策略：

策略一：控制铁钢比策略。将铁钢比分别设置为我国当前水平、世界平均水平、除中国外其他国家平均水平和世界先进水平，之后对比这四种情景下减排降耗的效果；

策略二：控制能源普及率策略。按工序将筛选的 15 种新技术的预测初期普及率、当前普及率及最终预期普及率进行设置，观察四组技术的普及对能耗和排放的量化影响；

策略三：控制煤气回收率策略。按照生成步骤和成分将煤气分为焦炉煤气、高炉煤气和转炉煤气三类，分别确定 0 排放策略对能耗和排放的作用。

模型预测基期为 2010 年，终点为 2030 年，关键时点为 2020 年。按国际惯例，能耗单位采用 KJ/kg，排放单位采用 kgce/t 产品。1KJ/kg 相当于 0.0341kgce/t。而为了与供给上统计口径保持一致，碳排放指的是碳元素的排放量，为 CO 排放量的 12/44。

5.1 铁钢比对能耗和排放的影响

5.1.1 国内外铁钢比情况

正如第三章分析结果，铁钢比是钢铁行业低碳生产的一个重要影响因素，这一点在之前的研究中也证实。而中国当前的铁钢比很高，约为 0.95

左右。降低铁钢比意味着两方面的措施：在转炉炼钢工序加入更多的废钢以及提高电炉钢比例。2013 年，中国 89.8% 的粗钢是由转炉工艺生产得到的，也就是说在 7.165 亿吨的粗钢产量中，只有约 7 千万吨来自电炉。这一比例在世界范围内属于较低水平。例如，根据 IISI（International Iron and Steel Institute）统计数据：韩国在同年电炉钢比例为 37.6%，日本为 23.2%，德国为 32.3%，土耳其为 74%，俄罗斯为 27%，美国为 59.1%，巴西为 23.7%，印度为 67.5%。而作为电炉炼钢的前序工序，直接还原铁在中国炼铁厂中所占的比例也非常低，在世界处于落后水平。具体情况如表 5-1 所示：

表 5-1　　　　代表国家高炉铁和直接还原铁产量对比（来自 IISI 数据）

国家	万吨	1980	1985	1990	1995	2000	2005	2010	2013
阿根廷	DRI	75.8	98.9	103.5	132.8	142	182.1	156.6	146.6
	BFI	103.5	131	192.2	156.8	218.3	264.4	253.2	265
巴西	DRI	27.5	28.5	26	28.8	41.2	41.1	–	–
	BFI	1268.5	1896.1	2114.1	2502.1	2772.3	3388.4	3095.5	2620
加拿大	DRI	89	74	73.1	100	112.6	59.1	60	125
	BFI	1089.3	966.5	734.6	846.4	890.4	827.4	766.6	610
中国	DRI	0	0	0	0	5	31.4	–	–
	BFI	3802.4	4384	6238	10529.3	13101.5	34473.2	59560.1	70897
德国	DRI	41.9	10	31	41	45.5	44	44.5	49.8
	BFI	3360.9	3114.3	3060.8	3003.8	3084.5	2885.4	2856	2717.6
印度	DRI	1	10.2	61	426.7	549.8	1204	2342	1777
	BFI	848	970.1	1200	1902.5	2132.1	2712.5	3956	5135.9
墨西哥	DRI	163.6	150	252.5	370	558.9	606.5	536.8	610
	BFI	363.9	359.5	366.5	414.2	485.6	404.7	470.7	491.1

俄罗斯	DRI	0	0	0	167.8	192	334	470	532.9
	BFI	0	0	0	3967.5	4453.6	4841	4793.4	5011.1
南非	DRI	12.6	54.4	92.1	94.9	152.6	178.1	112	144.4
	BFI	721.8	601	625.7	622.4	629.2	613	542.9	496
瑞典	DRI	12.2	10.8	10.9	12.4	12.5	11.4	12.3	11.3
	BFI	243.5	242.4	273.6	302	314.5	373	344.7	289.6
美国	DRI	65	14	39	42	156	22	0	0
	BFI	6234.3	4576.4	4966.8	5089	4788.8	3722.2	2684.3	3030.8
委内瑞拉	DRI	163.6	263.3	352.4	509.9	641.2	889.7	379.3	258.4
	BFI	49.8	44.1	31.4	–	–	–	–	–

可见，中国在电炉钢比和直接还原铁方面的水平都较为落后，处于世界落后水平。这也是我国铁钢比居高不下的一个重要原因。另一个方面的原因是转炉工序中废钢加入量不足。

至今为止，量化研究铁钢比的降低对中国钢铁行业能耗和排放影响的文章并不多，因此本章主要研究内容就是利用第三章构建的模型进行模拟仿真。

5.1.2 系统仿真

根据统计数据，我国 2009 年铁钢比高达 0.957，而当年世界平均水平仅为 0.736。如果中国不计入统计，世界平均水平会骤降至 0.543。同时，发达国家如美国和德国的铁钢比已经可以控制在 0.45 以下。在这样的铁钢比情形下，中国的吨钢能耗持续保持在 600 千克标煤/吨钢（1.76×10^4 千焦/千克）的水平。

因此，模型选取了 0.957、0.736、0.543 和 0.45 等四个指标作为铁钢比的参数设置，来对比不同铁钢比情境下我国钢铁行业能耗和排放情况。

0.957 的情况是图 5-2 中的基准对比线，也就是最上面的一条线；接下来分别是 0.736、0.543 和 0.45 三个情景的仿真结果：

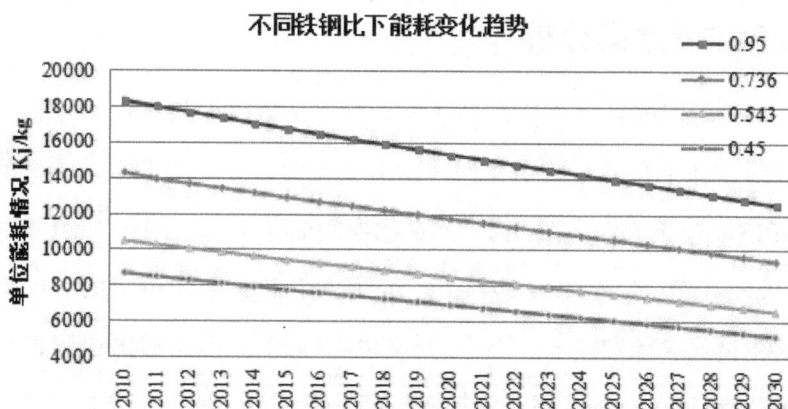

不同铁钢比下能耗变化趋势

图 5-1 在不同铁钢比情景下吨钢能耗趋势仿真

可见随着铁钢比的下降，单位能耗线整体明显下移，且随着时间推进下移趋缓。同时，随着单位能耗水平的下降，CO_2 排放水平也呈现出相应的下降趋势，如图 5-2 所示：

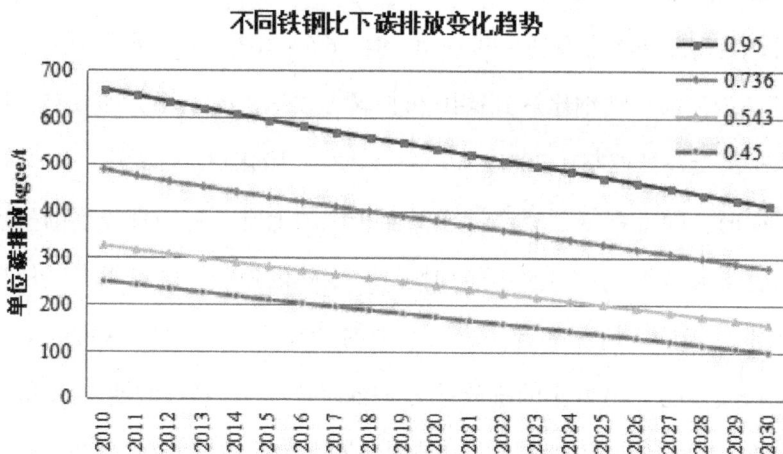

不同铁钢比下碳排放变化趋势

图 5-2 不同铁钢比情境下 CO_2 排放量趋势图

这里的排放值比实际的吨钢 CO_2 排放值要偏低一些，主要是因为系统边界内包括的排放量只有煤气放散量折算的 $CO.$，其他燃烧、还原反应等直接产生的碳氧化物没有纳入统计当中。

5.1.3 仿真结果分析

随着时间推移，单位产品能耗在稳定下降，而降低铁钢比指标值使得曲线整体下移。当铁钢比保持现有水平时，基准线显示，单位能耗会在 2013 年降至 600kgce/t-钢（$1.76 \times 104KJ/kg$）以下，并在 2020 年时达到 521.7kgce/t 钢（$1.56 \times 104KJ/kg$）；在预测期末，即 2030 年时，吨钢能耗能够下降至 425.72kgce/t-钢（$1.25 \times 104KJ/kg$）。当铁钢比达到世界平均水平 0.736 时，中国的整体能耗水平可下降约 19.73%。在这样的铁钢比条件下，2020 年行业能耗水平为将降至 400kgce/t-钢以下，达到 398.89kgce/t-钢（$1.17 \times 104KJ/kg$）并持续稳定减少，至 2030 年的 318.74kgce/t-钢（$9.35 \times 103KJ/kg$）。如果能将铁钢比控制在 0.543，中国钢铁行业的能耗水平将会被控制在 220kgce/t-钢到 360kgce/t-钢之间，并且在 2019 年降至 300kgce/t-钢以下，达到 294.59kgce/t-钢（$8.6 \times 103KJ/kg$）；当到达预测期末时，吨钢能耗将会降到 220kgce/t-钢（$6.5 \times 103KJ/kg$）水平。如果控制力度进一步加强，铁钢比达到德国和美国等发达国家水平，即 0.45，那么能耗水平将始终被控制在 300kgce/t-钢（$0.87 \times 103KJ/kg$）以下。

同时，随着粗钢预测产量缓慢而平稳的上升，吨钢排放逐渐呈现下降趋势，而降低铁钢比虽然不能加快这一变化的速度，却可以有效地控制整体水平。就目前情况来看，第三章中的 CO_2 排放目标（338.92kgce/t-钢）是无法实现的，2020 年的排放量为 532kgce/t-钢，到预测期末 2030 年，也保持在 412kgce/t-钢的水平；但是如果铁钢比能被控制在 0.736，则该目标可以在 2019 年实现，当年预测碳排放量为 388.66kgce/t-钢，预测期末可降至 278.43kgce/t- 钢；如果铁钢比达到 0.543 和 0.45，即与发达国家近似的水平，则预测期内 CO. 水平均保持在 370kgce/t- 钢以下，该目标应该在 21 世纪初就已经被实现，2030 年预期碳排放能降至 100kgce/t- 钢之下，达到 99.72kgce/t- 钢，有望实现"零"排放的目标。

总之，从有限的数据中进行分析可以看出，铁钢比每下降 1%，能耗下降空间为 190KJ/kg 到 193KJ/kg 之间，能耗排放目标实现的时间点也随着铁钢比的下降大幅提前，节能减排潜力十分可观。一般降低铁钢比有三种渠道：第一种，也是最容易想到的一种，就是增加电炉钢的产量。我国电炉钢比例近年来不增反降，成为世界上为数不多的这一比例连续下降的地区之一。第二种是在上线电炉条件不具备的情况下的妥协办法，即增加转炉炉料中废钢的比例；第三种是在废钢严重缺乏，前两种策略都无法实施的条件下的措施，即进行技术改造，提高节能相关技术的行业普及率。5.2 节中，将研究技术的普及对能耗和排放的影响程度。

5.2 新技术对能耗和排放的影响

虽然降低铁钢比对节能减排的效果十分显著，但是对当前情境下的中国并不能快速实施。因此，更为直接的方法就是新技术的研发和推广。之前有部分研究证实了技术推广对节能减排的重要意义和巨大潜力。有回归分析研究表明，格兰杰因果检验能证实技术普及对 CO_2 排放控制的积极作用（Yu, Li, Qiao, Shi, 2015）；ECSC（energy conservation supply curves）也揭示了到 2030 年，中国钢铁行业技术节能潜力约为 5.7EJ，相当于当年行业能耗的 28%（Zhang, Worrell, Crijns-Graus, Wagner, Cofala, 2014）。在研究了钢铁行业应用最广泛的几项技术之后（例如干熄焦、煤调湿、煤气回收、余热回收、低压饱和蒸汽发电等），有学者指出到 2020 年，中国技术减排潜力为 2.9Gt 二氧化碳（Xu, Li, Zhu, Cao, 2013）。但是在 2001 年到 2008 年间，中国的平均能源利用效率只有 61.1%，同一时期内产能的年增长率则达到了 7.96%，技术普及率的改变被认为是带来这一改变的主要原因（He, Zhang, Lei, Fu, Xu, 2013）。本节量化研究应用于不同工序的技术带来的能耗和排放影响。参数设置方法是：将技术按工序分为四组，在每一组进行推广率变化时，其他组别作为控制变量，普及率保持在基期水平。

5.2.1 节能减排主要技术

发改委在 2008 年至 2014 年间，分七批进行了节能技术推广，本文选择了其中 15 项进行研究。它们的具体名称在第 4.1 节中有所介绍。

表 5-2 节能技术的作用机理及减排效果

序号	技术名称	节能减排效果	技术推广应用
1	煤调湿技术（CMC）	·装炉煤堆积密度提高约 5%，提高焦炉生产能力 5% ~ 10%； ·降低炼焦耗热量约 5%，相当于节约焦炉加热煤气 55m3/t~62 m3/t，折标煤 7.5kg/t~8.4kg/t。 ·提高高炉生产能力 1% ~ 2%。 ·减少废水排放，可减排蒸氨废水 30kg/t~40kg/t，节约蒸氨用蒸汽 6kg/t~8kg/t	截至 2009 年底，我国投产及在建煤调湿装置 5 套。还有一些企业正在进行研发．该技术在焦化行业的普及率为 2.2%，在钢铁联合企业中的普及率为 9% 左右
2	干熄焦技术	据估算，吨焦直接节能效果是： ·回收中高压蒸汽 0.5t~0.6t； ·节约熄焦水 0.4m3~0.5m3； ·净回收标煤约 40kg	2009 年，我国钢铁企业干熄焦普及率达到 75%，"十二五"期间，将达到 95% 以上
3	低温烧结工艺技术	低温烧结具有显著节能和改善烧结矿性能的两大优点。由于企业烧结机大小不同，而且使用的原料和生产条件不同，实施该技术后节能效果差距也很大	目前我国绝大部分钢铁企业都在应用该技术。如太钢、鞍钢在 90/105m2 烧结机上都有应用，该技术普及率目标 100%

续表

序号	技术名称	节能减排效果	技术推广应用
4	降低烧结漏风率技术	控制烧结漏风率会直接降低烧结生产的电耗和固体燃料消耗。对于生产冷烧结矿的工厂,在烧结机漏风率下降10%时,多数情况下每吨烧结矿的电耗可降低1.5kwh/t以上	降低烧结漏风率技术目前推广应用比例60%～70%。2020年推广比例可达95%左右
5	小球烧结工艺技术	实施小球烧结工艺以后,烧结矿含硫量降低了0.007个百分点	目前我国小球烧结工艺技术普及率仅能达到40%左右,预计"十二五"推广比例争取达到60%以上
6	高炉脱湿鼓风技术	风中湿度每减少1g/m3,焦比降低约0.6~0.8kg/t,入炉风温可提高6℃,进而能够多喷煤粉	80年代宝钢4300m3高炉也采用了脱湿鼓风。目前,鞍钢正计划上脱湿鼓风装置
7	高炉炉顶煤气干式余压发电(TRT)技术	高炉鼓风能耗约占炼铁工序能耗10%–15%,采用TRT装置可回收高炉鼓风机能量的30%左右,可降低炼铁工序能耗11–18kgce/t	目前我国1000m3以上高炉TRT使用率很高,有530台,普及率40%以上,预计目标2014年底,提高到100%
8	高炉煤气干法除尘技术	在提高TRT发电量,提高煤气显热回收的间接节能合计效果:每年节能约12172tce,折工序能耗降低约6.1kgce/t	新建的高炉将全部采用干法除尘技术
9	高炉高效喷煤技术	可降低炼铁系统能耗80–100 kgce/t铁计算	我国一般高炉都采用喷煤技术
10	高炉喷吹焦炉煤气技术	生产1吨焦炭可产生约420m3的焦炉煤气。经验数据表明,高炉喷吹焦炉煤气可节焦0.4–0.8kg/m3,减少CO.排放1.2kg/m3	高炉喷吹焦炉煤气在国内外已有生产实践,技我国一些钢铁企业也一直在进行高炉喷吹焦炉煤气的试验,有些已经取得了成功

序号	技术名称	节能减排效果	技术推广应用
11	第3代煤基直接还原炼铁法	ITmk3法的主要优点是对使用原料的适应性强,能生产附加值高的产品	
12	转炉煤气高效回收利用技术		我国现有大型转炉企业19家,中型转炉企业42家
13	转炉煤气除尘与回收利用技术	生产每吨钢可以节电1.1kWh/t钢,节约水3吨/t钢,并可以回收15kg以上含铁70%以上的粉尘和相当于20L左右燃料油的煤气	目前我国有20多座转炉、全球有60多座转炉采用了LT干法电除尘装置
14	转炉"负能炼钢"工艺技术	煤气平均回收量达到90m3/吨钢;回收煤气的热值大于7MJ/m3(CO含量应大于55%);蒸汽平均回收量80Kg/吨钢。若按全面推广应用转炉"负能炼钢"技术,单位产品可节能23.6Kg标煤/吨钢	我国大型转炉"负能炼钢"技术已日益成熟。多数大中型转炉已实现转炉"负能炼钢",少数钢厂实现炼钢-连铸全工序"负能生产"
15	电炉优化供电技术	一般情况下,与优化前相比,电炉冶炼的通电时间减少5-10%,输入功率提高10%,节电5-30kWh/t	目前国内真正全面掌握该技术、应用良好的电炉为数不多,普及率低于20%,预计目标为70%

5.2.2 系统仿真

正如第5.2.1节介绍,这15项新技术被用于钢铁生产的不同工序中:两项属于焦化新技术,三项属于烧结新技术,六项属于炼铁新技术,还有四项属于炼钢新技术。这一分布模式也跟每一工序的能耗水平相一致,能耗水平高的工序相应新技术种类也较多。在这一节中,不同的技术被分别作用于不同的工序,以期找到对能源节约和排放控制最为有效的技术,以及各项技术具体的量化的节能潜力。每项技术的节能减排效果在表 4-2 中已详细描述。

本研究中，所有技术根据作用工序被分为四个组，它们的作用结果如图 5-3 所示：

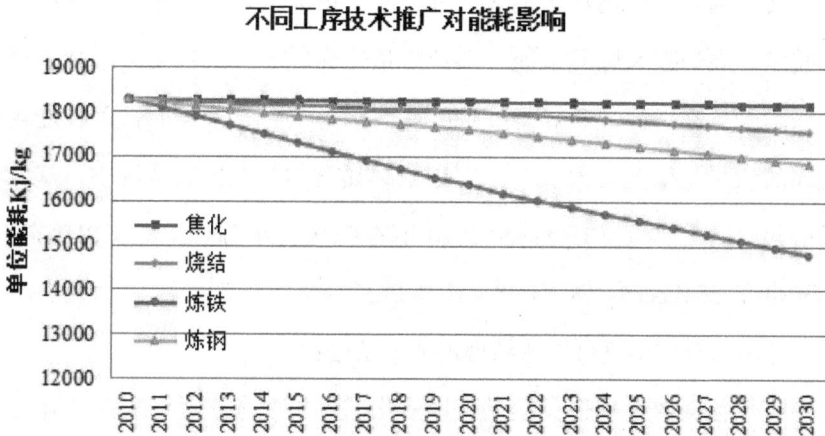

不同工序技术推广对能耗影响

图 5-3　不同工序新技术推广带来的能耗影响

可见，初始状态各组技术的表现是相同的，随着推广率的提高，炼铁工序带来的能耗变化最为明显，转炉工序次之，烧结工序第三，焦化工序最小。

5.2.3 仿真结果分析

在仿真时间段的起始时间点，也就是 2010 年，所有技术的推广普及率均为零，这也与实际情况相符。技术推广列表就是在 2010 年首次提出的，其中的很多新技术即使已经有企业使用，数量也十分有限。随着时间推移，技术推广的工作也在不断推进。焦化工序的两项新技术：CMC 和 CDQ，带来了大约 0.6% 的能源节约，使得这一指标从 2010 年的 623kgce/t- 钢（1.83×104KJ/kg）到 2030 年的 619.11kgce/t- 钢（1.82×104KJ/kg），这一变化是比较微小的。烧结工序的三项技术（低温烧结、降低漏风率、小球团烧结）带来了 4% 的能源节约，吨钢能耗从 623kgce/t- 钢（$1.83 \times 104KJ/kg$）降至 698.19kgce/t- 钢（$1.75 \times 104KJ/kg$）。转炉炼钢工序的四项技术（焦炉煤气高效回收、LT、负能炼钢和优化供电）使得单位能耗降低了约 7.9%，从 623kgce/t- 钢（$1.83 \times 104KJ/kg$）降至 573kgce/t- 钢（$1.68 \times 104KJ/kg$）。

高炉部分是应用技术最多、节能潜力最大的环节，这一工序的六项主推技术（高炉鼓风除湿节能、高炉炉顶压煤气干式余压发电、高炉煤气全干法除尘、高炉高效喷煤、高炉喷吹焦炉煤气、直接还原铁）在能耗控制方面的效果是研究对象五个工序中最为显著的。在仿真系统中，这六项技术引起的能耗下降为 19%：从 2010 年的 623kgce/t- 钢（$1.83 \times 104KJ/kg$）到 2030 年的 504kgce/t- 钢（$1.48 \times 104KJ/kg$）。

这一部分的仿真可以总结得出如下结论：

第一，从数量和仿真结果可以看出，炼铁工序在系统五个工序中具有最大的技术节能潜力，这和它的高能耗是协调统一的。也就是说，一方面，根据基数效用理论，高炉炼铁工序巨大的能耗也伴随着可观的节能潜力；另一方面，企业和该领域的专家在炼铁工序的技术改进和能源管理方面都不断地作出努力，提出了多项新技术进行改善。该工序的能耗问题已经得到了广泛的重视。

第二，所有的仿真曲线在预测期末都保持着下降趋势，但是部分技术预计普及率已达 100%，而有些技术如 DRI 还不足 20%。这样的普及率差异要求企业一方面开始寻求新的节能技术，同时重点扶持节能效果明显但由于经济、技术、废钢供给等问题而不能大规模推广的技术。

第三，烧结和转炉相关的技术相对比较成熟。2030 年，这两个工序涉及的新技术平均普及率分别达到 95% 和 92%，比焦化和高炉的平均水平要高。在长流程炼钢过程中，焦化和炼铁相关的新技术普及率在 2030 年分别可达到 60% 和 70%，它们将会是未来能耗控制的主要切入点。根据分析结果预测，烧结和转炉工序的新技术给未来技术节能提供的空间是十分有限的。所以焦化和高炉的技术推广是长远任务的主要方向。

技术推广对能耗的主要影响为上述三点，同样的，技术推广对排放也有一定的作用。当高炉炼铁工序的技术得到推广应用时，既定的碳排放目标在 2022 年可以实现。当年预测排放值为 387.356kgce/- 钢，到预测期末为 357.84kgce/- 钢。而单独推广其他三个工序的新技术，则不能保证完成既定目标，它们期末预测值分别为 439.57kgce/- 钢、424.71kgce/- 钢和 407.51kgce/- 钢。若想顺利按时完成减排任务，则需要实施结合了多项或全部新技术的综合方案。

总的来说，高炉炼铁工序涉及的新技术应当予以优先发展。除了列表中给出的技术外，尚未大规模推广的新技术也应当逐步在专家的指导下投入实际应用，例如高辐射涂层技术和燃气轮机燃料替代技术等。

5.3 煤气回收对能耗和排放的影响

5.3.1 煤气回收现状

煤气回收在我国早已广泛开展，但是和发达国家还存在一定的差距。经过中国、巴西、印度、墨西哥、韩国、美国以及其他几个国家的对比研究，学者们认为热量回收、废气排放和副产品利用是钢铁工业物质与能量循环利用的三个关键点。考虑到中国的实际情况，我国的原材料利用较为高效，和发达国家的原材料利用率之间的差距为 5% 左右。但是我国的能耗比发达国家高出 20% 到 40% 左右。造成这一现象的原因之一就是我国钢铁企业废热、废能利用率仅为 30% 到 50% 左右，而同时日本新日铁的该项指标达到了 92%。因此，提高回收利用率毫无疑问是节能减排的重要途径之一。

因此，5.3 节主要研究各类煤气回收对能耗和排放的影响。

5.3.2 系统仿真

本节研究不同回收策略下的钢铁行业能耗和排放情况。回收策略的影响主要体现在两个方面：第一，排放量由于废气的减少而显著下降；第二，能耗由于煤气回收代替能源而产生的替代效应而降低。但是能耗降低的空间比排放要小，更多的是影响排放量。

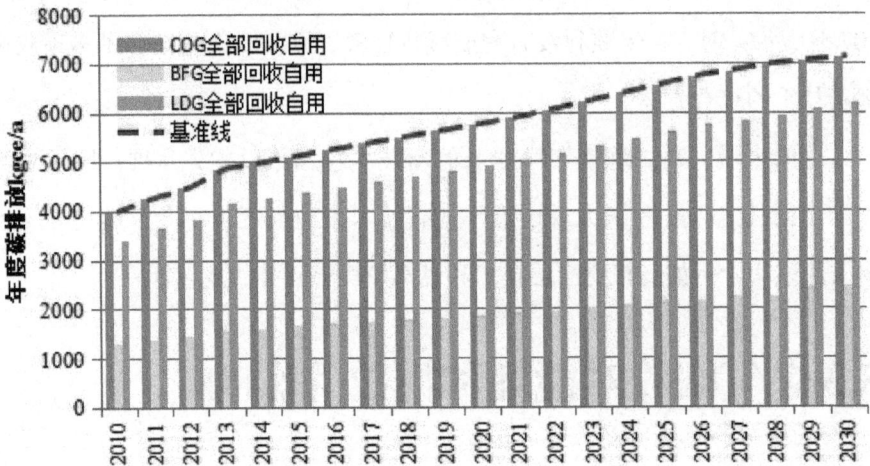

图 5-4　不同煤气回收策略下 CO_2 排放情况

可见，虽然年排放总量随着产量的增加而不断上升，但是随着回收策略的应用，排放量柱形对比基线下降显著。同时煤气回收由于其替代能源的功能，也可以降低能耗。虽然效果不如对排放影响明显，但是也值得关注。煤气回收策略对能源消耗的影响效果如图 5-5 所示：

由图 5-5 可见，虽然柱形下降程度不如图 5-4，但是也有显著下降。与排放影响情况相反，BFG 的影响程度最小。这主要是它相对较低的热值决定的。

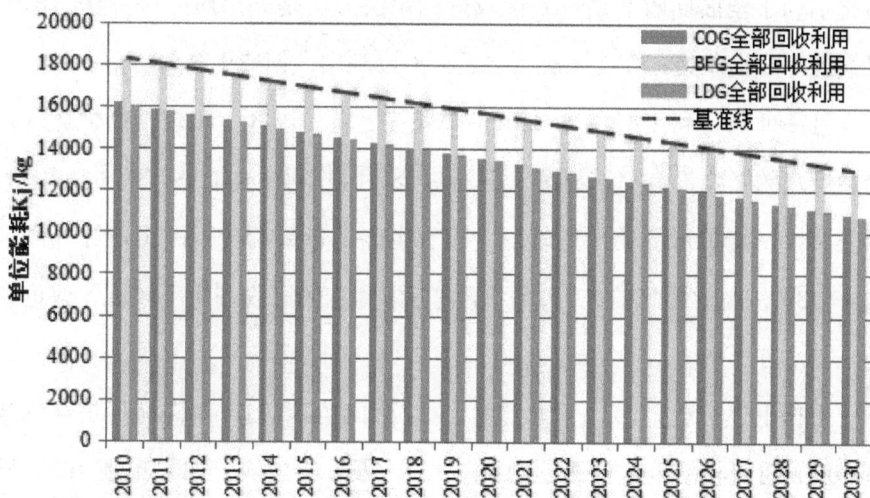

图 5-5 不同煤气回收策略下能耗变化情况

5.3.3 仿真结果分析

从总体趋势上来看，年度排放量总量随年份呈现上升趋势，这是由粗钢产量的增长决定的，但是预测末期也有放缓趋势，主要是由于粗钢产量逼近峰值的缘故。吨钢能耗始终保持着平稳的下降趋势。

对于焦炉煤气而言，相对于现有回收水平，全部回收能够带来 0.362% 的排放下降。该比例从绝对值上来讲较低，主要原因是焦炉煤气的行业平均回收利用率已经高达 98%，改进空间不大。事实上，中国的焦炉煤气回收再利用技术在世界范围内都是属于较为先进和有效的。

高炉煤气是产量最大的副产煤气，相应的回收带来的效果也是显著的。回收高炉煤气能够带来大约 67.83% 的排放减少。一方面，高炉煤气是产量最高的副产品，而且在其他四个主要工序中均可作为原料或燃料参与反应；同时，目前我国高炉煤气的回收率仅为 90% 左右，尚有很大的进步空间。然而，企业回收高炉煤气的一个制约在于它的热值比其他两种煤气要低，因此不利于全面回收利用。目前较好的解决方法是利用压缩等方法将高炉煤气进行回收存储，等技术成熟之后再加以利用，创造更高的价值。

另一种回收利用率在 90% 水平的煤气是转炉煤气。相较于高炉煤气，转炉煤气的影响没有那么显著，但通过全部回收利用也能够带来 14.82% 的排放减少。转炉煤气的产量较低，只有生产等量粗钢产生的焦炉煤气产量的 27.73%，高炉煤气的 12.99%。不过考虑到它的回收利用率较低，改进空间还是十分可观。

根据上述分析，第一章设定的目标是可能实现的，前提是高炉煤气达到 100% 的回收率。这样既定目标可以在 2016 年达成。如果单独 100% 回收 COG 或 LDG，则不能完全实现这一目标。

基于上述事实，高炉煤气的回收利用应该被置于首位。如果采取适当的措施，高炉煤气回收能带来不可小视的排放降低。同时，焦炉煤气和转炉煤气也不能忽略。焦炉煤气在目前的基础上应力争实现零排放，转炉煤气的回收利用率也仍有上升的空间。此外，针对热值较低的高炉煤气，钢铁行业和相关专业也应当思考更有针对性的利用技术和出路。

除了对排放有直接的影响，煤气回收对能耗也有不可忽视的作用。作为对排放影响最大的煤气，高炉煤气的对能耗的影响却最轻微。如果高炉煤气全部回收利用，也只能为能耗带来约 0.617% 的节约。对能耗影响最大的煤气是转炉煤气。较之现有情况，全部回收利用会带来约 13.18% 的能源节约。焦炉煤气带来的影响位于两者之间，约为 12.56%。

造成这一结果的主要原因是煤气的热值区别。虽然产量大，但是高炉煤气是三种煤气中热值最低的，约为 1200000 卡。转炉煤气热值约为 1800000 卡，焦炉煤气最高，约为 4000000 卡。这样，回收作为能源替代时，高炉煤气的作用就不是很明显。转炉煤气和焦炉煤气在热值上区别很大，但是焦炉煤气较高的回收率使得二者在降低能耗方面的贡献基本持平。

本章是研究的核心章节之一，利用第四章构建的 SD 模型对比分析了三种影响因素在不同策略下对钢铁生产中能耗和排放的影响。其中，铁钢比根据国内外发展形势的不同分了四个级别，技术普及率根据应用工序的不同划分为四个组别，回收策略按照煤气的种类分为三个类别。所以，本章研究了 11 种不同策略下的生产情况。结果显示，铁钢比越低，能耗和排放的下降越明显；技术普及越快、普及率越高，尤其是高炉炼铁领域的技术，能耗和排放的下降也越多；煤气，尤其是高炉煤气的回收利用，对排放控制的作用十分明显，对能耗的影响则一般。

降低铁钢比的主要策略有二：增加电炉设备和在转炉中加入更多的废钢。这两者在废钢存量不足的当前中国都是不容易实现的。因此，降低铁钢比可以看做是一种非常有效但是暂时难以实现的策略，是长远发展的规划策略。

相较而言，技术普及更加容易实施。高炉步骤能耗高，节能降耗空间大，如果能大力推广该工序的技术，将会有明显而可实现的成果。

煤气回收利用是一种较为中庸的策略，且焦炉煤气的回收利用已经达到 95% 以上。对于热值相对不够高的高炉煤气和转炉煤气，首先实现零排放，将它们全部回收存储，待技术发展后再加以利用不失为一个好的策略。各类策略对低碳生产的影响如表 5-3 所示：

表 5-3　　　　　　　　　　各类策略对钢铁行业低碳生产的影响

对策	节能效果	制约条件
控制铁钢比	每下降 1%，能耗节约 190KJ/kg-193KJ/kg 之间	废钢储量不足，电炉钢产量不到总产量 10%
焦化工序新技术推广	20 年间节约能耗 0.6%	新技术推广率之间的差异
烧结工序新技术推广	20 年间节约能耗 4%	
转炉工序新技术推广	20 年间节约能耗 7.9%	
高炉工序新技术推广	20 年间节约能耗 19%	
焦炉煤气回收	0.362% 的排放下降和 12.56% 的能耗节约	高炉煤气和转炉煤气的热值低，没有高效利用方法
高炉煤气回收	67.83% 的排放下降和 0.617% 的能耗节约	
转炉煤气回收	14.82% 的排放下降和 12.56% 的能耗节约	

6. 政策建议

根据前文的研究，中国钢铁行业当前的主要任务是推广应用有效的节能减排技术措施，并且逐步建立健全钢铁行业的循环经济体系。在此基础上加速废钢回收体系的建设，适时建立电炉炼钢的短流程体系。

当然真正的低碳生产不是某个策略单独应用就可以实现的，需要各种措施综合利用，伴随着政策的支持和企业的革新。

具体的研究成果和未来可能深入的方向在 6.1 和 6.2 节有所介绍。

6.1 钢铁行业建议

第一，降低铁钢比最可行的方法是加强国内废钢回收体系。废钢进口花费高，国内在过去几十年的发展过程中积累了大量的流通中的钢材，回收潜力巨大。但是国内钢材很大一部分用于建筑等基础设施建设，回收周期长，未来的 30 年左右都仍处于使用期。所以工业用钢和汽车用钢的回收与利用是较为可行的出发点。

第二，鉴于汽车和工业用钢的回收量相对于废钢需求量而言十分有限，且电力生产能力也有限，以铁矿石和煤为基本原材料的 BF/BOF 流程在近期仍将是国内钢铁生产的主力，约占产能的 80% 左右。所以现今当务之急是节能减排技术的大力推广。一方面，新技术能够有效的直接作用于各个生产工序，使得各项技术指标得以提升；另一方面，新技术也能够影响转炉生产工艺，间接地影响铁钢比，从而达到节能减排的目的。

第三，钢铁行业的能耗和排放水平还与钢铁生产规模息息相关，所以企业规模也是一个至关重要的因素。在 2004 年，韩国的浦项钢铁占本国钢铁产量的 65%，日本 5 家最大的钢企占国内产量的 75%；在欧盟 15 国，六家大型钢铁企业占据着 74% 的钢铁出产量；法国国内，安赛乐公司基本是国内 100% 的钢铁的生产者。而与此同时，中国最大的 15 家钢铁企业一共仅占国内产量的 45% 左右。较高的集中度也就意味着更大型、更先进的设备和更低的单位能耗和单位排放。

6.2 政府层面建议

根据第 3、4、5 章的分析，第 1.2 节提出的减排目标是可以实现的。当然，要想实现这一目标，必须采取一些综合的措施。根据研究得出的具体建议如下：建议采取"三步走"的策略。第一，在当前生产环境下，新技术推广应用和废气回收体系的建立健全是首要任务。第二，当国内废钢存量达到一定水平后，降低转炉铁钢比，兴建短流程炼钢厂的工作应得到重视。第三，当粗钢产量逐步达到峰值并趋向平稳的时候，实现全行业零排放就成为最终目标。钢铁行业低碳生产线路图如图 6-1 所示：

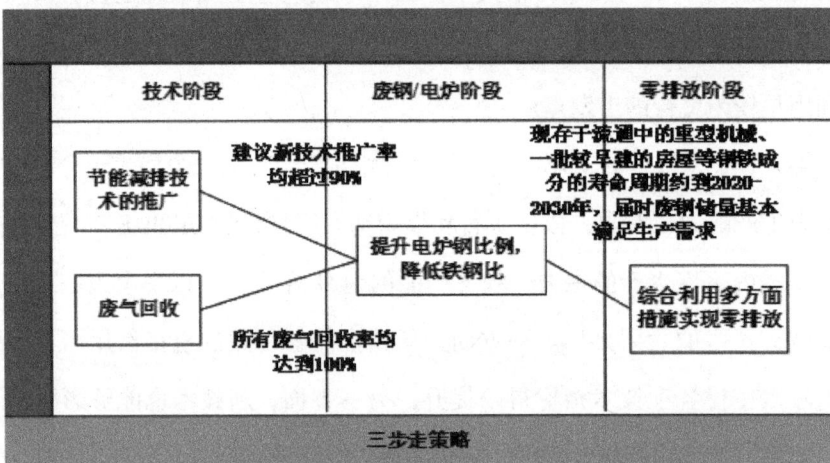

图 6-1　中国钢铁工业低碳生产线路建议图

　　为了提高行业集中度，一些经济方面的措施也十分必要。第一，税收方面应当实施多阶的"绿色生产税"。根据钢铁企业在能耗节约和排放控制方面的表现征收不同级别的税收，以期达到鼓励先进企业，鞭策中游企业，淘汰落后企业的作用。另外，由于受到惩罚的大多是中小规模的企业，所以环境相关的税收可以纳入省级税收体系，这样省级政府在淘汰落后产能方面的主导作用就能够得以体现；第二，为了提高行业集中度，淘汰落后产能，应当设立重组基金。一方面，对那些主动愿意进行重组的先进企业予以津贴，以政府的名义鼓励先进企业对落后产能企业进行重组，建立以市场为导向的重组机制；另一方面，对主动愿意退出市场的落后产能企业提供相应的补助和保障。补贴可以包括多个方面，例如职工的培训和再培训，产业转型辅助资金和技术帮助以及确保职工在再就业前有生活保障的社会保险等；第三，低碳生产这种行为对企业来说并不能有及时收益，因此企业的积极性不能充分调动。这时，政府层面的补贴和奖励机制就尤为重要。政府应当从当前的强行规定转化过渡为鼓励引领，对低碳实现效果好的企业加以经济上的奖励，例如下年的财政拨款方面予以支持。

　　此外，除了在本文中重点研究的三种措施，还有其他一些行之有效的措施也可以有效的帮助实现低碳生产的目标，例如：碳捕捉和碳存储（CCS），非化石能源替代（如核能等）。

　　总而言之，政府和企业都要在努力实现节能减排目标方面做出努力。政府方面主要工作时控制企业的规模，增加行业集中度和指导优化产品结构。为了实现这些目标，必须采取一些经济措施，例如分级税收和重组津贴制度等。同时政府也应在废钢回收方面加强鼓励和引导。与此同时，企业应着力于采纳新技术和提高废气回收率，尤其是高炉炼铁相关的技术和BFG的回收利用。

　　这些政策建议不仅适用于中国，在其他国家也有一定的推广价值。正如图 6-1 所示，我国等发展中国家还处在第一阶段，而发达国家已经逐步走向第三阶段。对这些国家来说，继续提高 DR/EAF 流程的比例，发掘新能源形式，例如风能，水能，核能和太阳能等是当前的主要方向。而对于那些钢铁行业能源管理落后于中国的地区，首要任务是提高本国的粗钢产量，以期达到降低单位产品能耗和排放量的目标。当单位产品能耗和排放达到一定的水平，且废钢存量达到一定的水平，回收利用废钢就成为它们的重点任务。

7. 结论

　　经过本研究的分析，得到适合中国国情的钢铁工业策略可以总结为：降低铁钢比是一项长远而有效的策略，应当保持高度关注并不断为其实现做准备，随着条件的成熟逐步推进；以高炉炼铁新技术为代表的减排降耗技术的不断研发和推广是一项可行且有效的策略，当前就应抓紧实施，且加大推进力度，争取达到全国钢铁行业 100% 应用节能技术生产，从而实现行业低碳生产的目标；煤气回收是一项已有成效但仍需加大投入的策略，尤其是高炉煤气和转炉煤气，两者由于热值不如焦炉煤气，所以回收率不如后者高，可以采用先回收存储后重复利用的方式，它可以作为一项中长期策略。

　　当然真正的低碳生产不是某个策略单独应用就可以实现的，需要各种措施综合利用，伴随着政策的支持和企业的革新。

　　具体的研究成果和未来可能深入的方向在 7.1 和 7.2 节有所介绍。

7.1 研究成果

　　本文利用能量流分析和系统动力学模型的方法讨论了我国钢铁行业能耗节约和排放控制的措施，属于可持续发展管理的范畴。仿真结果显示，在现有条件下，控制铁钢比是最有效的实现节能减排的手段。降低铁钢比一方面可以通过增加转炉炉料中废钢比例来实现，另一方面可以进行流程再造，利用 DR/EAF 的短流程工艺来替代 BF/BOF 的长流程炼钢工艺。另外两个影响因素：新技术的综合推广利用和废气的回收在节能减排方面的效果基本持平。具体来讲，本文的研究成果可以概括为以下几个方面：

首先，给出了一个基于能量流分析和系统动力学原理的钢铁长流程生产模型。模型包括三个子模块："钢铁生产模块""技术推广模块"和"煤气回收模块"。系统主要包括 60 个辅助变量，1 个水平变量，1 个流量和 1 个影子变量。控制机制是粗钢产量的峰值预测。模型以 2010 年为时间起点，预测时间跨度为 20 年，步长为 1。系统内部包括 BF/BOF 生产流程的五大主要工序，应用于五大工序的 15 种技术，以及由这五大工序产生的产品产量和煤气产量。系统与环境进行交流的主要途径是能量的输入和输出。

其次，利用能量流的思想构建了节能减排指标体系，找到了铁钢比、技术普及率和煤气回收三个对低碳生产影响潜力最大的因素，并对三者的具体影响分别进行了仿真研究。不同于传统研究中注重定性描述的方式，本研究中所有的因素影响程度均有量化的结果，并且具有时间属性，具有更加直观和可靠的科学性。仿真对比的结果显示：第一，能耗最主要的两个影响因素是铁钢比和节能技术的推广。废气回收率主要影响的是排放水平。仿真结果显示，铁钢比每降低 1%，可能导致能耗下降 190 到 193KJ/kg；同时还伴随着碳排放水平的下降；第二，炼铁工序的新技术在能源节约方面的影响最为明显，潜力也最大。根据给定的预计推广率，2010—2030 年，仅炼铁相关技术的普及就将会带来约 19% 的能源节约；第三，加强 BFG 的回收利用对控制排放非常有效，但是这一措施对能源节约的影响则较为有限。导致这一结果的主要原因是 BFG 的热值较低。另一方面，回收 COG 和 LDG 在排放控制和能源节约方面的效果接近。总之，降低铁钢比是钢铁行业低碳生产最为有效的途径，但是考虑到我国废钢存量和国际废钢价格，新技术的推广应用是当前最为可行的策略。

7.2 研究展望

钢铁行业低碳方面的研究已有很多，但空间也还很大。现在的研究同质化严重，针对低碳评价体系、能源效率、技术及结构调整等方面的研究已经趋向老生常谈，而具体可执行的、对行业有实际意义的研究则为数不多。

接下来的研究，可以继续深入到几个不同的方面：

一方面，集中于基于系统视角的能源配置问题

这个方向是本研究的一个细化。基于本研究发现的节能空间和努力方向，如何具体实现是一个值得关注的问题。能源配置就是一个有意义的新课题。煤炭、焦、天然气、煤气、电力及其他能源和动力形式具体在各工序间采用怎样的配置方案才能使得能源的运行高效、顺畅？是否优化方案是唯一的？有没有可能分情况讨论不同环境下的能源动态配置？这些问题都值得深入研究。

另一方面，集中于废钢循环利用策略问题

这一问题之前也有研究，但是大多和实际经验脱节，而使得研究没有具体落地。随着我国城镇化的进程不断推进，一部分房屋建筑、公共基础设施、工业机械、商用及民用交通工具等都将达到寿命上限，从而进入回收利用期。如何有效地将这些废钢进行回收、分类、存储并投入到钢铁生产中，从而完成其生命循环，是另一个有潜力的研究方向。

总之，钢铁低碳的研究不仅没有随着相关成果的增加而热度消减，反而有更多更新更深入的问题出现。如果能有效解决这些实际问题，我国钢铁产业、工业行业、国家、乃至全球的环境问题都会受到积极影响。

参考文献

［1］Abdelaziz E A，Saidur R，Mekhilef S.A review on energy saving strategies in industrial sector［J］.Renewable & Sustainable Energy Reviews，2011，15（1）：150－168.

［2］Abdel－Hamid T，Madnick S E.Software project dynamics：an integrated approach［M］.London：Prentice－Hall，Inc.，1991.

［3］Anand S，Vrat P，Dahiya R P.Application of a system dynamics approach for assessment and mitigation of CO 2 emissions from the cement industry ［J］.Journal of Environmental Management，2006，79（4）：383－398.

［4］Ansari N，Seifi A.A system dynamics analysis of energy consumption and corrective policies in Iranian iron and steel industry［J］.Energy，2012，43（1）：334－343.

［5］Bachu S.Sequestration of CO 2 in geological media：criteria and approach for site selection in response to climate change［J］.Energy conversion and management，2000，41（9）：953－970.

［6］Betsill M M.Mitigating climate change in US cities：opportunities and obstacles［J］.Local environment，2001，6（4）：393－406.

［7］Cardoso J F，Witte J I，van der Veer H W.Intra－and interspecies comparison of energy flow in bivalve species in Dutch coastal waters by means of the Dynamic Energy Budget（DEB）theory［J］.Journal of Sea Research，2006，56（2）：182－197.

［8］Change I P O C, 2006 IPCC guidelines for national greenhouse gas inventories ［Z］, 2006.

［9］Change I P O C, 2006 IPCC guidelines for national greenhouse gas inventories ［Z］, 2006.

［10］Choi K, Narasimhan R, Kim S W.Postponement strategy for international transfer of products in a global supply chain : A system dynamics examination ［J］.Journal of Operations Management, 2012, 30 (3) : 167 – 179.

［11］Ciine W R.The economics of global warming (Institute for International Economics, Washington, DC)［J］, 1992.

［12］Cooper K G.Naval ship production : A claim settled and a framework built ［J］.Interfaces, 1980, 10 (6) : 20 – 36.

［13］Forrester J W.Principles of systems.Text and workbook chapters 1 through 10.Wright ［Z］.Allen Press, Inc.Cambridge, Massachusetts USA, 1968.

［14］Forrester J W.Urban dynamics［J］.IMR; Industrial Management Review (pre – 1986), 1970, 11 (3) : 67.

［15］Friederich J, Langer H, Unit E I, et al.Latin American Green City Index : Assessing the Environmental Performance of Latin America's Major Cities ［M］.Berlin : Siemens AG, 2010.

［16］F ü rnsinn S, G ü nther M, Stummer C.Adopting energy flow charts for the economic analysis of process innovations ［J］.Technovation,2007,27 (11): 693 – 703.

［17］Georgiadis P.An integrated system dynamics model for strategic capacity planning in closed – loop recycling networks : A dynamic analysis for the paper industry ［J］.Simulation Modelling Practice and Theory, 2013, 32 : 116 – 137.

［18］Hamaide B，Boland J J.Benefits，costs，and cooperation in greenhouse gas abatement［J］.Climatic change，2000，47（3）：239－258.

［19］Hammond A L，World R I.Environmental indicators：a systematic approach to measuring and reporting on environmental policy performance in the context of sustainable development［Z］.World Resources Institute Washington，DC，1995.

［20］Hasanbeigi A，Morrow W，Sathaye J，et al.A bottom－up model to estimate the energy efficiency improvement and CO_2 emission reduction potentials in the Chinese iron and steel industry［J］.Energy，2013，50：315－325.

［21］He F，Zhang Q，Lei J，et al.Energy efficiency and productivity change of China's iron and steel industry：Accounting for undesirable outputs［J］.Energy Policy，2013，54：204－213.

［22］Hirst E，Fulkerson W，Carlsmith R，et al.Improving energy efficiency The effectiveness of government action［J］.Energy policy，1982，10（2）：131－142.

［23］Huang Z J，Jiang X H，Sun H H.Accounting Model of $CO2$ and its Application in Integrated Iron and Steel Enterprises［C］.Trans Tech Publ，2015.

［24］Kim Y，Worrell E.International comparison of CO_2 emission trends in the iron and steel industry［J］.Energy policy，2002，30（10）：827－838.

［25］Kontogiannis T.Modeling patterns of breakdown（or archetypes）of human and organizational processes in accidents using system dynamics［J］.Safety science，2012，50（4）：931－944.

［26］Korhonen J，Savolainen I.Cleaner energy production in industrial recycling networks［J］.Eco - Management and Auditing，2001，8（3）：144－153.

[27] Lin B, Wang X.Exploring energy efficiency in China? s iron and steel industry : A stochastic frontier approach [J] .Energy Policy, 2014, 72 : 87 – 96.

[28] Lin B, Wu Y, Zhang L.Estimates of the potential for energy conservation in the Chinese steel industry [J] .Energy Policy, 2011, 39 (6): 3680 – 3689.

[29] Llp P W C.Too late for two degrees? Low carbon economy index 2012 [Z], 2012.

[30] Longbin Z.A System Dynamics Based Study of Policies on Reducing Energy Use and Energy Expense for Chinese Steel Industry [J], 2007.

[31] Maroto – Valer M M.Developments and Innovation in Carbon Dioxide (CO2) Capture and Storage Technology : Carbon Dioxide (CO2) Storage and Utilisation [M] .Amsterdam : Elsevier, 2010.

[32] Maury O, Faugeras B, Shin Y, et al.Modeling environmental effects on the size – structured energy flow through marine ecosystems.Part 1 : the model [J] .Progress in Oceanography, 2007, 74 (4): 479 – 499.

[33] Meadows D H, Meadows D, Randers J, et al.The Limits to Growth : A Report for the Club of Rome' s Project on the Predicament of Mankind (New York : Universe) [Z], 1972.

[34] Meadows D L, Meadows D H.Toward global equilibrium [J], 1973.

[35] Meyers S, Salayf J, Schipper L.Energy use in a transitional economy The case of Poland [J] .Energy policy, 1994, 22 (8): 699 – 713.

[36] Naill R F.A system dynamics model for national energy policy planning [J] .System Dynamics Review, 1992, 8 (1): 1 – 19.

[37] Nakata T, Lamont A.Analysis of the impacts of carbon taxes on energy

systems in Japan〔J〕.Energy Policy, 2001, 29（2）: 159 – 166.

［38］Nordhaus W D.Managing the global commons : the economics of climate change〔M〕.London : MIT press Cambridge, MA, 1994.

［39］Park S, Labys W C.Divergences in manufacturing energy consumption between the North and the South〔J〕.Energy policy, 1994, 22（6）: 455 – 469.

［40］Piotrowska M J, Bodnar M, Poleszczuk J, et al.Mathematical modelling of immune reaction against gliomas : sensitivity analysis and influence of delays〔J〕.Nonlinear Analysis : Real World Applications, 2013, 14（3）: 1601 – 1620.

［41］Price L, Zhou N, Fridley D, et al.Development of a low – carbon indicator system for China〔J〕.Habitat International, 2013, 37 : 4 – 21.

［42］R 布朗.莱.生态经济 : 有利于地球的经济构想〔M〕.台湾 : 东方出版社, 2002.

［43］R.布朗莱斯特.生态经济革命 – 拯救地球和经济的五大步骤〔J〕〔Z〕, 1999.

［44］Reid R S, Kruska R L, Muthui N, et al.Land – use and land – cover dynamics in response to changes in climatic, biological and socio – political forces : the case of southwestern Ethiopia〔J〕.Landscape Ecology, 2000, 15（4）: 339 – 355.

［45］Rodrigues A, Bowers J.The role of system dynamics in project management〔J〕.International Journal of Project Management, 1996, 14（4）: 213 – 220.

［46］Ross M, Feng L.The energy efficiency of the steel industry of China〔J〕.Energy, 1991, 16（5）: 833 – 848.

[47] Saaty T L.The analytic hierarchy process : planing, priority setting, resource allocation〔J〕, 1990.

[48] Schiuma G, Carlucci D, Sole F.Applying a systems thinking framework to assess knowledge assets dynamics for business performance improvement 〔J〕.Expert Systems with Applications, 2012, 39（9）: 8044 – 8050.

[49] Senge P M.The fifth discipline : The art and practice of the learning organization〔M〕.Leawood : Broadway Business, 2006.

[50] Sheinbaum C, Masera O.Mitigating carbon emissions while advancing national developmentpriorities : The case of M é xico〔J〕.Climatic Change, 2000, 47（3）: 259 – 282.

[51] Smith J B.Standardized estimates of climate change damages for the United States〔J〕.Climatic Change, 1996, 32（3）: 313 – 326.

[52] Smith R, Linnhoff B.The design of separators in the context of overall processes〔J〕.Chemical engineering research & design, 1988, 66（3）: 195 – 228.

[53] Sterman J D.A behavioral model of the economic long wave〔J〕.Journal of economic behavior & organization, 1985, 6（1）: 17 – 53.

[54] Sterman J D.Deterministic chaos in an experimental economic system 〔J〕.Journal of Economic Behavior & Organization, 1989, 12（1）: 1 – 28.

[55] Sterman J D.The economic long wave : Theory and evidence〔M〕. Berlin : Springcr, 1987.

[56] Stern N H, Treasury H M S.Stern Review : The economics of climate change 〔M〕.London : HM treasury London, 2006.

[57] Su?nik J, Vamvakeridou – Lyroudia L S, Savi? D A, et al.Integrated System Dynamics Modelling for water scarcity assessment : Case study of the

Kairouan region〔J〕.Science of the Total Environment，2012，440：290 – 306.

[58] Townsend D W，Linnhoff B.Heat and power networks in process design.Part I：Criteria for placement of heat engines and heat pumps in process networks〔J〕.AIChE Journal，1983，29（5）：742 – 748.

[59] Tuyet N T A，Ishihara K N.Analysis of changing hidden energy flow in Vietnam〔J〕.Energy Policy，2006，34（14）：1883 – 1888.

[60] Umeda T,Itoh J,Shiroko K.Heat – exchange system synthesis〔J〕.Chemical Engineering Progress，1978，74（7）：70 – 76.

[61] Van Geert P.We almost had a great future behind us：The contribution of non - linear dynamics to developmental - science - in - the - making〔J〕.Developmental Science，1998，1（1）：143 – 159.

[62] Wansart J，Walther G，Spengler T.Limiting motor vehicles' CO2 emissions‐a manufacturer' s challenge〔C〕，2008.

[63] Xu W，Li Y，Zhu T，et al.Current State and Future about carbon emission in China' s Iron and Steel industry〔J〕.The Chinese Journal of Process Engineering，2013，13（1）：175 – 180.

[64] Yoshikawa H，Hsueh J.Child development and public policy：Toward a dynamic systems perspective〔J〕.Child Development，2001，72（6）：1887 – 1903.

[65] Yu B，Li X，Qiao Y，et al.Low – carbon transition of iron and steel industry in China：Carbon intensity，economic growth and policy intervention〔J〕.Journal of Environmental Sciences，2014.

[66] Zhang B，Wang Z，Yin J，et al.CO 2 emission reduction within Chinese iron & steel industry：practices，determinants and performance〔J〕.Journal

of Cleaner Production, 2012, 33：167 – 178.

［67］Zhang S, Worrell E, Crijns – Graus W, et al.Co – benefits of energy efficiency improvement and air pollution abatement in the Chinese iron and steel industry〔J〕.Energy, 2014, 78：333 – 345.

［68］Zheng H.Research and Application of Carbon and materials flow in Iron and Steel Industry〔D〕.Northeastern University, 2006.

［69］柏章良.林业可持续发展在国家可持续发展战略中的地位和作用〔J〕.世界林业研究, 1997（01）：2 – 8.

［70］鲍健强, 苗阳, 陈锋.低碳经济：人类经济发展方式的新变革〔J〕.中国工业经济, 2008, 4（241）.

［71］蔡九菊, 孙文强.中国钢铁工业的系统节能和科学用能〔J〕.钢铁, 2012, 47（5）：1.

［72］蔡九菊, 王建军, 陈春霞, 等.钢铁企业余热资源的回收与利用〔J〕.钢铁, 2007, 42（6）：1 – 7.

［73］蔡九菊, 王建军, 徐杰.钢铁企业物流能流分析及对能耗的影响〔A〕〔J〕, 2004 全国能源与热工学术年会论文集（1）, 2004.

［74］陈彬, 鞠丽萍, 戴婧.重庆市温室气体排放系统动力学研究〔J〕.中国人口资源与环境, 2012, 22（4）：72 – 79.

［75］陈琦, 欧阳峣, 徐雪松.我国钢铁企业低碳经济效率及其影响因素研究〔J〕.系统工程理论与实践, 2015（07）：1896 – 1904.

［76］陈琦, 欧阳峣.钢铁企业低碳化发展评价指标体系及评价方法研究〔J〕.工业技术经济, 2013（11）：124 – 128.

［77］陈诗一.节能减排与中国工业的双赢发展：2009 – 2049〔J〕.经济研究, 2010, 45（3）：129 – 143.

［78］邓建, 彭怀生, 张强.矿业可持续发展理论及应用〔J〕.黄金, 1997（07）：

20 – 23.

［79］杜春丽．基于循环经济的中国钢铁产业生态效率评价研究〔Z〕．中国地质大学，2009．

［80］杜婷婷，毛锋，罗锐．中国经济增长与CO_2排放演化探析〔J〕．中国人口·资源与环境，2015（2）：98 – 103．

［81］范德成，王韶华，张伟．低碳经济目标下我国电力需求预测研究〔J〕．电网技术，2012，36（7）：19 – 25．

［82］范庆春．浅谈炼油企业全局能量优化中的储运系统节能〔J〕．化工管理，2013（10）：42．

［83］冯光宏，张宏亮，张培．钢铁行业循环经济与清洁生产技术评价方法研究〔J〕．环境工程，2012（06）：113 – 115．

［84］付加锋，刘小敏．基于情景分析法的中国低碳经济研究框架与问题探索〔J〕．资源科学，2010，2．

［85］付允，马永欢，刘怡君，等．低碳经济的发展模式研究〔J〕．中国人口.资源与环境，2008，18（3）：14 – 19．

［86］高长明，2050年我国水泥工业低碳技术成效的研究〔J〕．水泥，2010（7）：1 – 6．

［87］戈正铭．系统动力学发凡〔J〕．上海力学，1980（02）：58 – 62．

［88］龚婕，华贲．分布式能源系统：联产和联供〔J〕．工厂动力，2007（2）：1 – 6．

［89］何维达，张凯．我国钢铁工业碳排放影响因素分解分析〔J〕．工业技术经济，2013（01）：3 – 10．

［90］胡玉奎．战略和策略实验室——略谈系统动力学〔J〕．未来与发展，1983，2：13．

［91］华贲．石油工业工艺过程用能分析及综合〔M〕．北京：烃加工出版社，

1989.

［92］黄毅诚.努力提高我国的综合能源利用效率〔J〕.中国电力,1999,32（2）：
1－5.

［93］吉庆华.我国服务贸易发展与经济结构优化关系分析〔J〕.云南财经
大学学报,2010（3）：74－80.

［94］贾钦然.低碳经济背景下我国钢铁企业环境绩效评价研究〔D〕.北京
交通大学,2014.

［95］贾仁安,章先华,徐兵,等.低碳生态能源经济循环农业系统工程典
型模式及配套技术〔J〕.系统工程理论与实践,2011（S1）：124－130.

［96］江晨辉,张霜.低碳经济目标下钢铁企业可持续发展的绩效评价〔J〕.商
业会计,2013（2）：80－82.

［97］姜克隽,胡秀莲,庄幸,等.中国2050年低碳情景和低碳发展之路
〔J〕.中外能源,2009,14（6）：1－7.

［98］金乐琴,刘瑞.低碳经济与中国经济发展模式转型〔J〕.经济问题探索,
2009,1（5）.

［99］李桂田.中日钢铁工业节能历程的比较〔J〕.冶金能源,1998,17（1）：
3－10.

［100］李红,栗卓新.碳钢/Cu/碳钢系统轧制－扩散复合等温凝固过程的动
力学模拟计算〔J〕.焊接学报,2008,29（3）：61－64.

［101］李莉.电力产业节能减排机制设计模型与方法研究〔Z〕.华北电力大
学（北京）,2011.

［102］李农,王其藩.我国宏观经济SD模型与模拟〔J〕.系统工程理论与
实践,2001,9：1－6.

［103］李菽林.钢铁企业低碳经济综合评价的实证分析〔J〕.中南林业科技
大学学报：社会科学版,2013（2）：71－77.

［104］李松，赵英才.石化工业可持续发展的系统动力学模型〔J〕.吉林大学学报：工学版，2003，33（1）：102－106.

［105］李太杰.协同发展与物质能量信息一体化〔J〕.东北农业大学学报：社会科学版，2007，5（5）：75－78.

［106］李玮，杨钢.基于系统动力学的山西省能源消费可持续发展研究〔J〕.Resources Science，2010，32（10）.

［107］李雨潼.东北地区能源消费格局下的低碳经济发展路径选择〔J〕.吉林大学社会科学学报，2010（4）.

［108］梁聪智.我国钢铁行业碳足迹与碳排放影响因素分析〔D〕.燕山大学，2012.

［109］林伯强，蒋竺均.中国二氧化碳的环境库兹涅茨曲线预测及影响因素分析〔J〕.管理世界，2009（4）：27－36.

［110］刘二恒，华贲.炼油企业全局能量优化中的储运系统节能〔J〕.中外能源，2009（04）：92－95.

［111］刘飞，蔡九菊.冶金企业热电厂碳排放特性研究〔J〕.中国冶金，2012（03）：39－41.

［112］刘金玲.构建钢铁产业低碳经济评价指标体系及在鞍钢的应用研究〔D〕.辽宁科技大学，2012.

［113］娄湖山.国内外钢铁工业能耗现状和发展趋势及节能对策〔J〕.冶金能源，2007（02）：7－11.

［114］吕学都，王艳萍，黄超，等.低碳经济指标体系的评价方法研究〔J〕.中国人口.资源与环境，2013（07）：27－33.

［115］毛汉英.山东省可持续发展指标体系初步研究〔J〕.地理研究，1996（04）：16－23.

［116］毛汉英.县域经济和社会同人口、资源、环境协调发展研究〔J〕.地

理学报，1991（04）：385 - 395.

[117] 潘家华. 怎样发展中国的低碳经济〔J〕. 中国市场，2010（11）：61 - 65.

[118] 秦钟，章家恩，骆世明，等. 我国能源消费与 CO_2 排放的系统动力学预测〔J〕. 中国生态农业学报，2008（04）：1043 - 1047.

[119] 上官方钦，张春霞，郦秀萍，等. 关于钢铁行业 $CO2$ 排放计算方法的探讨〔J〕. 钢铁研究学报，2010（11）：1 - 5.

[120] 谭丹，黄贤金，胡初枝. 我国工业行业的产业升级与碳排放关系分析〔J〕. 四川环境，2008（02）：74 - 78.

[121] 唐建荣，张荣荣. 我国发展低碳经济的可能路径〔J〕. 科技进步与对策，2010（04）：30 - 32.

[122] 陶在朴. 系统动态学的基本理论与方法〔J〕. 系统工程理论与实践，1985（02）：5 - 18.

[123] 王建军，蔡九菊，张琦，等. 钢铁企业能量流模型化研究〔J〕. 中国冶金，2006（05）：48 - 52.

[124] 王其藩. 系统动力学的方法论及其发展展望〔J〕. 未来与发展，1984（04）：55 - 58.

[125] 王维兴，王寅生. 钢铁行业二次能源回收利用现状和评述：2014 年全国冶金能源环保生产技术会〔Z〕. 中国湖北武汉：20145.

[126] 魏国，赵庆杰，董文献，等. 直接还原铁生产概况及发展〔J〕. 中国冶金，2004（09）：18 - 22.

[127] 魏同，潘惠正，贾勤修，等. 中国煤炭工业可持续发展的系统分析〔J〕. 中国煤炭，1997（02）：15 - 20.

[128] 吴复忠，蔡九菊，张琦，等. 炼铁系统的物质流和能量流的分析〔J〕. 工业加热，2007（01）：15 - 18.

［129］仵浩，刘二恒，华贲. 低温热利用的新格局和系统优化策略〔J〕. 计算机与应用化学，2009（02）：133 – 136.

［130］肖彦. 低碳生态经济视角下钢铁企业综合绩效评价〔D〕. 中南林业科技大学，2010.

［131］谢克昌. 实行可持续发展的战略建设山西能源经济基地〔J〕. 煤炭转化，1995（04）：1 – 10.

［132］徐国泉，刘则渊，姜照华. 中国碳排放的因素分解模型及实证分析：1995 – 2004〔J〕. 中国人口. 资源与环境，2006（06）：158 – 161.

［133］徐华清. 我国东南沿海地区可持续发展能源战略选择〔J〕. 环境保护，1997（02）：8 – 11.

［134］徐匡迪. 低碳经济与钢铁工业〔J〕. 钢铁，2010（03）：1 – 12.

［135］徐文青，李寅蛟，朱廷钰，等. 中国钢铁工业 CO_2 排放现状与减排展望〔J〕. 过程工程学报，2013，13（1）：175 – 180.

［136］杨宁川，黄其明，何腊梅，等. 炼钢短流程工艺国内外现状及发展趋势〔J〕. 中国冶金，2010（04）：17 – 22.

［137］杨通谊. 经营管理科学新支系统动力学〔J〕. 未来与发展，1982（03）：22 – 25.

［138］姚勇.《反馈系统动力学》简介〔J〕. 控制理论与应用，1987（02）：91.

［139］殷瑞钰. 钢铁制造流程的本质、功能与钢厂未来发展模式〔J〕. 中国科学（E 辑：技术科学），2008（09）：1365 – 1377.

［140］殷瑞钰. 高效率、低成本洁净钢"制造平台"集成技术及其动态运行〔J〕. 钢铁，2012（01）：1 – 8.

［141］殷瑞钰. 关于钢铁制造流程的发展和重构问题〔J〕. 钢铁，1997（04）：1 – 9.

［142］殷瑞钰.论钢厂制造过程中能量流行为和能量流网络的构建〔J〕.钢铁，2010（04）：1－9.

［143］于立新."低碳经济"压力下的可持续贸易战略调整〔J〕.中国市场，2010（24）：49－51.

［144］俞金康.系统动力学原理及其应用〔M〕.北京：国防工业出版社，1993.

［145］张春霞，上官方钦，胡长庆，等.钢铁流程结构及对 CO_2 排放的影响〔J〕.钢铁，2010（05）：1－6.

［146］张华，陈凤银，王艳红，等.钢铁企业节能减排投资系统动力学研究〔J〕.现代制造工程，2012（07）：22－25.

［147］张敬.中国钢铁行业 CO_2 排放影响因素及减排途径研究〔D〕.大连理工大学，2008.

［148］张琦，蔡九菊，庞兴露，等.钢铁联合企业煤气系统优化分配模型〔J〕.东北大学学报（自然科学版），2011（01）：98－101.

［149］张群,胡睿.基于系统动力学的城镇化水平对钢材需求影响研究〔J〕.系统科学学报，2015（02）：61－64.

［150］张思平.能源消费与国民经济结构的关系〔J〕.社会科学研究，1980（04）：53－57.

［151］张圆，檀翠玲，王兴.基于低碳视角的天津市能源结构系统动力学分析〔J〕.环境科学与管理，2011（10）：158－163.

［152］张芸，张敬，张树深，等.基于层次灰关联的钢铁行业 CO_2 排放影响因素〔J〕.辽宁工程技术大学学报（自然科学版），2009（04）：656－659.

［153］赵进文,范继涛.经济增长与能源消费内在依从关系的实证研究〔J〕.经济研究，2007（08）：31－42.

［154］郑海峰．钢铁企业主要 C 素流和能量流的研究及应用〔D〕．东北大学，
2006．

［155］钟永光，钱颖，于庆东，等．系统动力学在国内外的发展历程与未来
发展方向〔J〕．河南科技大学学报（自然科学版），2006（04）：101
－104．

［156］周志．基于系统动力学的广东省低碳经济发展路径选择〔D〕．华南理
工大学，2011．

［157］朱启贵．中国可持续发展评估指标体系论略〔J〕．合肥联合大学学报，
1999（03）：8－19．

［158］朱颖超．我国石油工业可持续发展评价与预测研究〔D〕．中国石油大
学，2010．

［159］庄贵阳．中国经济低碳发展的途径与潜力分析〔J〕.国际技术经济研究，
2005（03）：8－12．

下　篇

中国钢铁企业废钢逆向物流研究

作为世界上最大的发展中国家，中国近年来的发展有目共睹。伴随着国家实力的日益增强，发展带来的环境影响也日益严重。我国以钢铁企业为代表的重工业在国家建设中起到了至关重要的作用，同时也带来了不容忽视的能源消耗和碳排放问题。

2014 年，我国钢铁行业粗钢产量为 8.23 亿吨，已经连续 18 年位居世界第一。同年，我国吨钢综合能耗降至 584.7 千克标煤／吨钢。虽然同比有所下降，但绝对值仍处于世界较高水平。

针对我国钢铁行业高能耗、高排放的现状，本研究利用碳素流分析的方法对冶金过程中碳元素足迹进行了追踪，利用系统动力学模型对长流程钢铁生产的主要工序进行了仿真，并通过情景分析试图寻找到适合中国钢铁工业发展的低碳道路。具体来讲，本研究主要从以下五个方面展开：

第一，从背景及意义的角度入手，介绍了本研究开展的必要性和可行性，并对钢铁行业可持续发展、钢铁行业碳足迹研究和主要方法系统动力学等领域已有的研究成果进行了总结概述。

第二，进行了基于能量流分析的钢铁行业低碳生产关键影响因素的选取，找到了铁钢比、技术推广和煤气回收三个主要因素。用到的方法是 AHP（Analytic Hierarchy Process，层次分析法）方法，AHP 评价体系评分来自三个方面：其一，收集来自钢铁研究院冶金经济研究所的专家的意见，对指标体系进行打分并记录分析；其二，钢铁企业能源管理中心和一线生产人员的访谈记录；其三，利用问卷和文献数据对指标的历史评价结果进行收集整理，辅助打分。最终综合两者意见得出三个关键指标。

第三，构建钢铁企业"高炉／转炉"长流程炼钢的系统动力学模型。模型被命名为"生产－能耗－排放"模型，主要分为技术影响模块、废气回收模块、铁钢比模块和生产流程核心模块。模型中关系的建立和反馈回路的确定主要来源于国内千万吨级产能钢企的能源平衡表数据，2005至2014年《钢铁工业年鉴》以及部分网络资料整理。

第四，针对上述三个影响因素制定三条可行策略：降低铁钢比、提高技术普及率和废气完全回收利用，并在构建的系统动力学模型对三种策略进行分情景的模拟仿真，分别从对能耗的影响和对碳排放的影响两方面进行研究。该部分是研究的一个核心，通过量化的参数对不同策略下钢铁行业的能耗和排放问题进行模拟，找出带有时间节点的低碳规划。

第五，根据第四部分生成的结果，设计出具有中国特色的，符合行业特征的钢铁行业低碳生产路径图，并根据数据分析的结果给出相应的建议。该部分是研究的总结和升华，也是本研究的现实意义的体现。总体结论为：降低铁钢比是一项长远而有效的策略，应当保持高度关注并不断为其实现做准备，随着条件的成熟逐步推进；以高炉炼铁新技术为代表的减排降耗技术的不断研发和推广是一项可行且有效的策略，当前就应抓紧实施，且加大推进力度，争取达到全国钢铁行业100%应用节能技术生产，从而实现行业低碳生产的目标；煤气回收是一项已有成效但仍需加大投入的策略，尤其是高炉煤气和转炉煤气，两者由于热值不如焦炉煤气，所以回收率不如后者高，可以采用先回收存储后重复利用的方式，它可以作为一项中长期策略。

在上述研究的过程中，本文总结提炼出的创新之处共有如下几点：

第一，本研究给出了带有时间节点的我国钢铁企业低碳生产线路图，且线路图中的指标均为量化指标。之前，水泥等其他高能耗行业均已有成型的系统线路图，而钢铁行业在这方面的定性研究较多，定量研究几乎没有，因此本研究具有首创性和较强的可操作性。线路图分为三个阶段：首先进行新技术的推广，并加大力度进行废钢回收，称为"技术阶段"；接下来有足够的废钢积累后逐步提升电炉钢的比例，加大短流程炼钢的推广力度，称为"EAF（Electric Arc Furnace，电弧炉）阶段"；第三步即综合运用多种方法，实现低能耗，零排放，称为"零排放阶段"。

第二，本研究对铁钢比、技术推广和废气回收三种手段在节能和减排两方面的作用进行了量化的对比研究。这三者对钢铁企业的能耗和排放的影响是大家都认可的，但是具体影响程度和之间的数量化关系则鲜有关注。本研究从系统的视角切入，利用系统动力学的方法将三者规划到一个整体中，结果证明这一尝试是可行并且有效的。研究发现，降低铁钢比在节能和减排两方面都是最为行之有效的，但是考虑到国内钢铁产品的回收周期还很长，废钢存量严重不足，所以进一步加强技术推广是当下最为可行的策略。

第三，本研究在方法上综合了碳素流分析和系统动力学两种系统方法，取得了较好的结果。碳素流分析和系统动力学都是从整体的角度看问题，适合于复杂的、动态的、非线性的系统。而钢铁生产过程正是这样的一套体系。这种综合方法能够有效地抓住核心问题，规避干扰因素，得到有针对性地解决方案。

第四，本研究提取了基于能量流分析的钢铁企业低碳生产关键因素。首先，该打分体系是建立在能量流分析的基础上的，是更有针对性和实际意义的一套指标体系；其次，由于钢铁行业是工业体系中的支柱，因此关于它的研究也较为成熟。在本研究的关键因素寻找过程中，结合了已有文献的分析结果，利用已经得到认可的结果来补充和完善专家打分体系，使得后续的研究更加可信。

　　总之，本研究利用能量流分析和系统动力学模型构建了钢铁企业生产模型，并对铁钢比、技术推广和废气回收三个关键因素对能源消耗和碳排放的影响进行了综合分析，给出了低碳生产线路图，并提供了相关的政策建议。

1. 引言

　　钢铁工业是工业发展的重要组成部分，是国民经济发展中的重要产业，也是国家经济增长的重要支撑之一。我国是世界上最大的产钢大国，2014年我国粗钢产量 8.23 亿吨，占全球粗钢产量的 50.26%。钢铁工业是资源和能源依赖型产业，钢铁生产在消耗大量的能源和资源的同时，还会产生大量的废渣、废气和废水。我国钢铁工业生产中用铁矿石资源的量大，转炉钢比例高，然而循环利用废钢资源量小，电炉钢的比例小。相应的，我国钢铁生产过程中能源消耗高，占国民经济总能源消耗的 15%。水资源消耗占 9% 以上，另外，生产过程中排放的废弃物约占工业总排放量的 14% 以上，污染物排放量大 (扈云圈 , 2013)。

　　废钢铁的回收循环利用是钢铁工业发展循环经济的重要组成部分。废钢铁作为炼钢资源的重要补充，废钢铁本身是载能体，用废钢铁炼钢比用铁矿石炼钢，可节能 60%、节水 40%，减少废气排放 86%、废水 76% 和废渣 97%。每利用 1 吨废钢可节约 1.7 吨的铁矿石、0.68 吨的焦炭和 0.28 吨的石灰石，且能无限循环利用，未来的钢铁原料配置中，废钢必将逐步取代铁矿石的地位。如果报废的钢铁制品得不到有效的回收利用而大量堆积在人们的周围，生锈、腐蚀，不仅造成了资源浪费，还污染着环境，导致能源、生态环境问题日益严重。进而还会危害人类的健康。然而，我国回收市场目前依然处于比较散乱的状态。企业的逆向物流管理水平低，没有形成系统的逆向物流网络体系。从事终端回收的多是走家串户的个体小商贩，产品回收质量不可靠，处理混乱，进而造成了企业的回收利用率低，回收市场不确定，甚至无法保证企业再利用再制造的正常运行。

因此对废钢铁逆向物流管理是废钢铁循环利用的需要，是钢铁工业循环经济的重要组成部分。本论文以我国钢铁企业废钢回收为研究对象，以演化博弈理论为支撑，研究讨论了三种主要的逆向物流网络模式下的钢铁企业群体以及第三方回收处理处理商的合作行为演化，对我国钢铁企业逆向物流网络模式演化进行分析，进而，对不同模式下逆向物流网络的优化问题进行研究。

1.1 研究背景

循环经济是指在生产、流通和消费等过程中进行的减量化、再利用、资源化活动的总称 (中华人民共和国主席令 , 2008)。发展循环经济是我国国家经济社会发展的重大战略。我国钢铁工业以消耗铁矿、煤炭和水为主，然而我国铁矿石品位低，对国外进口依赖高，受到煤炭、电力和水资源短缺的约束，发展循环经济是钢铁行业的必由之路（张群，邵球军 & 李岭，2007）。钢铁行业是我国发展循环经济的最早的试点行业，具有循环经济发展潜力 (张若生，张群 & 李岭 , 2009)。

废钢铁作为一种可再生的钢铁工业原材料，可无限循环利用，从钢材→制品→使用→报废→回炉炼钢，每 8 ~ 30 年一个轮回，不断积累，不断产生，且自然损耗很低。废钢的循环利用在钢铁行业发展循环经济战略中具有重要的地位，在我国实现钢铁大国向钢铁强国转变中起着重要的作用。随着我国钢铁积蓄量和废钢积蓄量的急剧增长，将逐步进入废钢时代，按照循环经济的原则，做好废钢铁的回收利用是非常重要的。如图 1-1 为废钢铁消耗走势。

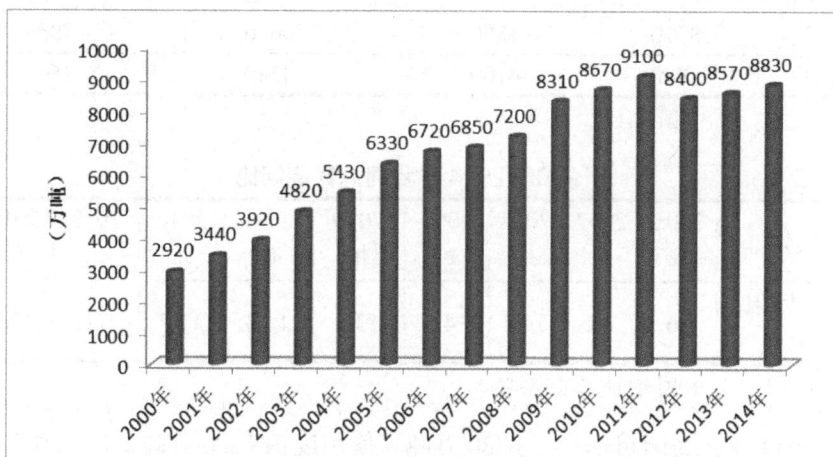

图 1-1 2006-2014 年我国炼钢废钢消耗走势图

（来源：《中国钢铁工业年鉴》，2012 年国内废钢消耗量出现了近十年来的首次下降，主要原因是国际铁矿石价格低迷，采用铁矿石的成本甚至比废钢低，导致钢企采购废钢的积极性不高。）

如表 1-1 所示，2014 年我国企业自产废钢 4100 万吨，同比增长 250 万吨，增幅 6.5%；社会采购废钢 4740 万吨，同比增长 90 万吨，增幅 1.9%；另外，我国 2014 年进口废钢 256 万吨，同比减少 190 万吨，降幅 42.6%。我国的废钢资源量在稳定增长，但是废钢比总体却呈下降趋势，我国 2014 年消费废钢 8830 万吨，废钢比仅 10.8%。如表 1-2 所示。

表 1-1 　　　　　2006-2014 年我国废钢铁资源平衡情况

年份	废钢铁消耗量（万吨）	废钢铁资源构成（万吨）		
		企业自产量	社会采购量	进口补充量
2006	6720	2750	3980	340
2007	6850	2780	4230	120
2008	7200	2860	4200	260
2009	8310	3040	4580	1020
2010	8670	3300	5190	440
2011	9100	3560	5080	510
2012	8400	3650	4420	370

| 2013 | 8570 | 3850 | 4650 | 380 |
| 2014 | 8830 | 4100 | 4740 | 256 |

来源：《中国钢铁工业年鉴》

表 1-2　　　　　　　　2006-2014 年我国炼钢废钢比

类别	2006年	2007年	2008年	2009年	2010年	2011年	2012年	2013年	2014年
炼钢废钢比（％）	16	14	14.4	14.5	13.8	13.3	11.7	11	10.8

来源：《中国钢铁工业年鉴》

2014 年，美国粗钢产量 8830 万吨，使用废钢 6200 万吨，炼钢废钢比 70% 左右。作为发展中国家的土耳其，2014 年的粗钢产量 3400 万吨，消费废钢 2820 万吨，废钢比 85% 以上 (Bortoni Herrera, 2012)。欧盟炼钢废钢比 55% 以上。如图 1-2 所示。

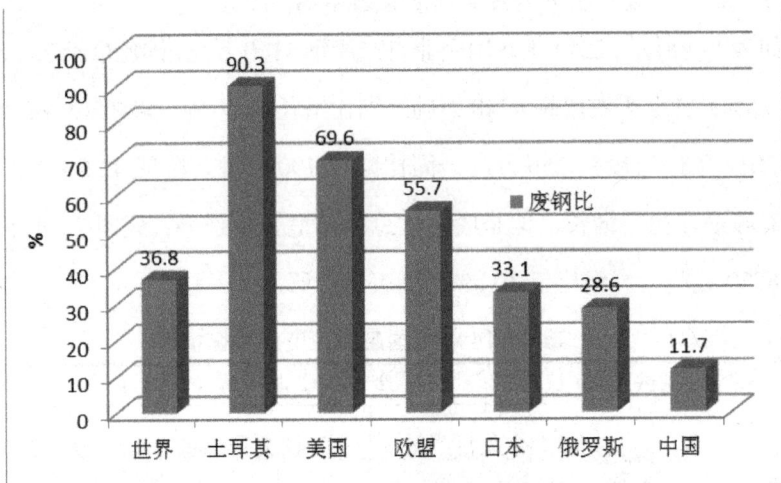

图 1-2　2012 年世界主要国家地区废钢比

来源：《中国钢铁工业年鉴》

钢铁企业逆向物流是指将生产中或使用后产生的废钢经过回收、分类、加工使其再利用的过程，提高资源的利用率，从而减少对自然资源的消耗，发展循环经济，同时降低制造商的经营成本。钢铁企业实施逆向物流不仅可以节约成本，创造效益，还能顺应国家政策，树立良好形象，同时又可以减少环境污染，对钢铁行业以及社会都具有不可低估的重要作用。所以必须提高废钢的回收利用率，才能填补缺口。这就势必激励钢铁业逆向物流的活动，同时也要求逆向物流的实施要效率化。钢铁企业要坚定不移地将逆向物流活动实施下去。

与发达国家相比，我国废钢回收网络体系不完善，废钢加工配送没有形成系统，回收效率低，回收质量低劣，影响了钢铁企业的产品再利用效率，造成了资源的供需不平衡。钢铁企业逆向物流的发展现状与发展循环经济和可持续发展的要求还存在很大差距。当前我国废旧钢铁回收市场规模小而乱，迫切需要建立起有效完善的逆向物流网络，否则将不能适应我国持续增长的废钢铁的产生量。

美国钢铁业和物流业都处于世界先进水平，美国钢铁回收协会专门促进和维持回收钢铁制品。美国钢铁回收利用协会 (SRI) 称，2011 年美国钢材回收率达 92%，钢材回收量超过 8500 万吨。美国的钢铁行业很重视废弃物的回收与利用，美国的钢厂多采用先进的电炉炼钢技术，以废钢为原料，废钢比约 63.8%。美国建立了出色的钢铁制品逆向物流体系，其社会废钢资源丰富，废钢不仅满足了美国的粗钢需求，每年大量的废钢剩余资源出口国外，2014 年美国废钢出口量约 1532 万吨，其中出口我国约 78.9 万吨。美国钢铁回收网络模式主要是钢铁企业联营和第三方回收企业。美国有十几家超级的废钢料场，进行废钢的加工回收。第三方回收公司如 GENCO 公司是美国逆向物流管理界最大型的专业回收公司，其集约化水平和科学化管理，专业化更细化的分工等经验是我国发展中值得借鉴的地方。另外，德国的逆向物流管理也走在世界的前列，蒂森克虏伯钢铁公司在杜伊斯堡的生产线可以回收处理多种废弃物，回收利用含铁制品；澳大利亚西姆斯（SIMS）金属管理有限公司有出色的传统金属回收处理和电子废弃物流回收处理逆向网络；欧洲金属回收利用有限公司是英国最大的废钢加工厂家，是世界上最大的金属回收公司，拥有成熟的回收网络、技术以及管理经验。据中国钢铁协会、再生资源回收协会统计，目前我国可以回收而没有回收利用的再生资源价值达 300 亿～350 亿元，每年有 500 万吨左右的废钢铁、20 多万吨废有色金属没有回收利用。我国巨大的废旧金属回收市场，吸引了这个世界上最大的金属回收公司，2004 年，SIMS 在我国上海设立代表处，开始挖掘我国废旧金属回收市场。

我国钢铁企业在废钢回收网络发展起步比较晚。最近几年，逆向物流越来越受到钢铁企业的重视，逆向物流管理战略也逐渐成为钢铁企业发展战略的重要组成部分。宝钢、鞍钢、攀钢等一些大型钢铁企业通过科技创新和技术改进，在逆向物流方面也取得了一定的成效。宝钢建造"废物回用链"的模式，采用世界上最先进的工艺技术，合理利用次生资源，对二次能源进行回收利用；鞍钢新成立的控股子公司鞍钢集团新钢铁有限责任公司将逆向物流战略纳入到公司管理战略中，通过建立三个层次的钢铁企业逆向物流管理框架，以逆向物流管理系统为核心，以正向物流资源为纽带，以社会、用户为中心的管理框架，以及实施库存控制体系，以全新的管理理念指导企业逆向物流管理。鞍钢通过逆向物流管理的实施达到了提高环境业绩、塑造企业形象、降低企业成本、提高公司竞争力的效果。

当前我国废钢资源供需不平衡问题仍比较突出，我国的废钢回收体制尚不完善，严重阻碍了我国废钢逆向物流的发展。而发达国家如美国的废钢回收系统值得我们借鉴，如通过采用外包或者企业联营模式，可以使废钢的回收加工业务更加专业化、效率化，同时社会上建立多个专业回收中心，从而让从社会上采购的废钢资源回收更加便利，也促进了废钢资源社会蓄积量的提高。因此，以何种模式建立逆向物流网络，如何对逆向物流网络进行优化设计是以钢铁企业为主体进行废钢回收实践中面临的重要决策问题。综上所述背景，我国钢铁逆向物流管理是一项十分艰巨的课题，解决这个问题需要从理论和方法上不断的进行深入。

1.2 研究目的及意义

以钢铁工业为例，在上述背景下，钢铁企业的逆向物流逐渐得到重视。钢铁企业逆向物流，指生产制造中或社会产品使用后产生的等可再循环利用废钢铁的收集、运输、分类、加工等活动，目的是使其重新得到利用，从而提高资源的利用率，同时降低企业的运营成本。

废钢铁是指钢铁制品失去原有使用价值的报废品或因各种原因被更新淘汰的钢铁制品以及在钢铁冶炼当中和使用钢铁材料生产当中产生的废品、边角余料、含钢铁废弃物等。按照废钢铁的来源分类，一类是社会上各行各业因报废这就产生的废钢铁，简称折旧性废钢铁。另一类是各行各业在使用钢材的生产过程中，所产生的钢铁下脚料和钢铁废品；再一类是进口废钢铁 (扈云圈，2013)。折旧性废钢铁按照行业来源又分为 7 类：工业废钢铁，农业废钢铁，基建废钢铁，铁路废钢铁，矿山废钢铁，民用废钢铁和军用废钢铁。铁路废钢铁随着铁路事业的发展，废钢铁会越来越多；民用废钢铁在整个废钢铁市场中至少应占到总数的 40% 左右，但民用废钢铁应进行加工，如家电外壳；军用废钢铁数量较少。折旧废钢铁生成量主要取决于一个国家的钢铁制品积蓄量、设备的平均使用寿命。折旧废钢铁一般占废钢铁总量 40% 左右。从循环经济的角度，可以将废钢回收分为三个层面的循环：钢铁企业内部的小循环，钢铁企业与制造企业之间的中循环（主要指回收制造过程中的边角料、废品）以及钢铁企业与社会之间的大循环（社会废旧钢铁制品的回收），如图 1-3 所示。随着生产工艺，技术以及生产设备的发展进步，废钢内部炼钢过程中以及钢铁制品制作过程中产生的废钢铁在不断减少，实现社会废钢铁的大循环是钢铁逆向物流发展的最终目标。

逆向物流系统的构建使原来单向的企业物流变为完整循环的物流网。它能最大限度地重复利用不可再生资源，同时尽可能少地消耗能源。逆向物流是实现循环经济的重要部分，是发展循环经济的保障，是提高物资的利用率，降低企业成本，提高经济效益的重要手段。逆向物流的存在取代了传统物料的单向运作模式，有效顺应了循环经济中的环境保护要求，在很大程度上缓解了因焚烧、填埋带来的环境污染和资源浪费问题，同时能够降低企业生产成本，为企业带来经济效益，是发展循环经济的关键环节。

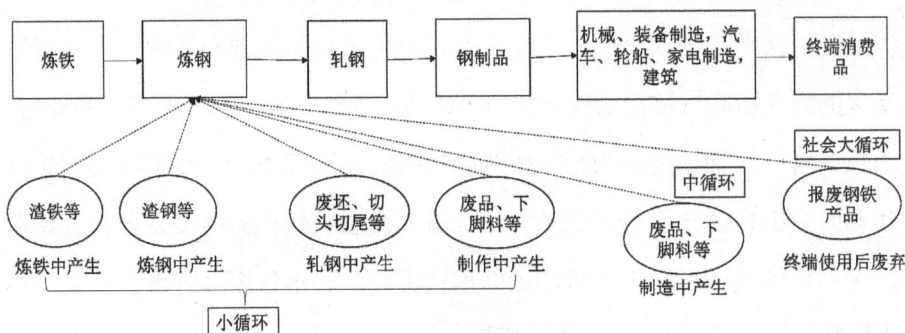

图1-3　废钢铁循环示意图

在目前我国逆向物流管理组织水平上，大量的物资没有得到很好的循环利用。对于钢铁行业来讲，只有改进钢铁企业逆向物流网络，才能提高其运作效率，加大废旧钢铁的回收范围和力度，提高废旧钢铁的回收率，增加废旧钢铁的生成量，并作为再生资源投入到钢铁生产中，从而提高废旧钢铁的综合利用率。因此，本文对钢铁企业现有的逆向物流网络模式及优化进行研究，以提高废钢回收利用率，降低物流成本，促进产业可持续发展，促进循环经济模式的发展为目的，为促进废钢回收逆向物流管理决策的科学化、合理化提供技术支撑。

随着我国钢铁产量的增加，对废钢资源的需求的增大，研究钢铁的逆向物流是一个紧迫而具有现实意义的课题。对我国企业而言，逆向物流网络模式的选择以及高效率低成本的网络构建是其面临的困难之一,因此,对企业逆向物流网络模式决策的研究以及对网络优化的研究具有一定的理论意义和实用价值。

1.3 主要研究内容、方法与技术路线

1.3.1 研究内容

本文以钢铁企业废钢的回收利用为背景,拟基于演化博弈理论分析钢铁企业逆向物流网络模式的演化,并进一步对不同模式下逆向物流网络优化问题进行研究。通过演化博弈理论对逆向物流网络模式的稳定性分析,结合我国钢铁行业废钢铁回收利用现状,为我国钢铁企业逆向物流网络模式选择实践提供参考。通过对不同模式下的钢铁企业逆向物流网络优化研究为企业逆向物流网络设计提供决策依据。通过研究成果的应用旨在降低企业物流成本,提高企业逆向物流效率,提高废钢的回收利用率,保证废钢的供应数量和质量,进而推动废钢产业的健康稳定发展,保障钢铁产业循环经济的发展。

研究内容分为以下几个部分:

一是钢铁企业逆向物流网络构建的影响因素分析。

通过对现有文献进行详细的分析,从经济、废钢市场、企业管理、环境因素、社会因素以及政府法律法规等六个方面建立影响逆向物流网络构建的因素,初步建立钢铁企业物流网络影响指标体系。以此为基础,对钢铁行业从事相关逆向物流管理工作的工作人员进行专家调查,利用 ANP 模型,识别影响我国钢铁企业逆向物流网络构建的关键影响因素。

二是基于演化博弈理论的我国钢铁企业逆向物流网络模式分析。

逆向物流实践中存在三种网络模式：自营模式、联营模式，外包模式。本部分对三种模式进行了对比分析；基于演化博弈理论，分别对考虑自营和联营模式下以钢铁企业群体的合作行为的演化，对考虑外包模式下钢铁企业群体的合作以及钢铁企业群体与第三方群体的合作的演化进行分析。建立演化博弈模型，应用复制动态方程，对各模式下系统的演化稳定性进行分析。探讨长期演化条件下，我国钢铁企业逆向物流网络模式的演化规律。进而针对第一部分研究识别的我国钢铁企业逆向物流网络构建的关键影响因素，分析其对系统演化的影响。最后针对结合我国钢铁企业逆向物流网络发展现状，企业逆向物流网络模式的选择提供建议。

三是逆向物流网络优化研究。

本部分依次自营模式下和联营模式下，钢铁企业的逆向物流网络进行优化设计。联营模式下需要综合多家合作企业资源，集成进行网络设计，比自营模式下的更复杂，数据量更大。本部分分别研究两种模式下逆向物流网络优化的模型构建中，考虑产品回收的数量、质量、处理方式等不确定性，考虑系统的多目标性，并考虑与正向网络的集成。最后分别通过情景分析与随机模拟分析对模型进行求解。

1.3.2 技术路线

本文的技术路线图如图 1-4 所示。

本文研究内容中分析并识别钢铁企业逆向物流网络的关键影响因素是基础性研究；而基于演化博弈理论对回收网络模式进行分析以及不同模式下钢铁企业逆向物流网络优化都是企业的战略层决策，模式选择决策先于网络优化决策，不同模式下网络的设计优化不尽相同。后两部分是本文的研究重点。本文在关键因素的识别中采用了网络层次分析法；在网络模式的分析中建立了演化博弈模型，采用复制动态方程，对演化稳定策略进行了分析；在网络优化中提出了考虑不确定因素的多目标随机规划模型，并分别设计了结合情景分析的求解方法以及随机模拟求解方法。

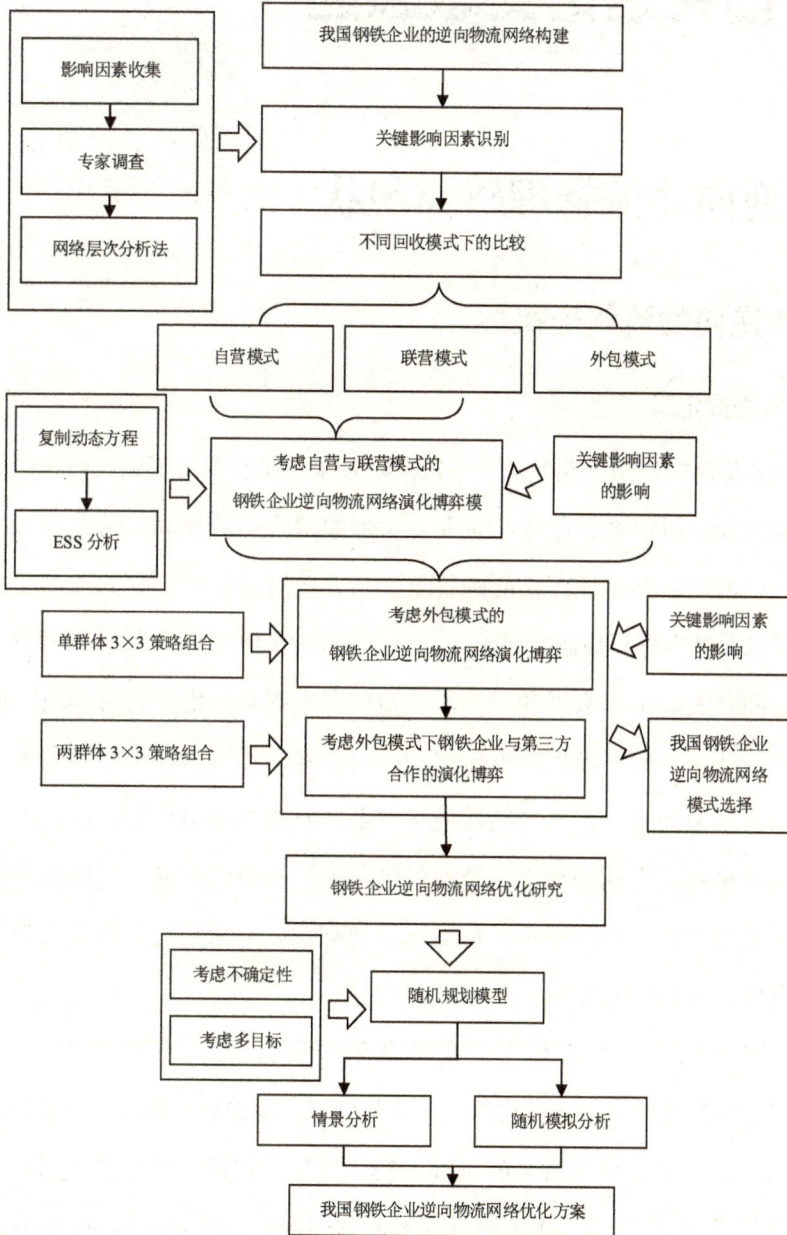

```
┌─────────────────┐           ┌──────────────────────────────┐
│  影响因素收集    │           │  我国钢铁企业的逆向物流网络构建  │
└────────┬────────┘           └──────────────┬───────────────┘
         ↓                                     ↓
┌─────────────────┐  ⇒        ┌──────────────────────────────┐
│   专家调查       │           │      关键影响因素识别          │
└────────┬────────┘           └──────────────┬───────────────┘
         ↓                                     ↓
┌─────────────────┐           ┌──────────────────────────────┐
│  网络层次分析法  │           │     不同回收模式下的比较        │
└─────────────────┘           └──────────────┬───────────────┘

        ┌──────────────┬──────────────┬──────────────┐
        │   自营模式    │   联营模式    │   外包模式    │
        └──────────────┴──────────────┴──────────────┘

┌──────────────┐        ┌──────────────────────────┐    ┌──────────────┐
│ 复制动态方程  │        │  考虑自营与联营模式的      │    │ 关键影响因素  │
└──────┬───────┘  ⇒     │  钢铁企业逆向物流网络演化博弈模 │ ⇐ │  的影响       │
       ↓                └──────────────────────────┘    └──────────────┘
┌──────────────┐
│   ESS 分析    │
└──────────────┘

┌──────────────────┐   ┌──────────────────────────┐   ┌──────────────┐
│ 单群体 3×3 策略组合 │ ⇒ │  考虑外包模式的            │ ⇐ │ 关键影响因素  │
└──────────────────┘   │  钢铁企业逆向物流网络演化博弈 │   │  的影响       │
                        └─────────────┬────────────┘   └──────────────┘
┌──────────────────┐   ┌──────────────────────────┐   ┌──────────────┐
│ 两群体 3×3 策略组合 │ ⇒ │ 考虑外包模式下钢铁企业与第三方 │ ⇒ │ 我国钢铁企业  │
└──────────────────┘   │   合作的演化博弈          │   │ 逆向物流网络  │
                        └─────────────┬────────────┘   │  模式选择     │
                                       ↓                └──────────────┘
                        ┌──────────────────────────┐
                        │  钢铁企业逆向物流网络优化研究 │
                        └─────────────┬────────────┘
┌──────────────┐                      ↓
│ 考虑不确定性  │       ┌──────────────────────────┐
├──────────────┤  ⇒   │      随机规划模型          │
│  考虑多目标   │       └─────────┬────────┬───────┘
└──────────────┘                 ↓         ↓
                        ┌──────────┐  ┌──────────┐
                        │ 情景分析  │  │ 随机模拟分析 │
                        └─────┬────┘  └────┬─────┘
                              └─────┬──────┘
                        ┌──────────────────────────┐
                        │ 我国钢铁企业逆向物流网络优化方案 │
                        └──────────────────────────┘
```

图 1-4 技术路线图

2. 相关理论文献综述

2.1 逆向物流管理研究现状

2.1.1 逆向物流管理概述

1. 逆向物流定义

逆向物流的产生受到政法法律法规对环境保护要求方面的，回收产品经济利益方面的以及客户服务与企业社会形象等方面的驱动。随着经济高速发展，资源短缺与环境污染问题日益突出，政府通过强制立法对产品的回收利用以及处理进行规制，要求企业对产品的逆向流动进行综合运营管理；同时，随着人民生活水平和对生活质量的要求提高，消费者对环境问题日益关注；另外，一些企业发现了产品的再利用价值所带来的直接经济利益，以及企业形象的提升带来的间接经济效益，开始主动对废旧产品的循环回收利用。来自各方面的动因，全面促进了逆向物流的发展。逆向物流管理体现了资源节约、循环经济、环境保护的理念。逆向物流逐渐成为当今企业最重要的竞争战略之一。

Stock 1992 年最早开始进行逆向物流的研究，他给出了逆向物流的概念："逆向物流通常用于描述再生、废品处置、危险材料管理等物流活动，一种更广泛的视角包括所有的资源节约、再生、替换、材料再利用和废弃物处理等物流活动"；欧洲逆向物流组织（The European Group on reverse logistics）将逆向物流定义为，"逆向物流是将原材料、半成品、产成品从制造商、经销商或消费者处流向回收地点或适当处理地点的规划、实施和控制的过程"；美国物流管理协会将逆向物流定义为"描述再生、废品处置、危险材料管理等物流活动"；我国的《物流术语》中将逆向物流定义为，"不合格物品的返回、维修以及周转使用的包装容器，从需求方返回到供应方所形成的回收物流和将经济活动中失去原有使用价值的物品，根据实际需要进行收集、分类、加工、包装、搬运和储存，并分送到专门处理场所时所形成的废弃物物流"；逆向物流学术大师 Fleischmann 于 2001 年给出了逆向物流的一个比较广泛的定义："逆向物流是有效地规划、实施和控制二手产品的流入和存储以及相关信息的过程，它与传统的供应链方向相反，其目的是为了产品的价值恢复和恰当处理"(Fleischmann, Beullens, Bloemhof-ruwaard, Wassenhove, & Abdul-Kader, 2001)。其中二手产品包含了没有使用的产品；中国科学技术大学的梁樑教授在总结各方定义的基础上，提出了一个包含回收目的处理方式和流向的描述全面的定义："逆向物流是将原材料、半成品、产成品和包装从制造商、经销商或消费者流向回收地点或适当处理地点的规划、实施和控制过程，其目的是重新获取价值或对其进行适当处理。逆向物流包括产品再使用、再制造、整修、材料再生、废品处置等活动，以及伴随而产生的收集、运输、库存管理等物流活动。"(周垂日，梁樑，许传永 & 查勇，2007)。

可见对逆向物流的定义即是从流动的物品对象、物品流动的方向、物品流动中的活动以及物品流动的目的来对逆向物流系统进行描述。本文研究的钢铁企业逆向物流主要是指社会中的折旧性废钢、机械制造中产生的下脚料及钢铁废品；流动的方向包括废钢从终端消费者回到钢厂的社会化大循环和从机械制造厂回收废钢到钢厂的行业间中循环；逆向物流活动包括回收、拆解、加工、拣选、回炉制造等；目的是重新获取废旧钢铁的资源价值。本文对钢铁企业逆向物流网络模式和网络优化进行研究旨在提高我国的钢铁资源循环利用率，改善我国当前逆向物流管理落后，渠道混乱，成本高的现状，促进钢铁行业循环经济的发展。

2. 逆向物流网络分类

Fleischmann 对不同产业废旧产品回收的物流网络进行了案例研究回顾，从案例中识别逆向物流的通用特点，基于案例观察研究提出将回收网络分为三类：批量回收网络（bulk recycling network）主要是指可循环利用的原材料如沙子、地毯、废纸、塑料、钢铁副产品等；装配再制造网络（assembly product remanufacturing network）主要是电子设备、耐用品等；再利用产品网络（reusable item network）主要是指运输包装、产品包装等 (Fleischmann, Krikke, Dekker & Flapper, 2000)。针对不同类型的产品，回收处理方式不尽相同。根据回收产品的处理方式分类包括直接再利用，如托盘，瓶子等容器的回收网络；维修再利用，如家用电器，工厂里的机器和各种电子设备等回收网络；原材料再恢复或再生，如建筑材料、金属，玻璃，纸和塑料等回收网络；以及产品再制造，主要是指电子产品，耐用品等回收网络。Wassenhove 等人按照不同的回收利用方式将逆向物流网络分为五类：商业退回，维修，再使用，再制造和再循环网络，再加入废弃处理，一共是六类（Wassenhove, Thierry, Nunen & Salomon, 1995）。

根据 Fleischmann 和 Wassenhove 的分类，本文所研究的逆向物流网络属于对钢铁制品再循环批量回收类型的逆向物流网络。

（1）再制造

20世纪70年代末，麻省理工学院率先开始对再制造的研究。我国关于再制造的研究起步比较晚，但是发展的比较快。1999年徐滨士院士率先在我国倡导再制造理念并开展再制造工程技术研究。再制造逆向物流网络研究是逆向物流研究中的热点，很多学者针对再制造逆向物流网络进行了研究。再制造网络通常针对具有很高的回收价值的电子产品，汽车，电器等部件，再制造网络除外部的回收产品质量、数量和时间的不确定因素外，还涉及内部再制造过程中的不确定性因素。

Lee 和 Gen 等为再制造系统建立了三层的物流网络模型 (Lee, Gen & Rhee, 2009)。Zarei 等研究了生产商延伸责任制下的报废车辆再制造逆向物流网络，他将新车的配送和报废汽车的回收结合起来考虑，研究新汽车的配送商也负责报废汽车的回收网 (Zarei, Mansour, Husseinzadeh Kashan, & Karimi, 2010)。Alumur 等研究可再制造产品的逆向物流网络，可再制造产品包括报废的电脑、洗衣机烘干机等，作者指出，企业如果只关注于生产商延伸责任，则将逆向物流外包给第三方 (Alumur, Nickel, Saldanha-da-Gama & Verter, 2012)。马祖军和代颖较早对再制造逆向物流与正向物流网络的集成优化设计进行了研究，但是他们的研究重点在于将制造系统与再制造系统的正向 - 逆向物流网络集成，并缺乏考虑再制造逆向物流网络中的不确定问题 (马祖军 和 代颖 , 2007; 马祖军 , 代颖 & 刘飞 , 2005)。

（2）维修

维修是指经过简单的修理就可恢复产品的使用状态，但是质量相对于新的产品有所下降；在 Zhou 和 Wang 的研究中，同时考虑了维修和再制造的处理情形，加大了模型的复杂度，建立了一个混合整数规划模型，并采用标准分枝定界算法求解 (Zhou, 2008)。何波针对售后服务逆向物流，即顾客有换货或维修产品退回售后服务中心的情况进行了研究，提出了以顾客服务水平和网络成本为优化目标，建立了多目标模型，在模型求解中设计了多目标进化算法，求得成本服务平衡的 Pareto 解，但是在其研究中却没有将正向物流与逆向物流集成考虑 (何波 和 杨超 , 2008)。

（3）再使用

再使用网络适用于可直接回收利用的物品，最常见的如集装箱，纯净水桶，啤酒瓶，各种软饮料包装瓶等包装容器，可进行简单的清洗或不需要任何修理就可直接利用；Kroon 通过案例研究了一个实际的包装材料的再使用的逆向物流应用问题。为包装材料的回收设计了逆向物流系统，对系统的成本进行优化 (Kroon & Vrijens, 1995)。

（4）再循环

再循环逆向物流网络针对的产品回收产品的价值一般比较小，包括玻璃，建筑垃圾，塑料，纸等原材料。另外，回收价值较高的为金属，但是再循环的处理对工艺设施的要求较高，对环境的要求高，处理成本较高，需要在国家政策基金的支持以及环保部门的监督下更好的运行；Barros 等对建筑垃圾产生的沙子的回收利用案例进行研究分析 (Barros, Dekker & Scholten, 1998)。Louwers 等和 Ammons 都研究了地毯的回收网络设计 (Ammons, Realff & Newton, 1997; Louwers, Kip, Peters, Souren & Flapper, 1999)。

（5）废弃处理

废弃处理是对没有回收利用价值的产品进行掩埋、焚烧等废弃处理。对于废弃处理网络，其独立于正向物流，通常对其进行单独研究，研究主要围绕两个方面，一方面是回收渠道研究，一方面是废弃处理技术的研究，后者超出了本文的研究范围。在对前者的研究中，Kim 和 Lee 对废弃物的回收网络进行了研究，研究初始回收点的静态选址以及供应点动态的回收任务分派问题(Kim & Lee, 2013)。Hu 等人研究了危险有害废物的逆向物流问题，提出了一个多阶段、多产品的危险废弃品逆向物流系统成本最小化模型 (Hu, Sheu & Huang, 2002)。运用离散时间线性分析模型，以总的逆向物流运营成本最小化为目标，以运营策略和政府法规等内外环境因素作为限制条件建立模型，模型应用证明结果在节约成本方面的显著优势。我国学者杨超，何波针对固体废弃物的回收逆向物流网络做了较多的研究，在研究固体废弃物逆向物流网络优化时，以成本最小的和废弃物处理对居民的负效用最小为双目标，他们在模型求解中将多目标转化为单目标，设计启发式算法并设计了多目标进行算法进行了求解（何波，杨超，张华 & 石永东，2006；何波，杨超 & 杨珺，2007；何波，杨超 & 张华，2007）。

（6）商业退回

商业退回包括商家缺陷产品召回活动以及由顾客要求产生的退换货活动。产品召回的研究开始的较早，1989 年 Min 对产品召回的逆向物流配送构建多目标混合整数规划模型，权衡运输费用与运输时间，同时决策产品退回的运输方式 (Min, 1989)。顾客的退换货活动是近几年随着电子商务的兴起而产生的新需求，通常作为电子商务服务提升的一种售后服务。顾客退回的产品经过检测等简单的步骤再次进入流通渠道 (Min, Jeung Ko & Seong Ko, 2006)；Li 等人针对电子商务物流系统中的无缺陷产品的退货问题进行研究，假设无缺陷产品只需要再次包装就可以重新进入销售渠道，设计了一个选址 – 库存 – 路径优化模型 (Li, Guo, Wang & Fu, 2013)。Kroon 和 Vrijens 对包装材料的再利用 / 再生两种情况下的网络进行优化 (Kroon & Vrijens, 1995)；Das 和 Dutta 提出了一个闭环供应链网络动态系统分析框架，研究产品再制造、零部件再利用和再制造以及原材料的再循环三种方式下的各种影响因素，通过敏感分析和统计分析研究了他们对牛鞭效应和盈利能力的影响，并说明了三种方式的结合以及正向的产品交易政策可以减缓需求的不确定性和牛鞭效应，并提高逆向物流运营的收益率 (Das & Dutta, 2013)。

综合考虑以上回收处理方式，可以得到完整的逆向物流网络的结构示意图，如图 2-1（图中不区分制造商和再制造商以及分销商和二手分销商）所示。

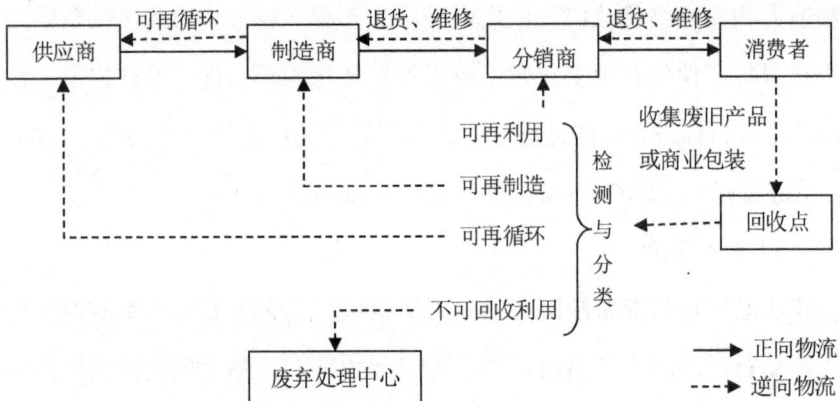

图 2-1　逆向物流网络结构图

2.1.2　逆向物流网络模式研究现状

逆向物流网络模式即回收模式，是指逆向物流网络上的回收主体是谁，通过什么渠道进行回收。回收模式的选择，是逆向物流网络优化的重要内容，回收模式的优化，可以提高供应链的响应速度，节约网络成本，提高资源循环利用率，减少环境污染。根据企业所承担的责任进行分类有三种模式：自营回收模式，联盟回收模式和外包回收模式。

1. 自营回收模式

自营回收模式 (Alumur et al., 2012 Jayaraman, Guide & Srivastava, 1999 Tuzkaya, Gülsün & Önsel, 2011) 是指生产商建立自己的逆向物流网络，负责其生产产品的回收再利用以及再制造等活动。这类回收模式适合回收价值高，回收量大的电子产品，采取此回收模式的通常是具有实力的国际大企业，如 IBM，DELL，东芝和松下等电子生产企业，都建立了自己的循环利用再制造系统。

2. 生产商联盟回收模式

生产商联盟是指同行业生产相同或者相似产品的企业进行合作与联盟，以合作或者合资的方式共同组建产品再制造系统，共同管理回收再制造业务，这种回收模式可以实现资源的回收共享，减轻投资的压力，实现规模经营。但是此类网络需要设计适当的协调机制并设计到合作伙伴的选择问题。

3. 外包回收模式

外包 (Min & Ko, 2008 XiaoYan, Yong, Qinli & Stokes, 2012 岳辉 和 陈宇，2004) 是指第三方负责回收模式，由专业的回收企业负责产品回收工作。制造商将回收工作外包给第三方，可以更专注于自身的核心业务，这是社会专业化分工的产物。

Spicer 和 Johnson 研究了 OEM 为承担 EPR 可以采用的三种方式：直接回收，生产商联盟回收以及第三方回收，并得出结论，对于大部分产品种类，分包给第三方是完成 EPR 的最有效的方式 (Spicer & Johnson, 2004)。魏洁等 (Wei & Zhao, 2013; 魏洁 和 李军，2005) 进行了与 Spicer 和 Johnson 相似的研究，说明了第三方逆向物流的专业优势。

在回收模式的选择定量研究中，Savaskan 进行了开创性研究，之后的研究都以其研究为基础。Savaskan 等站在原始制造商的角度，考虑再制造处理方式下逆向物流产品回收渠道的选择问题 (Savaskan, 2001; Savaskan & Van Wassenhove, 2006; Savaskan, Bhattacharya & Van Wassenhove, 2004a)。以制造商为 Stackelberg 领导者，对比了三种回收模式：制造商自建回收网络直接从消费者手中回收，委托现有网络中的零售商回收，外包给第三方回收，研究了三种回收模式下的分散决策，并与集中决策的零售价格、产品回收率以及参与者的利润做了比较，得出距离消费者最近的零售商回收模式是最适合的回收方式。姚卫新以再制造为研究对象，对回收以后零部件可以再制造的情况分析了第三方回收、零售商回收和生产商回收三种不同模式下回收率和利润等，却得出第三方回收模式下零售商和制造商的利润都最低，所以一般不会采用第三方回收模式的结论，为企业选择合适的回收模式提供了初步的理论依据 (姚卫新，2004)。易余胤研究了制造商为 Stackelberg 领导者和零售商为 Stackelberg 领导者以及制造商和零售商纳什均衡，应用博弈理论讨论了三种情况下的回收渠道设计，表明了在无市场领导的情况下，消费者和行业都更受益 (易余胤 , 2009)。倪明等也采用了 Stackelberg 博弈理论，研究了废旧电子产品的回收，对比了维修商和零售商回收模式下的回收价格，消费者的效用，分析结果表明维修成本高于再制造所节约成本时，应选择维修中心回收方式，而低于再制造节约的成本时，应选择零售商回收的模式 (倪明 和 莫露骅 , 2013)。Huang 等人的研究研究了两种回收方式下的闭环供应链，在逆向供应链上由零售商和第三方竞争回收产品。采用了博弈理论研究了集中决策和分散决策下的供应链绩效，并与单种回收方式下进行了比较，证明了从生产商和消费者角度，双重回收模式下的回收渠道都更有优势 (Huang, Song, Lee & Ching, 2013)。

综上定量研究方面，国内外学者的研究几乎都是以 Savaskan 的研究为基础进行的进一步讨论，没有大的突破。

在定性的研究中，Senthil 采用 AHP 和 TOPSIS 混合方法对逆向物流网络的三种回收渠道：制造商运营，第三方运营和联合运营的方式进行了评价，提出了模糊环境下的逆向物流运营渠道选择和评价 (Senthil, Srirangacharyulu & Ramesh, 2012)。Chiou 等对台湾电子设备行业做了调查，考虑逆向物流实现方式的影响因素，并通过模糊层次分析法选择重要的指标 (Chiou, Chen, Yu & Yeh, 2012)。我国学者贡文伟和任鸣鸣分别采用灰色综合评价方式 (贡文伟 , 葛翠翠 & 黄海涛 , 2012) 和模糊综合评价 (贡文伟 et al., 2012) 的方式研究了通过评价的方式选择 EPR 下的回收模式。

综上逆向物流网络模式的定性研究方面，学者们都是采用综合评价的方式考虑企业的规模和实力、整体战略、企业自身的特点等方面因素，定性的阐述缺乏理论依据。

2.1.3　逆向物流网络优化研究现状

在逆向物流大师 Fleischmann 的逆向物流研究综述中，将逆向物流的研究分为了三大类：逆向物流配送计划，库存控制和生产计划 (Fleischmann et al., 1997)。其中逆向物流配送计划主要是指逆向物流网络的设计，逆向物流系统的高度复杂性、多样性、供需失衡性，使得系统的运作更依赖于物流网络，因而在逆向物理管理中首要任务是优化设计逆向物流网络，而库存控制和生产计划相比逆向物流网络的设计属于战术层的决策问题。

网络设计是逆向物流系统的战略层决策 (Lambert, Riopel & Abdul-Kader, 2011)，网络一旦确定，会在一段比较长的时期内影响整个系统的运作，所以对于网络设计的研究是逆向物流研究的基础工作。自 20 世纪 90 年代 Fleischmann 的研究 (Fleischmann et al., 1997) 以来，逆向物流网络优化研究得到了很多学者的关注。网络设计是当今逆向物流最重要的研究议题之一。周根贵认为，逆向物流系统的高度复杂性、多样性、供需失衡性，使系统的运作更依赖于物流网络，因而在逆向物流管理中首要任务是优化设计逆向物流网络 (周根贵 和 曹振宇 , 2005)。

逆向物流区别于正向物流最主要的是逆向物流系统中的不确定性。逆向物流中产品的回收渠道复杂，回收产品的供应数量、质量以及时间都不确定，这是逆向物流所固有的特性，所以逆向物流网络优化研究很重要。逆向物流网络优化设计包括决策逆向物流网络结构、层次、各个层次设施的功能、位置、数量、设计容量以及设施间的分派方案。达庆利等对逆向物流系统结构研究进行了综述，对当时逆向物流网路研究的问题，研究方法进行了总结，指出当时逆向物流网络体系结构的研究局限于定性研究和个案分析。定量分析模型多为静态的、单一周期的，缺乏对逆向物流的固有特性不确定性的研究。最后提出如何利用现代信息网络技术，降低逆向物流系统中的不确定性，是逆向物流系统研究的新的动向 (达庆利 , 黄祖庆 & 张钦 , 2004)。

基于回收产品的多样性和不同产品的回收复杂性，逆向物流的研究大部分基于案例分析进行研究：针对某一种产品，研究其回收处理方式以及回收模式下的逆向物流网络设优化设计。针对逆向物流网络优化，大量文献中建立了数学规划模型，部分设计了求解模型的启发式算法，另少数学者采用模拟仿真的方法。

1. 案例研究

Kroon 和 Vrijens 对可再用水桶的物流网络设计系统案例进行了研究 (Kroon & Vrijens, 1995)。美国的学者 Ammons 对美国的地毯回收网络设计进行案例分析，以美国每年有 500 万磅的地毯材料被当作垃圾填埋所带来的成本和环境问题为背景，在该案例中地毯的回收对网络中回收站和处理工厂的最佳数量和位置进行决策 (Ammons et al., 1997)。Louwers 等以欧洲地毯工业联合化工厂组成的联合回收网络为例，分析了欧洲国家地毯的逆向物流网络构建 (Louwers et al., 1999)。Barros 等对建筑垃圾产生的沙子的回收利用案例进行研究分析。以荷兰每年有近百万吨的沙子被掩埋的环境问题为背景，研究将建筑垃圾回收的沙子用于道路修建等大工程，联合一家处理建筑垃圾企业调查了沙子回收网络构建的可行性 (Barros et al., 1998)。Jayaraman 等对美国电子设备再制造公司的物流网络进行了研究，这个公司的业务是回收消费者手中用过的电脑（主要是处理器），将回收的处理器进行再制造以及配送产品，针对该网络的特点决策最优的再制造设施的数量和位置以及回收的处理器的数量 (Jayaraman et al., 1999)。Lau 和 Wang 进行案例研究，调查了我国的电子产业，并讨论了逆向物流理论是否可以全部运用于像我国一样的发展中国家的电子产业中，他们通过公司公开网站、直接的调查以及深度的访谈收集了四家我国的电子生产厂商。通过案例分析分析了开展逆向物流的动力以及当前我国实践中面临的发展障碍。最后通过对比研究了当前的理论模型与我国的实际生产运作中存在的距离 (Lau & Wang, 2009)。Achillas 对希腊的电子废弃物逆向物流进行分析 (Achillas et al., 2010)。表 2-1 列出了近 10 年比较具有影响的逆向物流网络研究文献。另外，除针对不同产业的案例分析以外，近几年有不少学者对多产品通用的逆向物流网络进行了研究，在表 2-1 的最后也进行了对比。

2. 数学规划模型

如表 2-1 所示，物流网络优化中最常用的模型为整数规划模型、混合整数规划模型、随机整数规划模型。

Min 研究了电子商务背景下，由于顾客需求的变化以及产品缺陷而产生的逆向物流网络设计。提出了一个非线性混合整数规划模型和一个遗传算法来求解涉及产品回收的逆向物流问题，考虑集中式回收中心回收模式下，对零售商和终端用户的返回产品进行收集、分拣并集中成一大货运往生产商或者分销商的维修设施这种网络，研究集中式回收中心的数量和位置决策问题 (Min et al., 2006)。Lee et al. 为再制造系统建立了三层的物流网络设计模型，以逆向物流中的运输成本和固定成本之和最小为目标，考虑了多产品，多层次的情况，提出了一个改进的遗传算法 (Lee et al., 2009)。El-Sayed 等利用随机混合整数线性规划，建立风险决策下的多阶段、多层次正向 – 逆向物流网络设计模型 (El-Sayed, Afia, & El-Kharbotly, 2010)。Achillas 等站在政策制定者的角度，利用混合整数规划提出了逆向物流网络决策模型，对电子制造商的逆向物流网络进行优化 (Achillas et al., 2010)。Salema 利用混合整数规划提出通用的有容量限制的逆向物流网络设计模型，考虑多产品管理和产品需求以及回收的不确定性 (Salema, Barbosa-Povoa, & Novais, 2007)。Min 和 Ko 从第三方物流的角度设计了动态的逆向物流网络，产品从零售商或中断顾客返回进行检测、维修或再次分配，第三方逆向物流服务提供商通常是以节约成本为目标，研究了该类逆向物流网络中第三方物流服务提供商的维修设施的选址 – 分配问题，提出了一个混合整数规划模型并设计了遗传算法 (Min & Ko, 2008)。Alumur 等利用混合整数规划构建了一个可应用于绝大多数逆向物流网络结构设计情形下的网络设计模型，模型以利润最大化为目标，考虑了回收中心、监测中心、再制造设施和回收再利用工厂的最优设施位置和容量 (Alumur et al., 2012)。Qian XiaoYan 等人研究了电子商务中逆向物流网络设计，建立了由第三方负责回收的混合整数规划模型。此外，他们还建立了数学模型来考虑回收策略对市场需求和回收量的影响。最后以一个案例分析来证明了网络模型的价值 (XiaoYan et al., 2012)。Keyvanshokooh 利用混合整数线性规划建立了通用的正向逆向物流逆向网络设计模型 (Keyvanshokooh, Fattahi, Seyed–Hosseini & Tavakkoli–Moghaddam, 2013)。

中国国内研究相比国外的研究成果较少。戢守峰等研究了报纸、电子产品等回收率大的产品的回收逆向物流网络设计，以集中回收中心为回收模式，建立了多层次的非线性混合整数规划选址模型，并采用遗传算法对模型进行求解 (戢守峰 , 李峰 , 董云龙 & 黄小原 , 2007)。李波在静态、单周期的逆向物流选址模型上进行了扩展，考虑需求在不同规划时期的变化提出了逆向物流网络的多期动态选址方法，建立了混合整数非线性规划模型，并设计了配套的遗传算法 (李波 和 曾成培 , 2008)。何波和孟卫东考虑了顾客选择行为对逆向物流网络设计决策的影响，建立了多目标的双层规划系统模型，权衡物流成本与服务水平，并设计了求解 pareto 解的多目标进化算法，验证了模型和算法的有效性 (何波 和 孟卫东 , 2009)。

针对模型中各类要素的复杂度，对研究文献综述如表 2-2 所示。从表 2-2 可以看出，学者对多层次的模型研究较为成熟，对于逆向物流的不确定性的研究是重点也是当前研究中的弱点，大多数学者在最后研究的展望中都考虑将来的研究中建立不确定环境模型，但目前真正在研究中对其进行集成研究的还很少，不确定的逆向物流网络优化仍然是未来逆向物流网络设计研究的发展方向。

在网络优化模型的目标构建方面，大部分学者以成本为单一目标，但是在生产实践中，成本的最小化并不应该是唯一的目标，网络的响应能力，客户的服务水平，对环境的影响程度等因素也应在逆向物流网络的建设中进行考虑。小部分学者建立了多目标的逆向物流网络优化模型。Tuzkaya 在最小化网络成本的同时，最大化从初始回收点到集中式回收中心的产品流量权重 (Tuzkaya et al., 2011)。Khajavi 以供应链成本最小化和闭环供应链响应能力最大化为双目标 (Khajavi, 2011)。Hatefi 等考虑了供应链中自然灾害等影响的风险，在物流网络成本最小的目标下同时考虑使风险最小 (Hatefi & Jolai, 2014)。我国学者何波与杨超的在对固体废弃物回收网络的研究中，考虑现实条件约束，注重研究多目标逆向物流网络优化，在固体废弃物的逆向物流网络设计中以网络的成本最小和对居民造成的负效用最小为目标 (何波 et al., 2006; 何波 et al., 2007; 何波 et al., 2007)。另外，何波在对售后服务的逆向物流网络研究中，以售后服务中心对顾客的覆盖率作为衡量服务水平的因素，建立了服务水平和成本权衡下的逆向物流网络优化模型。并设计了求多目标 Pareto 解的进化算法 (何波 和 杨超 , 2008)。

逆向物流网络要素的复杂性，导致了模型的复杂性，大多学者在建立系统的模型之后给出了系统的求解算法。由表 2-2 可知。研究中采用的求解方法可以分为四类：精确算法、多目标规划算法、启发算法和优化求解软件。精确算法如分枝定界算法和 Benders 分解算法；启发算法包括传统的启发式算法和智能优化算法，而智能优化算法中以遗传算法的应用最多最广泛；在多目标规划算法模型中，可以将多目标问题转化为单目标问题进行求解，但越来越多的学者设计了多目标进化算法求解多目标规划的 Pareto 解，成为未来多目标逆向物流网络优化模型求解算法的研究方向；优化求解软件如 LINGO，CPLEX 在模型的求解中应用广泛，此外，还有学者通过 Xpress-SP 软件，将不确定性嵌入到优化问题中来求解随机规划模型。SITATION©软件求解报废汽车再制造的逆向物流网络优化设计模型 (Cruz-Rivera & Ertel, 2009)。极少数学者结合其他运筹学方法设计了新颖的求解算法，如 Vahdani 等考虑逆向物流网络的鲁棒性，为求解模糊多目标规划模型提出了结合排队理论和鲁棒理论的混合优化算法 (Vahdani, Tavakkoli-Moghaddam, Modarres & Baboli, 2012)，Keyvanshokooh 提出了差异 / 微分进化算法 (Keyvanshokooh et al., 2013)。

3. 仿真模拟

混合整数规划模型最适合表达网络设计系统；但对于逆向物流不确定性的研究具有局限性，一些采用情景分析或者参数灵敏度分析的方法，部分学者采用随机规划模型进行研究。仿真模型可以对随机不确定性、离散时间利用计算机技术进行模拟，但现有的研究中，极少的学者采用模拟仿真的方法对逆向物流网络进行设计。Suyabatmaz 等将分析模型与仿真模拟方法相结合处理随机不确定性的逆向物流网络设计问题。在回收数量不确定环境下，对第三方逆向物流网络进行设计，最后证明了其模型很适合处理随机不确定性的逆向物流网络设计问题 (Suyabatmaz, Altekin & Şahin, 2014)。由于逆向物流最突出的特点即回收以及处理中的不确定性，仿真模拟方法在不确定性研究中具有的优势将使它成为逆向物流网络设计中的未来研究热点。

表 2-1   逆向物流网络研究文献

文献	产品类型	回收模式	模型	求解方法
周根贵 和 曹振宇，2005	退回、废弃产品	--	混合整数规划	遗传算法

文献	产品类型	回收模式	模型	求解方法
马祖军 和 代颖，2005	再制造产品	制造商	混合整数规划模型	线性规划求解软件
何波 et al.，2006	固体废弃物	处理商	多目标混合整数规划	Lingo
Min et al.，2006	电子商务零售商	集中式回收中心	非线性混合整数规划	遗传算法
马祖军 和 代颖，2007	再制造产品	——	混合整数规划模型	Lingo
戴守峰 et al.，2007	报纸等返回率很高的商品	集中回收中心	非线性混合整数规划	遗传算法
何波 et al.，2007	固体废弃物	处理商	多目标整数规划	两阶段模糊算法
何波 et al.，2007	固体废弃物	处理商	多目标纯整数规划	启发式算法
何波 和 杨超，2008	退换货产品	销售商	多目标混合整数规划	混合多目标进化算法
Min & Ko，2008	可维修产品	第三方回收	混合整数规划	遗传算法
Cruz–Rivera & Ertel，2009	废旧汽车	制造商	整数规划	SITATION
Achillas et al.，2010	电子废弃物	制造商	混合整数规划	CPLEX
Lee et al.，2009	再制造商品	制造商	混合整数规划	遗传算法
Zarei et al.，2010	报废汽车	销售商	混合整数规划	遗传算法
Tuzkaya et al.，2011	大型电器	制造商回收	混合整数规划	遗传算法
Vahdani et al.，2012	钢铁	——	模糊多目标规划	排队理论与强健优化混合方法
Alumur et al.，2012	洗衣机、烘干机	制造商	混合整数规划	CPLEX

续表

文献	产品类型	回收模式	模型	求解方法
XiaoYan et al., 2012	电子商务产品	第三方回收	混合整数规划	--
Kim & Lee, 2013	废弃物	--	整数规划	多阶段分枝定界法
马祖军 和 代颖，2005	通用	--	混合整数规划模型	Benders 分解算法
Zhou, 2008	通用	集中式回收中心	混合整数规划	分枝定界
董景峰，王刚，吕民，& 高国安，2008	通用	--	混合整数规划	遗传算法
李波 和 曾成培，2008	通用	--	非线性混合整数规划	遗传算法
何波 和 孟卫东，2009	通用	---	双层规划系统	多目标进化算法
El-Sayed et al., 2010	通用	--	随机混合整数线性规划	Xpress-SP
Khajavi, 2011	通用	--	双目标混合整数规划	LINGO
Lieckens & Vandaele, 2012	通用	--	ASP 模型	差异 / 微分进化
Keyvanshokooh et al., 2013	通用	--	混合整数规划	CPLEX
Suyabatmaz et al., 2014	通用	第三方回收	混合模拟 – 分析模型	--

表 2-2　　　　　　　　逆向物流网络研究中的模型要素

文献及发表年份	多产品	多层次	集成正向物流	动态	考虑不确定性	多目标
Hu et al., 2002	√			√		
马祖军 和 代颖，2005		√	√			
马祖军 和 代颖，2005		√	√			
何波 et al., 2006		√				√
Min et al., 2006		√				

文献及发表年份	多产品	多层次	集成正向物流	动态	考虑不确定性	多目标
Salema et al., 2007	√	√	√		√	
马祖军 和 代颖, 2007		√	√			
何波 et al., 2007		√				√
何波 et al., 2007		√				√
戢守峰 et al., 2007		√				
Min & Ko, 2008	√	√		√		
李波 和 曾成培, 2008				√		
董景峰 et al., 2008		√	√			
何波 和 杨超, 2008						√
Lee & Dong, 2009	√	√	√	√	√	
Lee et al., 2009	√					
何波 和 孟卫东, 2009						√
El-Sayed et al., 2010		√	√	√		
Zarei et al., 2010		√	√			
Khajavi, 2011		√	√			√
Tuzkaya et al., 2011		√				√
XiaoYan et al., 2012		√				
Das & Chowdhury, 2012	√		√			
Lieckens & Vandaele, 2012		√	√		√	
Alumur et al., 2012	√	√		√		
Keyvanshokooh et al., 2013	√	√	√	√		
Hatefi & Jolai, 2014		√	√			√

逆向物流与正向物流相比，传统的正向物流是单点对多点的模型，而逆向物流模型是从多点回收至单点的问题，相比传统的正向分发物流，具有更多的不确定性，更复杂。

这些不确定因素体现在产品回收的数量、质量、分布及回收时间的不确定性即消费者对废旧产品的供给的不确定，以及市场对再制造产品、再循环产品的需求不确定性。产品的质量不一致、消费者的消费习惯和产品的使用时间不确定都导致了产品数量的不确定性，质量不一致，损坏程度参差不齐，根据损坏程度，产品再利用的处理方式也不一致，这些都是在现实中会遇到的逆向物流网络中的不确定性问题。近年来，在生产实践中，有些企业通过主动回收，采用物质等刺激方式，如以旧换新、从消费者手中买回等方式来减少不确定性。不同质量的返回品采用不同支付来控制返回的数量、质量和时间，从而减少不确定性。

在逆向物流网络设计理论研究中，各类因素的高度不确定性增加了模型的复杂度，一些学者采用情景分析、灵敏度分析等方法，或者采用随机优化的技术对这些不确定性因素进行了分析。Salema 等采用情景分析的方法研究了逆向物流网络中的需求不确定性 (Salema et al., 2007)。Lee 和 Dong 考虑客户需求和产品的回收量不确定，在确定的多阶段逆向物流网络设计模型上扩展了一个两阶段的随机规划模型考虑了不确定性问题，并将采样法与混合算法相结合提出了解决方案 (Lee & Dong, 2009)。EI-sayed 假设产品回收量是随机的，回收量取决于客户的正向需求，建立了随机的混合整数规划模型，设计正向 – 逆向集成物流网络 (El-Sayed et al., 2010)。Suyabatmaz 等假设回收产品数量是随机的，采用仿真模型解决随机不确定性的逆向物流网络设计问题 (Suyabatmaz et al., 2014)。Lieckens and Vandaele 考虑了网络设计中的供应不确定性，处理时间的不确定性，质量位置以及故障等随机延迟因素，将这些不确定性转化为对利润的影响 (Lieckens & Vandaele, 2012)。Vahdani 等提出了一个不确定环境下设计可靠闭环物流网络的新模型。将建设成本、存储成本、设施生产率、存储容量以及各类设施容量的协同假设为不确定因素，建立了模糊多目标规划模型 (Vahdani et al., 2012)。Soleimanni 等考虑到现实世界的风险参数，建议采用了随机优化技术。他指出对于选址 – 分配等规划问题，两阶段的随机优化技术是目前最适合最流行的方法 (Soleimani & Govindan, 2014)。Hatefi 和 Jolai 研究了在风险环境下如何设计健

壮的和可靠的正向 - 逆向物流网络 (Hatefi & Jolai, 2014)。由于废旧产品供应在数量、时间和质量等方面都具有高度的不确定性，动态不确定参数很多，难以用解析方法求解，可以借助计算机进行仿真。对于不确定环境下的逆向物流网络设计的研究是目前研究的难点也将成为未来研究的热点问题。

2.3 演化博弈理论与应用研究现状

2.3.1 演化博弈理论概述

经典的博弈论具有两个重要的假设，完全理性假设和共同知识假设。经典博弈理论假设博弈主体——人是完全理性的，都采取使自己效益最大化的行为，并且，博弈主体具有共同的知识，人们都知道对方是理性的，并且对方也会采取使自己受益最大化的行为。人其实都不是完全理性的，在日常中也不能严格按照效用最大化的要求做出决策，或多或少会受到各方面环境的影响，而经典博弈理论将博弈规则简单化、抽象化和理想化限制了其在现实中的应用。

演化博弈论是生物进化理论与博弈论结合的产物 (Maynard Smith, 1982)，它放弃了完全理性的假设，研究群体的演化过程和均衡结果，是博弈论研究中的重大突破。有限理性和信息不对称是其区别于传统博弈理论的重要方面。很多情况下，比博弈分析更具有现实意义。现在，演化博弈作为一门正在迅速兴起的理论，理论本身尚存在一些基础性的待研究工作。对于演化博弈理论的应用也尚处于探索的阶段。基于演化博弈理论对逆向物流网络优化进行研究也将是一个新的探索工作，具有重要的理论意义。

演化博弈涵盖了生物进化理论、理性经济学理论以及博弈理论的相关内容，其不再把个体模型化为超级理性的博弈方，而是以有限理性的个体的选择行为作为基础，基于研究群体中大量的个体的有限理性行为对群体行为的影响作相关因素分析。演化博弈论的两个基本思想：一个是复制动态（replicator dynamics），一个是演化稳定策略（Evolutionary stable strategy）。

1. 演化稳定策略

演化稳定策略的提出被学术界认为是演化博弈论诞生的标志。演化稳定策略（Evolutionary Stable Strategy，ESS）是演化博弈论之父，Maynard Smith 和 Price 在 1973 年首次提出 (Maynard Smith & Price, 1973)。演化稳定策略定义为：一个策略，如果整个种群中每一个成员都采取这个策略，不存在一个具有突变特征的策略能够侵入这个种群，那么这个策略就是演化稳定策略即 ESS。

从演化理论我们可知演化稳定策略它比任何可能的变异策略的个体适应度要大。演化博弈理论的基本思想是演化稳定策略，要求均衡能够"抵御"变异种群入侵，可以解释为在重复博弈中，具备有限信息的个体根据其收益不断地在边际上对其策略进行调整以追求自身利益的改善，不断地用较满足的事态代替较不满足的事态，最终达到一种动态平衡，在这种平衡状态中，任何一个个体不再愿意单方面改变其策略，称这种平衡状态下的策略为演化稳定策略，并称这样的博弈过程为演化博弈。

下面是 Maynard Smith 和 Price 最初提出的演化稳定策略基本模型。

假设有一个无限的种群，每一个成员都采取 H 策略或 D 策略，且策略的选择是随机的，在开始竞争之前，所有个体都有同样的适应值 W_0。

设 p 为整个种群中选择 H 策略的频率；$W(H)$ 和 $W(D)$ 分别表示 H 策略和 D 策略所带来的适应度；$E(H, D)$ 表示个体选择 H 策略而对手选择 D 策略所带来的回报。那么如果每一个个体都只参与一个竞争，那么：

$$W(H) = W_0 + pE(H, H) + (1 - p)E(H, D) \\ W(D) = W_0 + pE(D, H) + (1 - p)E(D, D)$$

（2-1）

接着，我们假设个体能够通过无性生殖复制出与其同类型的后代，且其后代的数量与个体的适应度成正比。那么在下一代中采取 H 策略的频率 p' 为：

$$p' = pW(H)\big/\overline{W} \\ \overline{W} = pW(H) + (1 - p)W(D)$$

（2-2）

公式 2-2 描述了整个种群的动态变化。

根据 ESS 的定义，如果 I 是一个稳定的策略，它必须具有下列性质：如果种群中几乎所有的个体都采取了 I 策略，那么这些典型个体的适应度必将高于任何可能出现的突变异种的适应度，否则这一突变异种将侵害整个种群，I 就不可能稳定。

假设一个种群，主要由采取 I 策略的个体组成，并且伴随着极小比例 p 的采取突变策略 J 的异种。那么根据公式 2-1 有：

$$W(I) = W_0 + (1-p)E(I, I) + pE(I, J) \\ W(J) = W_0 + (1 - p)E(J, I) + pE(J, J)$$

（2-3）

由于 I 稳定，那么 $W(I) > W(J)$。又因为 $p < 1$，这就要求对所有的 $J \neq I$ 有：

$$E(I, I) > E(J, I) \tag{2-4a}$$

或者 $E(I, I) = E(J, I)$ 且 $E(I, J) > E(J, J)$ 　　　　（2-4b）

公式 2-4 就是 Maynard Smith 和 Price 在 1973 年给出的判别稳定状态的条件，满足条件 2-4 的就是一个演化稳定策略 ESS，条件 2-4 被认为是判别 ESS 的标准条件，但是这个基本模型是建立在三个性质下的特定模型：（1）无限种群；（2）无性繁殖；（3）成对竞争。

如果一个个体可以时而采取 H 策略，时而采取 D 策略，假定策略 I 为以概率 P 采取 H 策略，而以概率 $1P$ 采取 D 策略。而且，当这样的个体繁殖后代时，这一特性也将遗传给其后代，即其后代不是纯 H 或纯 D 策略，而是以概率 P 实施 H 策略的 I 策略者，策略 I 是从一个可能策略集合中随机地选择而构成的，这样的策略称为混合策略。根据 Bishop 和 Canning 定理（Bishop & Cannings, 1978）：

如果 I 是一个混合演化稳定策略（Mixed ESS），其对构成它的纯策略 A、B、C ……赋予非零的概率值，那么 I 必须满足：

$$E\ (A,\ I) = E\ (B、I) = E\ (C、I) = \cdots E\ (I,\ I) \qquad 。$$

（2-5）

一般的，对于支付矩阵：

$$\begin{array}{cc} & I \quad J \\ \begin{array}{c} I \\ J \end{array} & \begin{bmatrix} a & b \\ c & d \end{bmatrix} \end{array}$$

如果满足 $a < c$ 且 $d < b$，则存在一个混合策略 ESS，这个混合策略将以概率 P 采取策略 I：

$$P = \frac{(b-d)}{(b+c-a-d)}$$

（2-6）

一个混合 ESS 状态能否达到，取决于一个关键假设，就是存在一个基因型，能够详细记载这一混合策略并在繁殖后代中能够真实遗传。Maynard Smith 证明了一个只有两个纯策略的博弈至少存在一个 ESS，但若存在三个或更多的策略，则可能没有 ESS 存在。

在 Maynard Smith 和 Price 最初提出的演化稳定策略基本模型的基础之上，之后学者进行了扩展提出了有限群体的 ESS，多个突变因素影响下的 ESS 等概念。Maynard 和 Price 给出的定义，是一个静态的概念，并没有对系统是如何选择这种策略进而达到一种稳定的状态给出解释，动态复制的提出是演化博弈理论的又一理论突破，表征了群体向演化稳定状态的动态收敛过程。演化稳定策略与动态复制模型构成了演化博弈理论的基石。

2. 复制动态模型

复制动态模型是生态学家 Taylor 和 Jonker 在考察生态演化现象时首次提出的（Taylor & Jonker, 1978），他用动态微分方程来描述某种特定策略在种群中被采用的频数。如果统计结果表明某一特定策略的平均支付高于混合策略的平均支付，则他将倾向于更多地使用这种策略，这就是演化原理。目前，Taylor 和 Jonker 在 1978 年提出的模仿者动态模型是演化博弈理论中应用最多的动态表达，模仿者动态是演化博弈论的基本动态。

模仿者动态是指使用某一个纯策略的人数所占比例的增长率等于使用该策略时所得支付与群体平均支付之差，或者与平均支付成正比例。Taylor 和 Jonker 假定 N 个纯策略可供选择，编号为 1 到 n，$x = \begin{pmatrix} x_1 x_2, \cdots x_k \end{pmatrix}$ 表示群体在时刻 t 所处的状态，其中 x_i 表示该时刻选择纯策略 i 的个体在群体中所占的比例；$x_i = n_i(t)/N$，其中 $n_i(t)$ 表示在时刻 t 选择策略 i 的个体数，$N = \sum_{i=1}^{k} n_i(t)$。

$f(i, x)$ 是 状 态 x 下 选 择 纯 策 略 i 的 适 应 值。$f(x, x) = \sum_i x_i f(i, x)$ 表示群体平均适应值。连续时间下，动态系统的演化过程可以用微分方程来表示。在对称博弈中，每一个个体都认为其对手来自状态为 x 的群体，假设选择纯策略 i 的个体数的增长率等于个体的适应度（这是模仿者动态的基本假设），

$$\frac{\dfrac{dn_i(t)}{dt}}{n_i(t)} = f(i, x) \qquad (2\text{-}7)$$

由定义 $n_i(t) = x_i N$，通过推导可得对称博弈模型中动态复制方程的微分形式如下：

$$\frac{dx_i}{dt} = x_i \left[f(i,x) - f(x,x) \right] \qquad （2-8）$$

推导过程如下：

$n_i(t) = x_i N$，两边同时微分得：

$$\frac{dn_i(t)}{dt} = N \frac{dx_i}{dt} + x_i \sum_{i=1}^{k} \frac{dn_i(t)}{dt}$$

$$\Rightarrow N \frac{dx_i}{dt} = \frac{dn_i(t)}{dt} - x_i \sum_{i=1}^{k} \frac{dn_i(t)}{dt} \text{ 两边同时除以 } N \text{ 得：}$$

$$\frac{dx_i}{dt} = x_i \frac{\dfrac{dn_i(t)}{dt}}{n_i(t)} - x_i \sum_{i=1}^{k} x_i \frac{\dfrac{dn_i(t)}{dt}}{n_i(t)} \text{，由式 2-7 可得：}$$

$$\Rightarrow \frac{dx_i}{dt} = x_i \left[f(i,x) - f(x,x) \right]$$

可见，如果选择纯策略 i 的个体的适应值小于群体平均适应值，那么选择纯策略 i 的个体在群体中所占比例会随着时间的演化而不断减少，反之，选择选择纯策略 i 的个体的适应值大于群体平均适应值，那么选择纯策略 i 的个体在群体中所占比例会随着时间的演化而不断增加，如果等于群体的平均适应值，那么该纯策略在群体中所占比例不变。选择纯策略 i 的个体数在群体中的比例随时间的变化率 dx_i/dt 与该比率 x_i 成正比，与该策略的适应值大于群体平均适应值的幅度成正比，这种关系类似于生物界生物演化中描述的特定形状个体频数变化的复制动态方程形式，所以称之为"复制动态方程"。

演化博弈分析关键是确定博弈人的动态学习和决策过程，构造动态演化机制。复制动态演化机制是最早和当前应用最广泛的模型。但是此模型假设群体是无限大的均匀混合群体，并且模型用常微分方程，没有不确定的变异策略的情形，是自然选择学习模型。在复制动态方程基础上，Foster 和 Young 将随机性引入复制动态模型，提出了随机微分方程来描述策略的演化（Foster & Young, 1990）。

基于微分方程的演化博弈要求种群是非常大的，然而现实中经常种群的个体是有限的，因此，之后学者们又引入随机过程提出了有限种群的随机演化动态模型（Amir & Berninghaus, 1996; Kandori, Mailath & Rob, 1993; Nowak, Sasaki, Taylor & Fudenberg, 2004）。近几年，将智能优化算法用于学习机制，学者将遗传算法、粒子群算法和蚁群算法等作为博弈人的选择策略（Liu & Wang, 2008; Messerschmidt & Engelbrecht, 2004; Riechmann, 2001），提供了一个新的研究框架。

动态演化博弈的演化是基于群体的研究，以上所提出的动态演化机制是基于群体的宏观的动态机制，实在群体混合均匀的假设下成立的。考虑群体的异质性时，部分学者将其与复杂网络系统相结合，在博弈理论中引入网络拓扑的概念进行研究，形成了复杂网络演化博弈理论分枝（Buesser, Peña, Pestelacci & Tomassini, 2011; Chen, Qiu, Liu & Xu, 2011; 王龙 et al., 2007; 杨阳, 荣智海 & 李翔, 2008）。

2.2.2 演化博弈理论相关应用研究现状

在演化稳定策略和复制动态提出以后，演化博弈理论引来了很多学者的研究，一方面是对演化博弈基础理论的改进和完善；一方面是对演化博弈理论在各个领域建模解释现实世界的探索性应用研究。本文拟基于演化博弈理论讨论逆向物流网络模式的演化问题。

演化博弈理论比经典的博弈论更具有现实性，能够更准确的预测参与人的行为，所以得到了越来越多生态学家、经济学家和社会学家的重视。现在，演化博弈论被广泛的应用于生物学（Afshar & Giraldeau, 2014; Aristotelous & Durrett, 2014; Chen, Jiao, Wu & Wang, 2014; Liu, Pan, Kang & He, 2015），物理学（Yokoi et al., 2014），经济学及社会学（Anastasopoulos & Anastasopoulos, 2012; Araujo & de Souza, 2010; Araujo & Moreira, 2014; Wang, Zhou & Botterud, 2011），用来对供应链上的企业及消费者的行为分析（Tian, Govindan & Zhu, 2014），

在经济管理方面，主要分为三个角度。一是经济学角度。

Basu 调查了社会制度和演化之间的关系。社会制度的存在从长远看依赖于演化过程和自然选择。自然选择的筛选确保社会制度持续下来的都必须有最少的工作效率。针对理论界的争议认为演化博弈理论更适合用在动物的行为研究，研究了更适合人类博弈的解决方案，并用它研究了民间机构的演化（Basu, 1995）。

Bester & Güth, 1998 年对利他主义行为和自私主义行为的演化进行了研究。研究人类为什么会有利他主义行为？比较了利他主义行为与自私主义行为的收益，来考察演化中两种态度哪种占优势。结果表明具有环境依赖性，依赖于个人之间的相互作用是互补的还是具有替代性的。Yokoi et al., 2014 年也对利他主义行为进行了研究。Guttman, 2000 年对社会合作中的互惠主义行为选择进行研究。对互惠主义行为和机会主义行为进行了分析。结果表明在一系列的条件下，选择互惠主义行为可以在种群中留存下来。我国学者罗昌瀚, 2006 年对非正式制度的形成和动态的演化应用演化博弈论进行了分析。

二是从社会学角度。

Nyborg 基于演化博弈论文研究了体贴的吸烟行为的演化，提出改变吸烟行为稳定状态让其向希望发展的方向的策略（Rege, 2003）。Cao 和 Zhang 从有限理性和演化博弈的视角对农业保险所存在的问题进行分析，分析了农民，保险公司和政府之间的相互关系（Cao & Zhang, 2010）。Anastasopoulos

& Anastasopoulos, 2012 应用演化博弈理论，对审计 / 发现欺诈的博弈进行分析。Araujo & de Souza, 2010 年运用演化博弈理论分析了正规经济和非正规经济中人力与企业的市场进入与退出的动态，并评价了监管和执法行为的影响作用。Jun Qin 等人对民族冲突问题进行研究，提出了基于演化博弈理论的公民认同和民族冲突之间的关系的演化博弈仿真模型，用科学方法证实了普及一致性的公民身份对促进社会和谐具有重要的作用（Qin et al., 2014）。

三是在管理学角度。

Wang 等用演化博弈方法对发电商的竞价策略进行建模，可以表现发电商策略的动态性，发电商可以进行适应性的学习（Wang et al., 2011）。Menniti 等应用演化博弈理论对电力市场多竞争商的行为进行了仿真（Menniti, Pinnarelli & Sorrentino, 2008）。Cai 等从演化博弈理论视角对电子协作进行研究，包括离散策略的和连续策略的，包括完全信息的和不完全信息的，预测两个博弈者的电子协作博弈，来决策是否合作和如何合作（Cai & Kock, 2009）。Lamantia & Radi 提出了一个可再利用能源开采技术的动态模型，每一种技术都有不同的效率和环境影响，基于演化博弈进行建模使开采的收益最大化（Lamantia & Radi, 2015）。易余胤运用演化博弈理论研究了企业的创新行为、模仿创新行为和市场结构的演化（易余胤，盛昭瀚 & 肖条军, 2005）。Cai 和 Kock 从演化博弈论的视角研究了电子协作策略，以演化博弈理论为方法预测两个博弈者的电子协作博弈，来决策是否合作和如何合作（Cai & Kock, 2009）。冯南平等将演化博弈的方法应用于产业生态系统的产业共生行为研究。分别建立机会主义下和惩罚机制下两个企业群体共生行为策略演化博弈模型，以及引入第三方监管方的企业与监管方的行为策略演化博弈模型（冯南平，占李桢 & 张璐, 2014）。

其中在供应链管理方面的应用多种多样。Ji 和 Li 等基于演化博弈论研究了制造企业绿色采购关系，改进了原有的供应商选择模型（Ji, Ma & Li,

2014）。Zhu Qinghua 等研究了绿色供应链中政府与企业的博弈，分析了他们各自的成本和利润，建立了演化博弈模型进行分析，提出政府和核心企业为赢得长期的效益应该采取的措施，以实现双赢（ZHU & DOU, 2007）。Zhao 等对绿色供应链中核心企业与政府的演化博弈进行研究，考虑核心是否实施逆向物流，政府是否进行监管，从而提出为了使政府和企业在长远计划中达到双赢应该如何努力（Zhao, Neighbour, Han, McGuire & Deutz, 2012）。Jalali Naini 等人基于演化博弈理论和平衡计分卡方法提出了一个环境友好型供应链绩效评价系统，并将其应用到伊朗最大的自动生产供应链的核心企业中，为管理者提供了评价和测量环境友好型供应链绩效的方法（Jalali Naini, Aliahmadi & Jafari-Eskandari, 2011）。Sikhar 等研究生产商与零售商之间的协同策略，促进绿色供应链的实施（Sikhar, Gaurav, W., Biswajit & M., 2012）。

从国内外研究发现，将演化博弈论应用于逆向供应链管理及逆向物流的研究非常少。仅有相关的几篇文献：Huizhong 与 Hongli 基于动态复制方程和演化稳定策略建立了逆向供应链的演化博弈模型。该文提供了对逆向供应链中每个供应商独自进行战略决策的深入理解，得到结论，在市场机制下，除非有额外的收入供应商才会完成逆向供应链决策，如果供应商对逆向供应链的态度消极，政府可以采取微调措施如通过惩罚机制来强迫供应商实施逆向供应链（Huizhong & Hongli, 2012）。殷向洲在其博士论文中基于演化博弈论构建了闭环供应链的协调模型，并研究了有第三方参与和没有第三方参与下的演化结果，对于演化博弈理论如何应用到供应链协调问题领域进行了初步的探索（殷向洲, 2008）。易俊应用了演化博弈模型建立了我国两种逆向供应链的回收方式，从人力资本的角度，以废旧钢材的回收为案例进行分析，得到演化均衡结果为民营钢铁厂会选择家庭作坊式以及大型国营钢铁厂选择专业化回收公司（易俊 和 王苏生, 2012）。

2.4 现有研究中存在的不足之处

从回收利用方式，总结现有的研究：学者们对再制造、废弃处理和维修方式下的逆向物流研究多，而对再利用和再循环网络的研究少。本文研究的钢铁企业的逆向物流活动，主要是为了实现废钢等材料的再循环利用。在已有的钢铁企业逆向物流网络的研究，研究钢铁企业内部边角料、废料等循环利用的多，但是研究社会消费废钢回收的逆向物流管理与优化的很少，已有的研究都是比较浅显的定性论述，有待进一步系统的定量化的科学研究。并且，随着社会废钢积累量逐渐增多，钢铁企业向循环低碳生产的转型，对废钢的需求逐渐增多，另一方面，废钢回收网络处于市场与管理比较混乱的状态，对钢铁企业的逆向物流管理将是巨大的挑战。因此，本文对钢铁企业的逆向物流网络的研究来应对未来现实的需要。

从逆向物流网络模式总结现有的研究，定性方面的研究，学者们都是采用综合评价的方式考虑企业的规模和实力、整体战略、企业自身的特点等方面因素，定性的阐述缺乏理论依据；在定量研究方面国内外学者的研究几乎都是以 Savaskan 的研究为基础，基于博弈论，从供应链视角进行的进一步讨论，没有大的突破。博弈理论建立在完全理性的假设上，大大限制了其应用。

演化博弈理论为有限理性下企业的决策研究提供了新的思路，更具有实用价值。从演化博弈理论基于人类的有限理性，以群体为研究对象，强调动态过程，演化稳定结果对实际生产将更具有参考意义。国内学者从 21 世纪才开始关注演化博弈理论，将其应用到经济变迁的分析中，并且对企业管理的应用较少，应用演化博弈对逆向物流网络模式的研究成果比较少。现有的国内外文献，将演化博弈论应用于逆向供应链管理及逆向物流的研究非常少。另外，相比国外文献，我国现有基于演化博弈论对各类问题的研究文献与国际研究有很大的距离, 几乎都止于"套用演化博弈理论作习题, 缺乏理论深度和较好的应用效果"(王文宾, 2009)。所以, 对于演化博弈理论的应用还处于初始阶段。

在企业逆向物流网络模式的选择一个复杂的问题, 受到多方面的影响, 其决策过程是一个动态演化过程。所以, 本文拟采用定性与定量相结合的方式, 首先通过专家调查研究众多的逆向物流网络的影响因素中有哪些是关键的因素, 然后基于演化博弈理论, 从系统动态研究的角度对钢铁企业逆向物流网络模式的演化进行分析, 并研究这些关键影响因素对系统演化的影响。

在逆向物流网络优化的研究中, 对于逆向物流的研究不确定性的研究是重点也是当前研究中的弱点, 大多数学者在最后研究的展望中都考虑将来的研究中建立不确定环境模型, 但目前真正在研究中对其进行集成研究的还很少; 在网络优化模型的目标构建方面, 大部分学者以成本为单一目标, 但是在生产实践中, 成本的最小化并不应该是唯一的目标, 网络的响应能力, 客户的服务水平, 对环境的影响程度等因素也应在逆向物流网络的建设中进行考虑。因此本文拟针对现有研究中的不足, 建立不确定环境下多目标逆向物流优化模型, 研究我国钢铁企业不同网络模式下的网络优化方案, 并设计算法对模型进行求解, 为我国钢铁企业逆向物流网络设计优化提供理论与科学依据。

3. 我国钢铁企业逆向物流网络构建中的关键因素分析

3.1 影响我国钢铁企业逆向物流网络构建的因素分析

我国废钢资源供需不平衡，很大程度上是因为我国的废钢回收网络尚不完善。我国的钢铁企业的废钢回收以第三方回收模式为主，只有极少数的钢铁企业如江苏苏钢和宝钢集团建立了自营的废钢加工配送基地。我国逆向物流网络建设当前存在很多的问题。(1)废钢加工配送规模小，设备差，没有形成一定的系统，大型专业回收中心在国内尚属空白；（2）社会废钢回收链条长，网点分散而混乱，回收效率低，造成资源浪费；（3）市场秩序乱，回收的废钢质量低劣，大都不符合钢铁制造所需的标准，给钢铁企业生产造成了很多麻烦，影响了效率的提高。另外我国相关政府政策的缺乏以及对逆向物流网络建设的重视等问题，都严重阻碍了我国废钢逆向物流的发展。

逆向物流网络构建对钢铁企业长远的发展，应对未来资源能源短缺，环境污染等问题具有重要的意义。如何构建逆向物流网络是企业的重要战略层决策。逆向物流网络的构建受到经济、市场、社会、自然环境、政府政策以及自身管理等多方面众多因素的影响，且多种因素之间也存在着关联关系，为了识别企业决策中的关键影响因素，本节收集了影响逆向网络构建的因素，应用网络层次分析法（Analytic Network Process，ANP）（Saaty，1996）结合专家调查对各个影响因素的重要性进行分析。

通过从现有文献中仔细的分析，以及对废钢回收利用的调查，从经济、市场、企业管理、自然环境、社会和法律法规等六个方面收集了尽可能多的影响因素，见表 3-1。

表 3-1 逆向物流网络构建决策影响因素

经济方面	废钢再利用带来的经济效益 （E1）
	网络构建投资 （E2）
	运营成本 （E3）
	合作交易成本 （E4）
企业管理	经济实力 （EM1）
	技术水平 （EM2）
	设施设备管理能力 （EM3）
	人员管理与沟通能力 （EM4）
	信息管理能力 （EM5）
市场因素	废钢铁的供应量 （M1）
	废钢质量水平 （M2）
	供应波动性 （M3）
	信息反馈水平 （M4）
	市场竞争 （M5）
自然环境效益	资源节约 （N1）
	环境保护 （减少废气、废水、废渣的排放） （N2）
	低碳排放 （N3）
社会因素	企业形象 （S1）
	公众的环保意识 （S2）
法规政策方面	对碳排放的要求 （L1）
	对产品回收处理的要求 （L2）
	对污染治理的要求 （L3）

3.2 基于 ANP 的钢铁企业逆向物流网络构建关键影响因素分析

ANP 是 Saaty 在层次分析法（AHP）的基础上进行的扩展模型。ANP 模型中考虑了元素之间的依存以及反馈关系，以类似网络的结构来表示元素之间的联系。由于逆向物流网络构建决策的复杂性，另外，逆向物流方面历史统计数据又非常少而难得，因此 ANP 是一种有效的方法。本节建立了影响逆向物流网络构建的网络结构图，并通过专家调查，分析了影响因素的重要性。

3.2.1 网络层次模型构建

ANP 模型中，网络结构中的一组元素作为一簇，网络中的簇并不按照顺序排列。不同簇中元素间存在内部依赖和外部依赖的关系。假设有一个由 N 个簇组成的系统，$h = 1, 2, \cdots, N$，簇 h 记为 C_h，C_h 有 n_k 个元素，分别表示为 $e_{h1}, e_{h2}, \cdots, e_{hn_k}$，如图 3-1 所示（Saaty, 2005）。

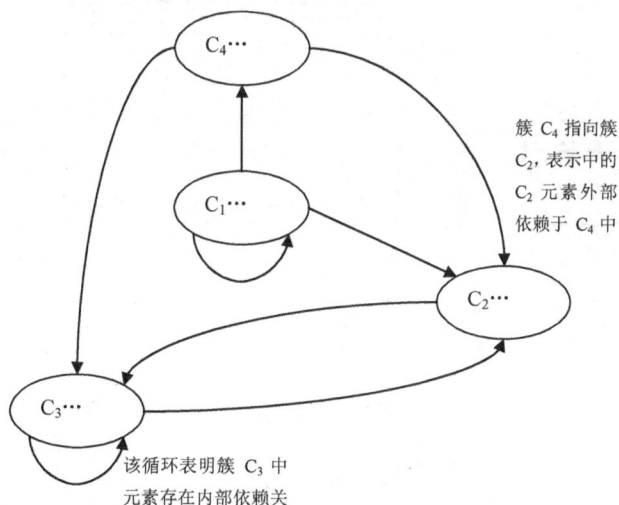

簇 C_4 指向簇 C_2，表示中的 C_2 元素外部依赖于 C_4 中

该循环表明簇 C_3 中元素存在内部依赖关

图 3-1 网络结构模型图

　　将影响网络构建的六个方面作为簇，以选择逆向物流网络构建方式即选择哪种网络模式对应设计怎样的物流网络为决策，以实现逆向物流系统高效运作为目标，考虑元素之间的依赖关系，建立网络结构图如图 3-2 所示。考虑因素之间存在的联系，利用 super decision 软件，对网络结构进行建模，如图 3-3 所示。

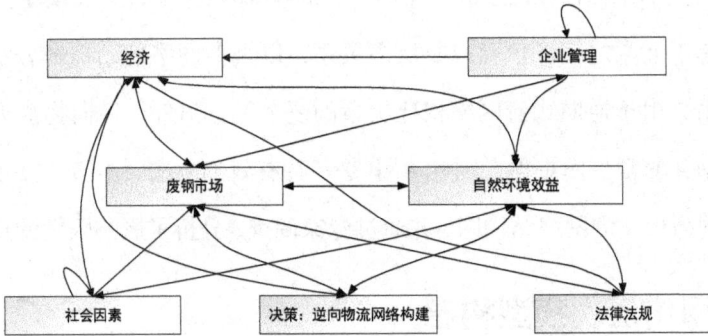

图 3-2　逆向物流网络构建影响因素网络结构示意图

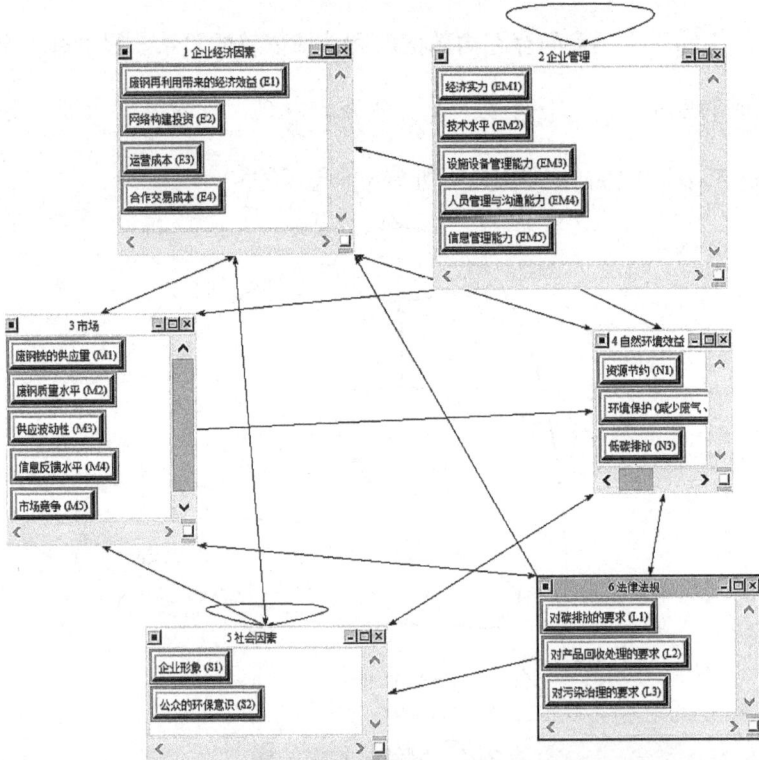

图 3-3　逆向物流网络构建影响因素网络结构图

3.2.2 两两比较判断与超级矩阵的构建

由于统计数据的缺乏，通过专家调查充分利用专家的经验与知识来判断各个元素的重要性，从而得到元素的全局重要性（Thomas, 2004）。在专家判断中使用的是1~9度基本标度，基本标度的含义如表3-2所示。通过两两比较，构建判断矩阵并检验其一致性。通过两两比较得到的优先权向量代表某个簇中给定的一系列元素对系统其他元素的影响，当没有影响时，影响度视为零。专家调查在SuperDecision软件（SD）下问卷调查的模式下完成，通过SD可以方便的检验专家判断的一致性，得到优先权向量。

如表3-3为企业管理簇中经济实力对簇内其他元素的影响的相对大小，即以经济实力为准则时，信息管理能力、技术水平以及设施设备管理能力的相对重要度。利用SD完成优先权向量的计算，如图3-4所示。信息管理簇中元素对其他簇内元素的影响的相对大小判断，如表3-4所示。以此类推，得到54个判断矩阵。另外，以相同的方式两两对比簇之间的相对重要性，得到系统中簇的权重，如表3-5所示。

表 3-2　　　　　　　　两两判断中的基本标度（Saaty, 1982）

1	同等重要
3	稍微重要
5	明显重要
7	强烈重要
9	极端重要
2,4,6,8	中间值
上述标度的倒数	用于两元素反方向比较

表 3-3　　　　　　EM1 对 EM2、EM3、EM5 影响的判断矩阵

	EM2	EM3	EM5	Priorities
EM2	1	3	4	0.62501
EM3	1/3	1	2	0.23849
EM5	1/4	1/2	1	0.1365

不一致比率 =0.01795

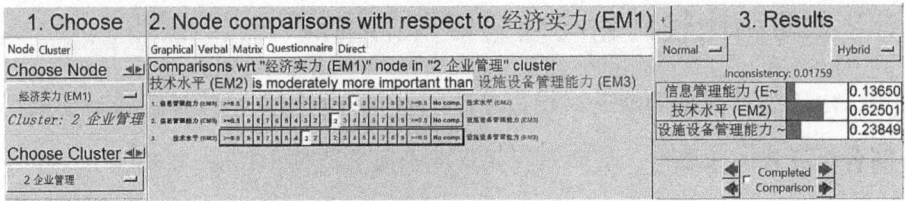

图 3-4　SD 计算界面

表 3-4　　　　　　　　EM5 对 M3、M4、M5 影响的判断矩阵

	M3	M4	M5	Priorities
M3	1	1/5	2	0.17212
M4	5	1	6	0.72585
M5	1/2	1/6	1	0.10203

不一致性比率 =0.02795

表 3-5　　　　　　　　　网络构建决策中各簇的权重

	1. 企业经济因素	2. 企业管理	3 市场	4 自然环境效益	5 社会因素	6 法律法规
1 企业经济因素	0.0000	0.3315	0.6250	0.0974	0.1409	0.1480
2 企业管理	0.0000	0.4533	0.0000	0.0000	0.0000	0.0000
3 市场	0.6833	0.1266	0.0000	0.0000	0.1409	0.1630
4 自然环境效益	0.1998	0.0886	0.1365	0.0000	0.2628	0.3629
5 社会因素	0.1169	0.0000	0.0000	0.3331	0.4554	0.3261
6 法律法规	0.0000	0.0000	0.2385	0.5695	0.0000	0.0000

　　ANP 模型中用超级矩阵来表示矩阵左侧的元素对矩阵顶部的元素的影响程度。如图 3-5 所示为超级矩阵及其子矩阵。判断矩阵获得的优先权向量是超级矩阵的一部分，即 W_{ij} 中的一列。通过元素两两比较导出超矩阵 W 如表 3-6 所示。为了方便将初始超矩阵每一列都归一化，将初始超矩阵中的子矩阵列与 C_i 簇的权重相乘，得到加权超矩阵如表 3-7 所示。为了合成元素间的传递影响，通过矩阵的幂运算，可求得极限加权超矩阵图如表 3-8 所示。

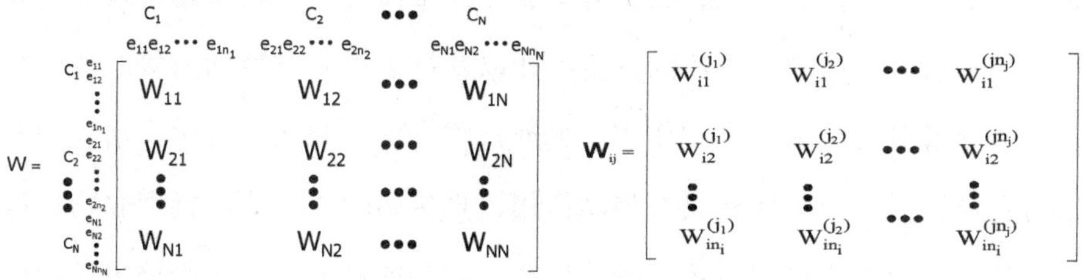

图 3-5　超级矩阵及其子矩阵

3.2.3 关键因素的识别

通过 ANP 模型，最终得到了各个元素的权值如表 3-9 所示。通过 ANP 的筛选，结果如下关键因素有（1）公众的环保意识，（2）环境保护效益，（3）企业形象，（4）政府对污染治理的要求，（5）废钢再利用带来的经济效益。可以影响逆向网络是否有效的关键因素，同时也都是企业实施逆向物流的驱动因素。分析表明公众的环保意识我国钢铁企业废钢回收逆向物流网络构建决策中的影响系数最大。消费者以及终端钢铁产品的使用商是逆向物流网络中的源头节点，公众对废钢回收的积极参与是逆向物流网络建设的关键，很大程度上决定了物流的运行效率。

其次废钢回收所能带来的环境保护效益起着重要的作用。在我国钢铁工业发展的大背景下，由于我国电能短缺，工业用电单价较高，电费包括电度电费和基本电价，对于钢铁企业来讲企业生产调度难度较大，同时电价较高也使得废钢冶炼成本高于铁矿石成本，所以从经济效益上来讲不利于废钢的回收再利用，而废钢所带来的环保效益是当前大力鼓励多用废钢的关键动力。

此外，企业形象、政府对污染治理的要求以及废钢再利用带来的经济效益也起着重要的作用。比较意外的是生产者自身的形象对企业逆向物流网络构建决策起着重要的作用。企业形象与公众的环保意识同属于社会因素，由于消费者，合作商和政府对企业环保方面的形象越来越重视，企业自身面临着环保压力，企业的社会责任以及社会形象对推动高效的逆向物流网络建设具有重要的推动作用。另外，政府的法律法规对污染治理的要求对企业逆向物流的实施具有强制作用，直接影响着企业废钢回收物流运作的效率以及网络构建决策；随着生产资源和能源的短缺，废钢再利用所能带来的经济效益也在体现，受到企业的重视，成为企业未来发展的重要影响因素。

从重要性排序来看，社会与自然环境以及政府政策方面的因素对钢铁企业逆向物流决策的影响要高于废钢终端市场所存在的质量、供应量以及波动问题，也高于物流网络建设成本，运营成本，随着企业的技术水平的提高，成本会逐步降低，市场不确定性问题会减少。在之后的研究中成本与市场带来的问题有待进一步的研究。

企业的人员管理与沟通能力，信息管理能力，技术水平，经济实力，设施设备管理能力，信息反馈水平相对其他因素，对构建高效钢铁企业逆向物流网络的影响是很小很小的，而其中除市场信息反馈水平以外，其余都是企业内部管理方面的因素。相对的，在下一部分逆向物流网络模式的演化博弈中，将分析这些关键影响因素对系统演化的影响。

表 3-6　　　　　　　　　　各影响因素的相对重要性

影响因素	相对重要性（权值）
公众的环保意识（S2）	0.167
环境保护（减少废气、废水、废渣的排放）（N2）	0.155
企业形象（S1）	0.080
对污染治理的要求（L3）	0.079

影响因素	相对重要性（权值）
废钢再利用带来的经济效益（E1）	0.075
运营成本（E3）	0.062
低碳排放（N3）	0.062
对碳排放的要求（L1）	0.060
对产品回收处理的要求（L2）	0.045
资源节约（N1）	0.045
废钢质量水平（M2）	0.038
网络构建投资（E2）	0.031
合作交易成本（E4）	0.030
废钢铁的供应量（M1）	0.027
市场竞争（M5）	0.023
供应波动性（M3）	0.020
人员管理与沟通能力（EM4）	0.000
信息管理能力（EM5）	0.000
技术水平（EM2）	0.000
经济实力（EM1）	0.000
设施设备管理能力（EM3）	0.000
信息反馈水平（M4）	0.000

表 3-7　　初始超矩阵

	E4	E1	E2	E3	EM4	EM5	EM2	EM1	EM3	M3	M4	M5	M2	M1	N3	N2	N1	S1	S2	L2	L3	L1
M4	0.000	0.000	0.000	0.000	0.221	0.726	0.163	0.250	0.126	0.000	0.000	0.000	0.000	0.000	0.000	0.000	0.000	0.000	0.000	0.000	0.500	0.358
M3	0.088	0.000	0.000	0.000	0.460	0.172	0.000	0.000	0.103	0.000	0.000	0.000	0.000	0.000	0.000	0.000	0.000	0.000	0.000	0.000	0.000	0.000
EM3	0.000	0.000	0.000	0.000	0.000	0.000	0.000	0.238	0.000	0.000	0.000	0.000	0.000	0.000	0.000	0.000	0.000	0.000	0.333	0.096	0.000	0.121
EM1	0.000	0.000	0.000	0.000	0.000	0.000	0.000	0.000	1.000	0.000	0.000	0.000	0.000	0.000	0.000	0.000	0.000	0.000	0.000	0.000	0.000	0.000
EM2	0.000	0.000	0.000	0.000	0.000	0.000	1.000	0.625	0.000	0.000	0.000	0.000	0.000	0.000	0.000	0.000	0.000	0.000	0.000	0.000	0.000	0.000
EM5	0.000	0.000	0.000	0.000	1.000	1.000	0.000	0.137	0.000	0.000	0.000	0.000	0.000	0.000	0.000	0.000	0.000	0.000	0.000	0.000	0.000	0.000
EM4	0.000	0.000	0.000	0.000	0.000	0.250	0.000	0.000	0.000	0.000	0.000	0.000	0.000	0.000	0.000	0.000	0.000	0.000	0.000	0.000	0.000	0.000
E3	0.000	0.000	0.000	0.000	0.800	0.250	0.238	0.000	0.297	0.309	0.857	0.151	0.309	0.333	0.333	0.250	0.500	0.540	0.250	0.273	0.000	0.000
E2	0.000	0.000	0.000	0.000	0.000	0.250	0.137	0.667	0.163	0.109	0.143	0.072	0.000	0.000	0.000	0.000	0.000	0.163	0.250	0.383	0.320	0.000
E1	0.000	0.000	0.000	0.000	0.000	0.250	0.625	0.000	0.540	0.582	0.000	0.330	0.582	0.570	0.667	0.750	0.500	0.000	0.250	0.125	0.558	0.570
E4	0.000	0.000	0.000	0.000	0.200	0.250	0.000	0.333	0.000	0.000	0.000	0.446	0.109	0.097	0.000	0.000	0.000	0.297	0.250	0.219	0.000	0.097

续表

L1	0.000	0.000	0.000	0.000	0.000	0.000	0.000	0.000	0.000	0.000	0.000	0.000	0.297	0.268	0.297	1.000	0.088	0.250	0.000	0.000	0.000	0.000	0.097
L3	0.000	0.000	0.000	0.000	0.000	0.000	0.000	0.000	0.000	0.000	0.000	0.000	0.540	0.614	0.163	0.000	0.717	0.000	0.000	0.000	0.000	0.000	0.000
L2	0.000	0.000	0.000	0.000	0.000	0.000	0.000	0.000	0.000	0.000	0.000	0.000	0.163	0.117	0.540	0.000	0.195	0.750	0.000	0.000	0.000	0.000	0.000
S2	0.833	0.000	0.833	0.833	0.000	0.000	0.000	0.000	0.000	0.000	0.000	0.000	0.000	0.000	0.000	0.800	0.800	0.500	1.000	0.000	0.000	0.000	0.000
S1	0.167	0.000	0.167	0.167	0.000	0.000	0.000	0.000	0.000	0.000	0.000	0.000	0.000	0.000	0.000	0.200	0.200	0.500	0.000	0.000	0.000	0.200	0.000
N1	0.000	0.000	0.320	0.320	0.000	0.000	0.311	0.000	0.137	0.000	0.000	0.000	0.400	0.614	0.558	0.000	0.000	0.000	0.131	0.117	0.250	0.800	0.750
N2	0.000	0.000	0.558	0.558	0.000	0.000	0.493	0.000	0.625	0.000	0.000	0.000	0.400	0.268	0.122	0.000	0.000	0.000	0.661	0.683	0.750	0.000	0.000
N3	0.000	0.000	0.122	0.122	0.000	0.000	0.196	0.000	0.238	0.000	0.000	0.000	0.200	0.117	0.320	0.000	0.000	0.000	0.208	0.200	0.000	0.833	0.000
M1	0.183	0.000	0.000	0.000	0.000	0.000	0.297	0.750	0.267	0.000	0.000	0.000	0.000	0.000	0.000	0.000	0.000	0.000	0.000	0.333	0.174	0.167	0.000
M2	0.376	0.000	0.000	0.000	0.000	0.000	0.540	0.000	0.504	0.000	0.000	0.000	0.000	0.000	0.000	0.000	0.000	0.000	0.000	0.333	0.455	0.250	0.116
M5	0.353	0.000	0.000	0.000	0.319	0.102	0.000	0.000	0.000	0.000	0.000	0.000	0.000	0.000	0.000	0.000	0.000	0.000	0.000	0.000	0.275	0.250	0.405

表 3-8 加权超矩阵 续表

	E4	E1	E2	E3	EM4	EM5	EM2	EM1	EM3	M3	M4	M5	M2	M1	N3	N2	N1	S1	S2	L2	L3	L1
M5	0.301	0.000	0.000	0.000	0.044	0.014	0.000	0.000	0.000	0.000	0.000	0.000	0.000	0.000	0.000	0.000	0.000	0.000	0.000	0.045	0.082	0.058
M4	0.076	0.000	0.000	0.000	0.031	0.101	0.021	0.035	0.016	0.000	0.000	0.000	0.000	0.000	0.000	0.000	0.000	0.000	0.000	0.000	0.000	0.000
M3	0.000	0.000	0.000	0.000	0.064	0.024	0.000	0.000	0.013	0.000	0.000	0.000	0.000	0.000	0.000	0.000	0.000	0.000	0.086	0.016	0.000	0.020
EM3	0.000	0.000	0.000	0.000	0.000	0.000	0.000	0.119	0.000	0.000	0.000	0.000	0.000	0.000	0.000	0.000	0.000	0.000	0.000	0.000	0.000	0.000
EM1	0.000	0.000	0.000	0.000	0.000	0.000	0.453	0.000	0.453	0.000	0.000	0.000	0.000	0.000	0.000	0.000	0.000	0.000	0.000	0.000	0.000	0.000
EM2	0.000	0.000	0.000	0.000	0.497	0.000	0.000	0.311	0.000	0.000	0.000	0.000	0.000	0.000	0.000	0.000	0.000	0.000	0.000	0.000	0.000	0.000
EM5	0.000	0.000	0.000	0.000	0.000	0.497	0.000	0.068	0.000	0.000	0.000	0.000	0.000	0.000	0.000	0.000	0.000	0.000	0.000	0.000	0.000	0.000
EM4	0.000	0.000	0.000	0.000	0.000	0.000	0.000	0.000	0.000	0.000	0.000	0.000	0.000	0.000	0.000	0.000	0.000	0.000	0.000	0.000	0.000	0.000
E3	0.000	0.000	0.000	0.000	0.291	0.091	0.079	0.000	0.098	0.309	0.857	0.095	0.193	0.208	0.032	0.024	0.049	0.088	0.065	0.040	0.047	0.084
E2	0.000	0.000	0.000	0.000	0.000	0.091	0.045	0.242	0.054	0.109	0.143	0.045	0.000	0.000	0.000	0.000	0.000	0.027	0.065	0.057	0.083	0.049
E1	0.000	0.000	0.000	0.000	0.000	0.091	0.207	0.000	0.179	0.582	0.000	0.206	0.363	0.356	0.065	0.073	0.049	0.000	0.065	0.018	0.000	0.000
E4	0.000	0.000	0.000	0.000	0.073	0.091	0.000	0.121	0.000	0.000	0.000	0.279	0.068	0.061	0.000	0.000	0.000	0.049	0.065	0.032	0.014	0.000

续表

M2	0.321	0.000	0.000	0.000	0.000	0.000	0.068	0.000	0.064	0.000	0.000	0.000	0.000	0.000	0.000	0.000	0.000	0.000	0.086	0.074	0.041	0.066
M1	0.156	0.000	0.000	0.000	0.000	0.000	0.038	0.104	0.034	0.000	0.000	0.000	0.000	0.000	0.000	0.000	0.000	0.000	0.086	0.028	0.041	0.019
N3	0.000	0.000	0.077	0.077	0.000	0.000	0.017	0.000	0.021	0.000	0.000	0.027	0.016	0.044	0.000	0.000	0.000	0.064	0.096	0.000	0.060	0.363
N2	0.000	0.000	0.352	0.352	0.000	0.000	0.044	0.000	0.055	0.000	0.000	0.055	0.037	0.017	0.000	0.000	0.000	0.000	0.330	0.272	0.302	0.000
N1	0.000	0.000	0.202	0.202	0.000	0.000	0.028	0.000	0.012	0.000	0.000	0.055	0.084	0.076	0.000	0.000	0.000	0.040	0.056	0.091	0.000	0.000
S1	0.024	0.000	0.062	0.062	0.000	0.000	0.000	0.000	0.000	0.000	0.000	0.000	0.000	0.000	0.067	0.067	0.167	0.000	0.000	0.217	0.261	0.245
S2	0.122	0.000	0.308	0.308	0.000	0.000	0.000	0.000	0.000	0.000	0.000	0.000	0.000	0.000	0.266	0.266	0.167	0.530	0.000	0.109	0.065	0.082
L2	0.000	0.000	0.000	0.000	0.000	0.000	0.000	0.000	0.000	0.000	0.000	0.039	0.028	0.129	0.000	0.111	0.427	0.000	0.000	0.000	0.000	0.000
L3	0.000	0.000	0.000	0.000	0.000	0.000	0.000	0.000	0.000	0.000	0.000	0.129	0.147	0.039	0.000	0.408	0.000	0.000	0.000	0.000	0.000	0.000
L1	0.000	0.000	0.000	0.000	0.000	0.000	0.000	0.000	0.000	0.000	0.000	0.071	0.064	0.071	0.570	0.050	0.142	0.000	0.000	0.000	0.000	0.000

表 3-9　极限加权超矩阵

	E4	E1	E2	E3	EM4	EM5	EM2	EM1	EM3	M3	M4	M5	M2	M1	N3	N2	N1	S1	S2	L2	L3	L1
E4	0.030	0.030	0.030	0.030	0.030	0.030	0.030	0.030	0.030	0.030	0.030	0.030	0.030	0.030	0.030	0.030	0.030	0.030	0.030	0.030	0.030	0.030
E1	0.075	0.075	0.075	0.075	0.075	0.075	0.075	0.075	0.075	0.075	0.075	0.075	0.075	0.075	0.075	0.075	0.075	0.075	0.075	0.075	0.075	0.075
E2	0.031	0.031	0.031	0.031	0.031	0.031	0.031	0.031	0.031	0.031	0.031	0.031	0.031	0.031	0.031	0.031	0.031	0.031	0.031	0.031	0.031	0.031
E3	0.062	0.062	0.062	0.062	0.062	0.062	0.062	0.062	0.062	0.062	0.062	0.062	0.062	0.062	0.062	0.062	0.062	0.062	0.062	0.062	0.062	0.062
EM4	0.000	0.000	0.000	0.000	0.000	0.000	0.000	0.000	0.000	0.000	0.000	0.000	0.000	0.000	0.000	0.000	0.000	0.000	0.000	0.000	0.000	0.000
EM5	0.000	0.000	0.000	0.000	0.000	0.000	0.000	0.000	0.000	0.000	0.000	0.000	0.000	0.000	0.000	0.000	0.000	0.000	0.000	0.000	0.000	0.000
EM2	0.000	0.000	0.000	0.000	0.000	0.000	0.000	0.000	0.000	0.000	0.000	0.000	0.000	0.000	0.000	0.000	0.000	0.000	0.000	0.000	0.000	0.000
EM1	0.000	0.000	0.000	0.000	0.000	0.000	0.000	0.000	0.000	0.000	0.000	0.000	0.000	0.000	0.000	0.000	0.000	0.000	0.000	0.000	0.000	0.000
EM3	0.000	0.000	0.000	0.000	0.000	0.000	0.000	0.000	0.000	0.000	0.000	0.000	0.000	0.000	0.000	0.000	0.000	0.000	0.000	0.000	0.000	0.000
M3	0.020	0.020	0.020	0.020	0.020	0.020	0.020	0.020	0.020	0.020	0.020	0.020	0.020	0.020	0.020	0.020	0.020	0.020	0.020	0.020	0.020	0.020
M4	0.000	0.000	0.000	0.000	0.000	0.000	0.000	0.000	0.000	0.000	0.000	0.000	0.000	0.000	0.000	0.000	0.000	0.000	0.000	0.000	0.000	0.000
M5	0.023	0.000	0.023	0.023	0.023	0.023	0.023	0.023	0.023	0.023	0.023	0.023	0.023	0.023	0.023	0.023	0.023	0.023	0.023	0.023	0.023	0.023

续表

M2	0.038	0.000	0.038	0.038	0.038	0.038	0.038	0.038	0.038	0.038	0.038	0.038	0.038	0.038	0.038	0.038	0.038	0.038	0.038	0.038
M1	0.027	0.000	0.027	0.027	0.027	0.027	0.027	0.027	0.027	0.027	0.027	0.027	0.027	0.027	0.027	0.027	0.027	0.027	0.027	0.027
N3	0.062	0.000	0.062	0.062	0.062	0.062	0.062	0.062	0.062	0.062	0.062	0.062	0.062	0.062	0.062	0.062	0.062	0.062	0.062	0.062
N2	0.155	0.000	0.155	0.155	0.155	0.155	0.155	0.155	0.155	0.155	0.155	0.155	0.155	0.155	0.155	0.155	0.155	0.155	0.155	0.155
N1	0.045	0.000	0.045	0.045	0.045	0.045	0.045	0.045	0.045	0.045	0.045	0.045	0.045	0.045	0.045	0.045	0.045	0.045	0.045	0.045
S1	0.080	0.000	0.080	0.080	0.080	0.080	0.080	0.080	0.080	0.080	0.080	0.080	0.080	0.080	0.080	0.080	0.080	0.080	0.080	0.080
S2	0.167	0.000	0.167	0.167	0.167	0.167	0.167	0.167	0.167	0.167	0.167	0.167	0.167	0.167	0.167	0.167	0.167	0.167	0.167	0.167
L2	0.045	0.000	0.045	0.045	0.045	0.045	0.045	0.045	0.045	0.045	0.045	0.045	0.045	0.045	0.045	0.045	0.045	0.045	0.045	0.045
L3	0.079	0.000	0.079	0.079	0.079	0.079	0.079	0.079	0.079	0.079	0.079	0.079	0.079	0.079	0.079	0.079	0.079	0.079	0.079	0.079

4. 钢铁企业逆向物流网络模式演化分析

　　随着我国钢铁产量、储有量的增加及工业化进程后期的逐步推进，老旧废钢形成周期逐步到来，废钢资源量增速将会越来越高，同时，鉴于节地、节能、环保、可持续发展等战略需要，对废钢资源的需求必然呈现增加趋势，但由于我国工业化发展体现出的"中国奇迹"，造成过快的工业化进程与废钢回收逆向物流无体系研究及市场混乱的巨大矛盾，为解决此问题，钢铁企业必须建立起逆向物流网络系统。逆向的物流网络模式即回收模式，是指逆向物流网络上的回收主体是谁，通过什么渠道进行回收。钢铁企业作为决策主体，选择何种模式更有利于企业的运营是企业战略层重要的决策问题。根据是否由钢铁企业建立回收网络、负责回收处理活动，可以将网络模式分为自营模式，联盟模式和外包模式。

　　本章研究钢铁企业在逆向物流网络模式构建中的合作演化问题，分析逆向物流网络模式的演化。另外，探讨上一章节中所识别的关键因素对系统演化方向的影响。

4.1 不同逆向物流网络模式的比较分析

　　本章分析的三种网络模式即自营回收网络（NC），企业联合回收网络（C）和外包回收网络（O）。

4.1.1 自营模式（NC）

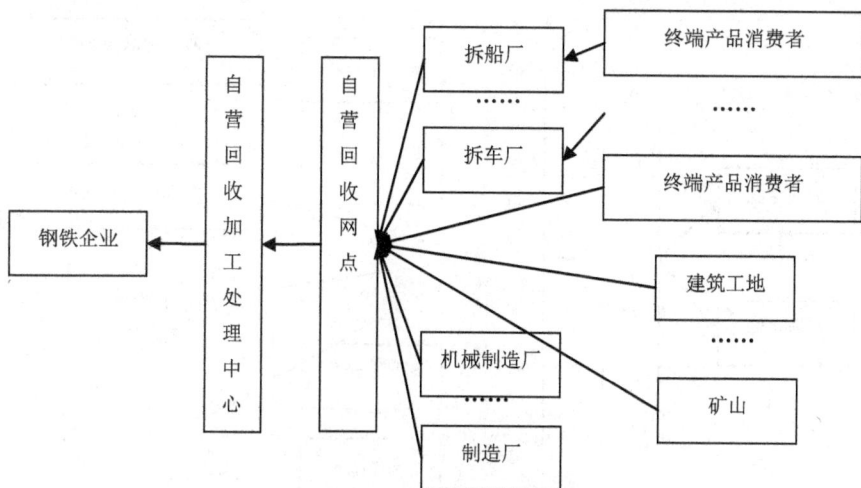

图 4-1　自营模式下的逆向物流网络示意图

自营模式下，企业投资建设自己的回收网络，负责从终端废钢产生点回收到加工处理中心，支付给终端回收者报酬，即回收价格，另外由企业自己负责加工处理中心的建设与运营，来供应钢厂的废钢需求。我国个别大型钢厂采用了自营模式。如江苏苏钢集团，建立了废钢加工配送基地，拥有国际先进水平的废钢破碎生产线全套设备，年废钢加工能力 100 万吨；吉林通钢金属资源有限责任公司主营废钢生铁采购、加工、管理、仓储、配送业务，生产的废钢、生铁直供通钢股份公司各炼钢厂，是通钢股份公司废钢生铁原材料的供应原地；宝钢拥有宝钢资源公司，是废钢加工配送示范基地。还有民营企业的领头羊沙钢企业非常重视废钢的回收与利用，也拥有集团的废钢铁加工配送基地。

企业自营的逆向物流网络的优势体现在可以直接获取市场信息，灵活的调整生产计划，可以保证废钢的质量，还可以对企业正向逆向物流资源统一集成管理，提高社会废钢的回收利用率；但同时在自营模式中，钢铁企业自身承担了运营风险，且难以形成规模效应。

4.1.2 联营模式（C）

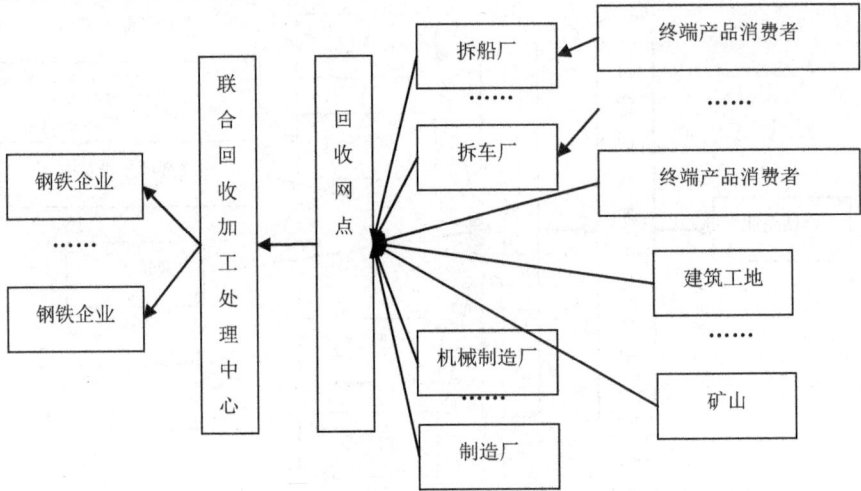

图 4-2　联营模式下的逆向物流网络示意图

联营模式下，由地理位置相近或生产相似产品的钢铁企业进行合作，共同投资建立逆向物流网络，同时为合作企业提供逆向物流服务，各合作企业共同承担成本，支付给联合体单位委托费用与转移价格。在美国由多个大型钢铁生产企业联合成立钢铁企业生产商联合体（PRO），PRO 向联合体内的钢铁企业提供废弃物回收处理工作，协调组织，收取委托费用。英国部分钢铁企业也采用此种模式。然而在我国还没有查到此类案例。

联营模式的优点在于其利益共享，风险共担，并可产生规模经济效益，但是并不能达到专业的第三方废钢回收处理技术和业务水平，并且对企业的发展产生限制，另外联盟合作伙伴的选择，合作关系的维持也存在风险与困难。

4.1.3 外包模式（O）

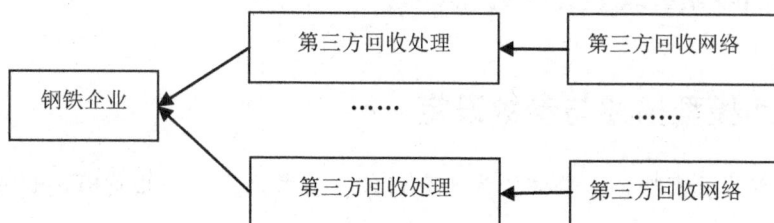

图 4-3　外包模式下的逆向物流网络示意图

外包模式下，钢铁企业无需负责终端的回收网络与加工处理活动，直接从第三方采购成熟的废钢产品，钢铁只需支付给第三方废钢转移价格。在这种模式下，钢铁企业可以集中开展核心业务，充分利用第三方的物流网络体系。美国的钢铁公司主要采用专业第三方外包模式和企业联合经营两种模式。在日本，由第三方物流公司提供钢铁的销售和回收，正向逆向物流形成闭合，比较特殊的是日本的第三方物流公司多是从钢铁公司独立出来的（如日铁物流株式会社从日本钢集团物流部独立），并为母公司提供专业的服务，同时为其他钢铁企业提供物流服务。

由于历史发展中钢铁企业对逆向物流的重视不够，公众的环保意识不够，国家的法律法规、税收政策不完善，回收质量的控制不严格等，我国第三方回收市场存在明显的问题，专业的废钢回收物流网络体系不完善，市场混乱，社会回收渠道主要依靠分散的社会回收网点，存在着大量的小家庭作坊，其规模小，加工技术落后，存在二次环境污染和资源浪费现象，废钢供应存在质量差异大、掺杂现象，使企业废钢利用效率低下，不利于逆向物流的发展。

4.2 考虑自营与联营模式的钢铁企业逆向物流演化博弈模型

4.2.1 模型描述与参数设定

本节以钢铁企业群体作为研究对象；在考虑自营与联营模式的钢铁企业逆向物流网络构建中钢铁企业之间的合作策略；以钢铁企业可以从废钢回收中获得的综合经济利益为收益值（payoff，或适应度），博弈参与者的目标均为最大化自己的利益；根据演化博弈论的假设参与者并不是完全理性的，在长期的博弈中，群体中参与者的策略并不是固定不变的，他们根据当前的局势，调整自己的策略，以获得更大的收益。从群体的角度来看，各种策略选择的比例是在动态变化中的。为了研究逆向物流网络构建中模式演化稳定性，本节建立了演化博弈模型来描述钢铁企业之间的合作关系。

模型描述：

根据演化博弈理论假设，设有一钢铁企业群体，它们两两随机配对合作。钢铁企业 A 和 B 可以选择与对方合作（记为 S_2）或不合作（记为 S_1）。双方均采取合作策略，构成联盟，双方平均承担建设费用，按照使用量交给联盟委托加工回收费用，即联营模式下废钢采购价格；但是由于双方在博弈中由于信息不完全，责任不均衡，资源分配不合理等问题，合作存在一定的风险。因此，假设在对方单方面选择合作的情况下，选择不合作的企业不投入努力而利用合作方的资源也可以获得废钢资源。若双方均选择不合作的情形下，则均自营，双方没有损失。

参数设定如下：

v: 表示单位废钢循环利用为企业带来的经济价值

I: 网络建设固定投资

c：回收处理单位废钢成本

p：直接支付给回收终端废钢回收价格

τ：回收努力程度

Q：废钢回收量

p_d：委托联盟加工处理单位废钢后的转移价格

废钢的循环利用可以为企业带来的经济价值，包括直接经济价值和间接经济价值。直接经济价值如带来的生产成本的节约，间接经济价值如能源的节约、环境污染的减少及企业形象的提升等，模型中将直接经济价值和间接经济价值总和作为废钢循环利用为企业带来的经济价值。

参考（Savaskan, Bhattacharya & Van Wassenhove, 2004b）的研究，建设费用与产品回收努力程度有关，设 $I = C_l\tau^2$，CL 是比例参数。参考（Mukhopadhyay & Setoputro, 2005）的研究，回收产品的数量与回收努力程度以及价格相关。考虑公众的环保意识基础，设 Q0 表示企业不努力也不给予报酬时，顾客主动送回的废钢的数量，Qe=Q0+apl+b τ，l=1,2，a>0，b>0。另外，支付给回收终端的产品回收价格和产品的回收处理费用都会受到产品质量影响，所以按质量将废钢分为高等级和低等级表示为 l=1,2，等级不同回收价格和单位处理费用也不同，p l 表示为 l 等级的价格，c l 表示 l 等级单位废钢处理成本，Q l 为 l 等级的量，Q=Q1+Q2。

参与者是非理性的，在考虑自身利益最大化的前提下，调整自身的策略。群体中采取两种策略的比例是在变化的，假设采取不合作策略的企业比例 x1（$x_1 \in [0,1]$），采取合作策略的比例为 x2 =1–x1。$\prod_{ij}^k$ 代表对方采取 Sj 策略时，参与者 k 采取 Si 策略时的收益，k=A,B, i=1,2, j=1,2。f_{s_1} 表示采取 S1 时的期望收益，f_{s_2} 表示采取 S2 时的期望收益。

4.2.2 支付矩阵

据上述假设，考虑自营模式和联营模式的钢铁企业逆向物流网络构建演化博弈模型支付矩阵，见表 4-1。

表 4-1　　考虑自营与联营模式的逆向物流网络构建演化博弈模型支付矩阵

A	B	
	S_1	S_2
S_1	$\prod_1^A , \prod_1^B$	$\prod_2^A , \prod_2^B$
S_2	$\prod_2^A , \prod_2^B$	$\prod_2^A , \prod_2^B$

即，企业 A 的收益矩阵

$$A = \begin{bmatrix} \prod_1^A & \prod_2^A \\ \prod_2^A & \prod_2^A \end{bmatrix}$$ 且企业 B 的收益矩阵：$B = A^T$

根据假设与参数设定：

$$\prod_1^A = \sum_{l=1,2}(v - c_l - p_l)(Q_0 + \boldsymbol{\rho}_l + b\tau) - C_L\tau^2 \tag{4-1}$$

$$\prod_2^A = \sum_{l=1,2}(v - p_d)(Q_0 + \boldsymbol{\rho}_l + b\tau) \tag{4-2}$$

$$\prod_{21}^A = \sum_{l=1,2}(v - p_d)(Q_0 + \boldsymbol{\rho}_l + b\tau) - C_L\tau^2 \tag{4-3}$$

$$\prod_{22}^A = \sum_{l=1,2}(v - p_d)(Q_0 + \boldsymbol{\rho}_l + b\tau) - \frac{C_L\tau^2}{2} \tag{4-4}$$

对于钢铁企业，可得：

采取 S1 策略的期望收益为：$f_{s_1} = x_1\prod_1^A + (1 - x_1)\prod_2^A$ （4-5）

采取 S2 策略的期望收益为：$f_{s_2} = x_1\prod_2^A + (1 - x_1)\prod_2^A$ （4-6）

群体的平均收益为：$\overline{f} = x_1 f_{s_1} + (1 - x_1)f_{s2}$ （4-7）

4.2.3 复制动态方程与 ESS 分析

根据单群体复制动态方程（Friedman, 1991; Taylor & Jonker, 1978），采取该策略的个体的适应度（收益）群体的平均适应度高时，采取该策略的个体在群体中就会增长。

采用复制动态方程来研究群体中采取不同策略的参与者的比例的变化，用连续时间下的微分方程形式表示，可得不合作策略的复制动态方程为：

$$\mathrm{F}(x_1) = \dot{x}_1 = x_1(f_{s_1} - \overline{f}) = x_1(1 - x_1)(f_{s_1} - f_{s_2}) \qquad (4\text{-}8)$$

$$\mathrm{F}(x_1) = x_1(1 - x_1)[x_1(\textstyle\prod_1^A - \prod_2^A - \prod_2^A + \prod_2^A) - (\prod_2^A - \prod_2^A)]$$

根据微分方程稳定性定理，当$\mathrm{F}(x_1) = 0$，复制动态系统（4-8）会达到均衡状态，得到系统的平衡点$x_1 = 0$，$x_1 = 1$，和当$\Delta_d < 0$时，系统有第三个平衡点：

$$x_1 = \frac{\prod_2^A - \prod_2^A}{\prod_1^A - \prod_2^A + \prod_2^A - \prod_2^A}$$

代入（4-1）到（4-4）得：$x_1 = 0$，$x_1 = 1$，$x_1 = \dfrac{\dfrac{C_L \tau^2}{2}}{\dfrac{C_L \tau^2}{2} - \Delta_d}$

其中，$\Delta_d = \displaystyle\sum_{I=1,2}(p_d - c_L - \mathrm{p}_I)(Q_0 + \boldsymbol{p}_I + b\tau)$，为企业从联盟取得废钢和自营回收处理时的总可变成本只差，与回收量的大小，回收产品质量有关。当$\Delta_d < 0$，即$\boldsymbol{p}_d < \boldsymbol{c}_i + \boldsymbol{p}_i$才符合$0 < x_1 < 1$。

Weibull 证明了演化稳定策略蕴含着复制动态系统的渐进稳定性（威布尔，2006），结合微分方程定性理论，单总体模型中，演化稳定策略要求

$$\frac{dF(x_1)}{dx_1} < 0 \quad , \quad \begin{aligned} \frac{dF(x_1)}{dx_1} &= (1 - 2x_1)[x_1(\textstyle\prod_{11}^A - \prod_{12}^A - \prod_{21}^A + \prod_{22}^A) - (\prod_{22}^A - \prod_{12}^A)] \\ &+ x_1(1 - x_1)(\textstyle\prod_{11}^A - \prod_{12}^A - \prod_{21}^A + \prod_{22}^A) \end{aligned} \qquad (4\text{-}9)$$

整理得：

$$\frac{dF(x_1)}{dx_1} = -3(\prod_{11}^A - \prod_{12}^A - \prod_{21}^A + \prod_{22}^A)x_1^2 + 2(\prod_{11}^A - 2\prod_{12}^A - \prod_{21}^A + 2\prod_{22}^A)x_1 - (\prod_{22}^A - \prod_{12}^A)$$

代入（4-1）到（4-4）得：

$$\frac{dF(x_1)}{dx_1} = -3\left[D_d - \frac{C_L t^2}{2}\right]x_1^2 + 2\left[D_d - C_L t^2\right]x_1 + \frac{C_L t^2}{2}$$

分情况讨论：

（1）$x_1 = 0$ 处 $\dfrac{dF(x_1)}{dx_1} > 0$，则 $x_1 = 0$ 不是局部渐进稳定点。

（2）$\Delta_d > 0$ 时，$x_1 = 1$ 处 $\dfrac{dF(x_1)}{dx_1} < 0$，则 $x_1 = 1$ 是局部渐进稳定点。

（3）$\Delta_d < 0$ 时，$x_1 = \dfrac{\dfrac{C_L \tau^2}{2}}{\dfrac{C_L \tau^2}{2} - \Delta_d}$ 处，$\dfrac{dF(x_1)}{dx_1} = \dfrac{C_L \tau^2}{2}\Delta_d < 0$，则

$$x_1 = \frac{\dfrac{C_L \tau^2}{2}}{\dfrac{C_L \tau^2}{2} - \Delta_d}\text{ 是局部渐进稳定点。}$$

4.3 钢铁企业逆向物流网络模式演化的稳定性分析

4.3.1 系统演化规律与数值模拟

本节对上节建立的单群体钢铁企业逆向物流系统演化博弈模型的稳定性进行分析讨论。经过分情况讨论，得到系统在长期演化条件下，可能的

两种演化稳定策略。

1. 当 $\Delta_d > 0$，$\sum_{l=1,2} (p_d - c_l - p_l)(Q_0 + ap_l + b\tau) > 0$ 时，$x_1 = 1$ 是系统的唯一 ESS。即在从合作联盟取得成品废钢的价格高于自营回收加工时的可变成本时，群体中的钢铁企业在逆向物流活动的长期演化中，逐渐都采用自营网络模式；

然而在现实情况中，废钢逆向物流网络构建，联营的规模经济更明显，只要联盟合理定价，钢铁企业通过联营获得废钢的可变成本通常比自营回收加工的可变成本低。所以下面的情况 2 更常见。

2. 当 $\Delta_d < 0$ 时，即从联盟中获取废钢的可变成本更低时，群体中的钢铁企业在逆向物流活动的长期演化中，合作与不合作者并存，自营模式和联营模式也同时存在。选择不合作策略的群体比例为 $x_1 = \dfrac{\dfrac{C_L \tau^2}{2}}{\dfrac{C_L \tau^2}{2} - \Delta_d}$，各策略所占的比重首先从联盟中和自营获取废钢的可变成本差值有关，从联盟除获取废钢的成本越低，群体中选择自营模式的企业比例就越小，反之则越大；其次比例分布与固定投资相关，在逆向物流网络的建设中企业越努力，如网络设施建设投入，设备投入，技术投入，人员投入，网点设置等越多，则选择自营的企业的比例越小。这从另一方面反映了系统的演化方向是与钢铁企业经济实力，技术水平等是有关系的。

为了更直观的说明以上讨论结果，接下来用数值模拟的方法对结果进行验证，并进一步探讨上一章中识别的关键因素。

针对 $\dot{x}_1(t) = x_1(1-x_1)\{x_1[\sum_{l=1,2}(p_d - c_l - p_l)(Q_0 + ap_l + b\tau) - \dfrac{C_L \tau^2}{2}] + \dfrac{C_L \tau^2}{2}\}$，

考虑假设条件：

取 p_d =0.124, c_1 = 0.02, p_1= 0.11, c_2 = 0.03, p_2= 0.1, Q_0 = 10, a = 100, b = 100, τ = 0.8, C_L=10, 系统演化仿真模拟如图 4-4 显示了不同初始条件下的系统的演化趋势，即无论初始状态，随着时间的推移，系统稳定在自营与联营模式共存的状态，自营所占比例为 0.7 左右。

根据分析，系统的演化方向与从联盟获取废钢的成本与自营回收处理成本差值有关；模拟 c_1 的单独变化，分别以 c_1 取 0.01, 0.005, 0.001 和取 0.021, 0.025, 0.029 时模拟系统演化，仿真结果如图 4-5（a）所示，处理成本的提高使最终稳定在自营模式的企业的比例减少，会有更多的企业最终选择，反之则自营模式比例提高，如 0.005, 0.001 水平，即废钢回收处理成本非常低时（如废钢质量很高）长期演化中会演变为自营模式；模拟 p_2 的单独变化，分别取 0.09, 0.08, 0.05 和 0.12, 0.125, 0.128 时系统演化仿真模拟如图 4-5（b），提高会使选择联营模式的企业比例增大；p_1 和 p_2 同时变化但是保持总和不变时，如图 4-5（c）所示。以 p_d 分别取 0.12, 0.13, 0.14 系统演化如图 4-5（d）所示，联盟价格对系统的影响较缓，处于较高水平时，系统会稳定在自营模式。

系统仿真结果与模型分析结果一致。

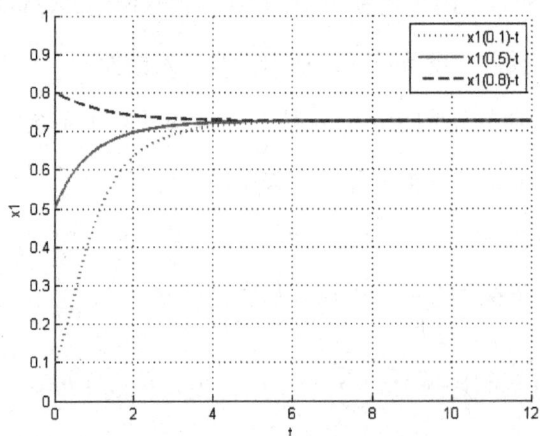

图 4-4　不同初始条件下 x_1 随时间的变化

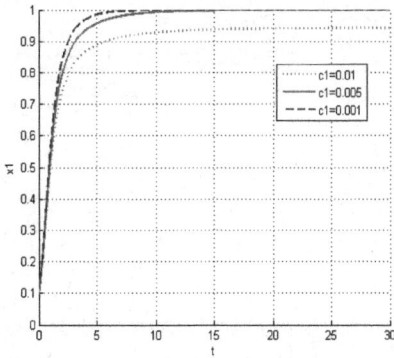

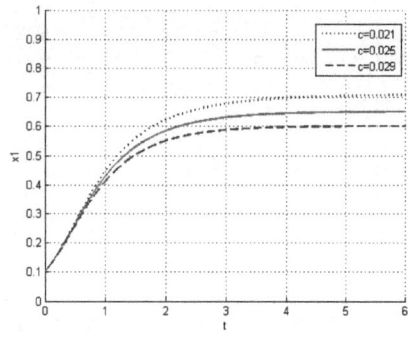

（a）c_1 变化时系统演化的对比

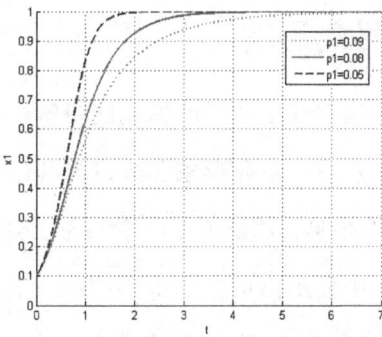

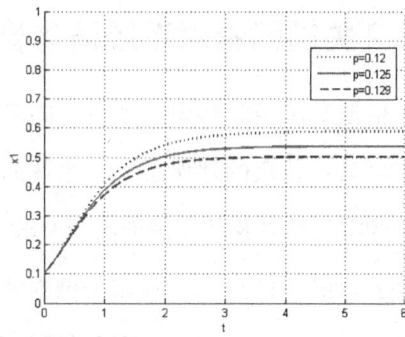

（b）p_1 变化时系统演化的对比

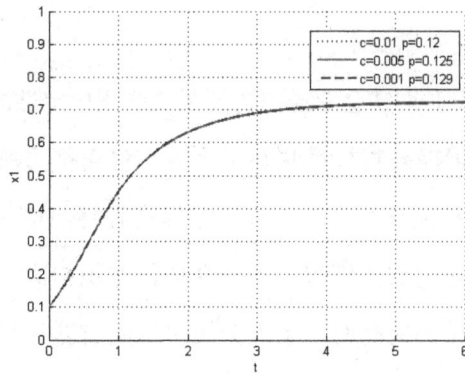

（c）p_1 和 c_1 同时变化

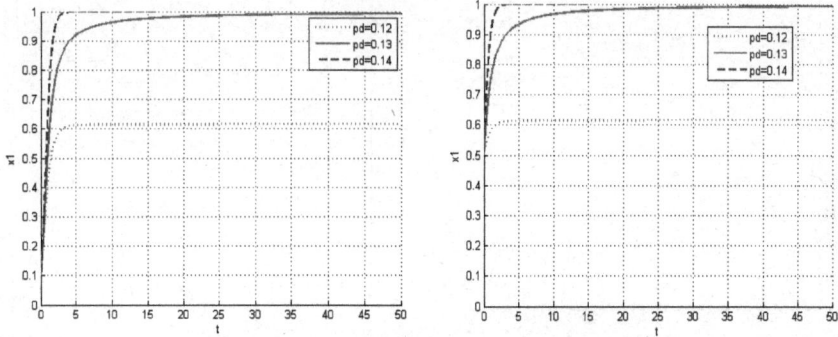

（d） 不同初始条件下 p_d 变化时系统的演化

图 4-5 不同条件下 x_1 随时间的变化

4.3.2 关键因素对系统演化稳定性的影响

根据专家经验知识判断得到的五个影响钢铁企业逆向物流网络构建的关键因素：公众的环保意识，企业的环保效益、企业形象和废钢再利用的直接经济效益以及环境污染治理要求。结合模型，将这五个因素归为3类，一是公众的环保意识，其在关键因素分析中显示出最大的重要性；二是环保效益、企业形象和废钢直接经济效益，综合自然环境、社会方面的效益，反映在企业的经济效益中，作为间接经济效益；三是对国家法律法规对环境保护、污染治理的强制要求。

1. 公众环保意识对钢铁企业逆向物流系统演化稳定性的影响

公众的环保意识提高直接反映在了企业不付出努力所能回收到的废钢的数量 Q_0 提高。根据演化博弈的结果，Q_0 提高必将使选择自营模式的企业的群体比例下降，通过数值模拟，当公众环保意识提高，消费者或用户主动回收来的废钢的比例提高时，系统会缓慢的向自营比例越来越少的稳定状态，如图 4-6 所示，所以，公众的环保意识对影响钢铁行业群体最终的逆向物流网络模式选择影响较大。

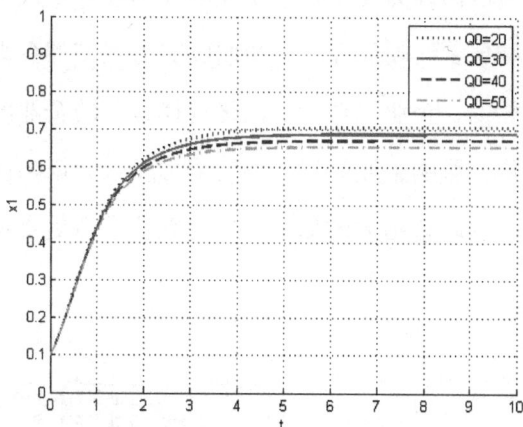

图 4-6 公众环保意识对 x_1 稳定状态的影响

2. 废钢循环利用说带来的直接和间接经济效益对系统演化稳定性的影响

根据假设将废钢循环利用说带来的减少的污染物排放、企业形象提升作为逆向物流的间接经济效益与废钢价值的直接经济价值作为 v。从数学计算的角度看，v 在计算过程中由于不同模式中废钢对于企业的经济价值等值，计算中被约掉了，并不会对企业逆向物流网络模式产生影响。结合之前的研究（王玉燕，李帮义 & 申亮，2008）其会对企业是否积极实施逆向物流，积极使用废钢产生影响。通过本文部分的研究说明废钢循环利用可能带来的经济价值、社会价值和环保价值的大小，对钢企以何种模式回收并没有影响。

3. 污染治理的要求对系统演化稳定性的影响

2015 年，为促进形成节约能源资源、保护生态环境的产业结构、发展方式和消费模式，加快转变经济发展方式，财政部、税务总局、环境保护部在研究、吸收有关方面意见的基础上，起草了《中华人民共和国环境保护税法（征求意见稿）》，征求意见稿指出，对钢铁等行业超标、超总量排放污染物的，加倍征收环保税。最高按照当地适用税额标准的 3 倍计征（栗鸿源，2015）。

法律法规对环境治理的强制要求将反映在回收处理成本、回收努力程度上。根据分析结果，回收处理成本与回收努力程度都会影响最终系统的演化稳定性，显然的，企业越努力，最终选择自营的企业的比例越高，否则治理要求不严格，影响企业的逆向物流努力投入，影响回收数量，会使选择联营的企业占据越来越大的比例，通过数值模拟更直观的显示，如图4-7所示。

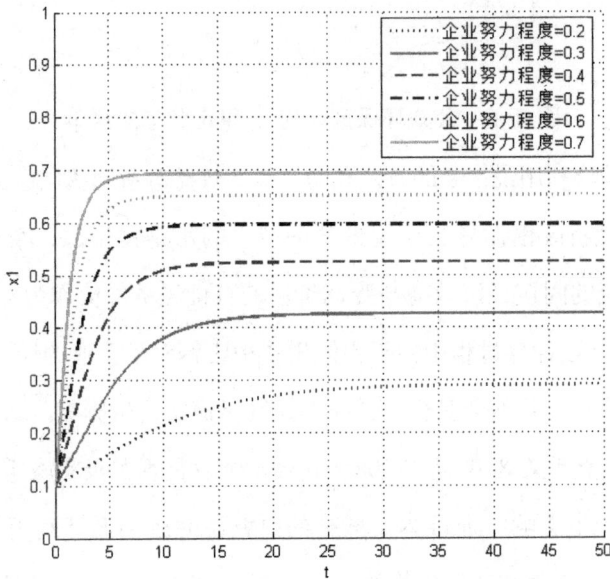

图 4-7　企业努力水平对 x_1 稳定水平的影响

综上，公众的环保意识、法律法规对环境治理的强制要求都会很大的影响企业的逆向物流网络模式构建决策，且在公众环保意识不高的情况下，自营模式将成为我国钢铁企业逆向物流网络发展的主要模式。另外，产品的回收质量，回收处理成本，回收量以及联盟定价也会影响企业的决策，而废钢回收所能带来的间接和直接经济价值对采取何种模式进行回收则不会产生影响。

5. 考虑外包的钢铁企业逆向物流网络模式演化分析

5.1 考虑外包模式的钢铁企业逆向物流演化博弈模型

5.1.1 模型描述与模型参数设定

本节仍以钢铁企业群体作为研究对象；在考虑自营与联营模式外同时考虑外包模式，钢铁企业除合作联盟外，外包策略（记为 S₃）从第三方采购成品的废钢原料。以外包策略作为系统变异，考虑外包策略对钢铁企业合作的影响，以及系统的演化方向。

在第 4 章的基础上，建立考虑外包模式的钢铁企业逆向物流演化博弈模型。设外包模式下第三方的废钢转移支付价格 p_t。考虑外包回收模式下，从第三方回收到的废钢质量不确定，若质量低，回收掺假，则企业需要二次加工或对生产造成影响而产生损失，单位产品损失记为 c_t，设掺假的比率为 γ。采取不与对方合作策略的企业比例 x_1，$x_1 \in [0,1]$，采取合作策略的比例为 x_2，$x_2 \in [0,1]$，采取外包策略的企业比例为 $x_3 = 1 - x_1 - x_2$。$\prod_{ij}^{k}$ 代表对方采取 S_j 策略时，参与者 k 采取 S_i 策略时的收益，k=A, B，i=1, 2, 3，j=1, 2, 3，f_{s3} 表示采取外包策略时的期望收益。

5.1.2 收益矩阵

据上述假设，考虑自营模式，联营模式和外包模式的钢铁企业逆向物流网络构建演化博弈模型支付矩阵见表5-1。

表 5-1　　　　考虑自营、联营与外包模式的逆向物流网络构建演化博弈模型支付矩阵

企业 A	企业 B		
	不合作（S1）	合作（S2）	外包 （S3）
不合作(S1)	Π_1^A , Π_1^B	Π_2^A , Π_2^B	Π_B^A , Π_3^B
合作（S2）	Π_2^A , Π_2^B	Π_2^A , Π_2^B	Π_2^A , Π_2^B
外包（S3）	Π_3^A , Π_B^B	Π_2^A , Π_2^B	Π_3^A , Π_3^B

企业 A 的收益矩阵：

$$A = \begin{bmatrix} \Pi_1^A & \Pi_2^A & \Pi_3^A \\ \Pi_2^A & \Pi_2^A & \Pi_2^A \\ \Pi_3^A & \Pi_3^A & \Pi_3^A \end{bmatrix}$$ 且企业 B 的收益矩阵：$B = A^T$

根据假设与参数设定：

$$\Pi_B^A = \Pi_2^A = \Pi_1^A = \sum_{I=1,2} (v - c_I - p_I)(Q_0 + \beta_I + b\tau) - C_L\tau^2 \tag{5-1}$$

$$\Pi_{31}^A = \Pi_{32}^A = \Pi_{33}^A = \sum_{I=1,2} (v - p_t - \gamma c_t)(Q_0 + \beta_I + b\tau) \tag{5-2}$$

对于钢铁企业，可得：

采取不合作策略的期望收益为：

$$f_{s_1} = x_1 \Pi_1^A + x_2 \Pi_2^A + (1 - x_1 - x_2) \Pi_3^A \tag{5-3}$$

采取合作策略的期望收益为：

$$f_{s_2} = x_1 \Pi_2^A + x_2 \Pi_2^A + (1 - x_1 - x_2) \Pi_2^A \tag{5-4}$$

采取外包策略的期望收益为：

$$f_{s3} = x_1 \prod_{3}^{A} + x_2 \prod_{3}^{A} + (1 - x_1 - x_2) \prod_{3}^{A} \tag{5-5}$$

群体的平均收益为：$\bar{f} = x_1 f_{s_1} + x_2 f_{s_2} + (1 - x_1 - x_2) f_{s3}$ （5-6）

5.1.3 复制动态方程与 ESS 分析

根据单群体复制动态方程（Friedman, 1991; Taylor & Jonker, 1978），可得采取不合作和合作策略的复制动态方程分别为：

$$F(x_1) = \dot{x}_1 = x_1(f_{s_1} - \bar{f}) = x_1[(1 - x_1)(f_{s_1} - f_{s_3}) - x_2(f_{s_2} - f_{s_3})] \tag{5-7}$$

$$F(x_2) = \dot{x}_2 = x_2(f_{s_2} - \bar{f}) = x_2[(1 - x_2)(f_{s_2} - f_{s_3}) - x_1(f_{s_1} - f_{s_3})] \tag{5-8}$$

代入（4-1）-（4-4）和（5-1）-（5-2）得到二维动力系统：

$$
\begin{cases}
F(x_1) = x_1\{n1 - x_1 n[D_{td}x_2 + (1-x_2)(D_t - I)] - x_2[x_2(D_{td} - \frac{I}{2}) + (1-x_2)(D_{td} - I)]\} \\
F(x_2) = x_2\{n1 - x_2 n[x_2(D_{td} - \frac{I}{2}) + (1-x_2)(D_{td} - I)] - x_1[D_{td}x_2 + (1-x_2)(D_t - I)]\}
\end{cases} \tag{5-9}
$$

其中，$\Delta_t = \sum_{l=1,2}(p_t - \gamma c_t - c_l - p_l)(Q_0 + ap_l + b\tau)$，为企业从外包时获得的废钢可变成本和自营回收处理时的可变成本之差；

$\Delta_{td} = \sum_{l=1,2}(p_t - \gamma c_t - p_d)(Q_0 + ap_l + b\tau)$，且 $\Delta_t - \Delta_{td} = \Delta_d$ 为企业外包时获得的废钢的可变成本和从联盟中获取废钢的可变成本之差。另外他们与回收产品质量有关以及第三方提供的产品是否符合要求，是否有掺假的行为有关。

根据以微分方程表示的动力系统稳定性理论，可得：

系统的均衡点有：（0,0），（1,0），（0,1）

当 $\frac{I}{2} < \Delta_{td} < I$ 时有第四个均衡点：$(0, \dfrac{I - \Delta_{td}}{\frac{I}{2}})$；

当 $\Delta_t < \Delta_{td}$ 时有第五个均衡点：$\left(\dfrac{\dfrac{I}{2}}{\dfrac{I}{2} - (\Delta_t - \Delta_{td})} \right.$, $\left. \dfrac{-(\Delta_t - \Delta_{td})}{\dfrac{I}{2} - (\Delta_t - \Delta_{td})} \right)$。

根据李雅普诺夫第一法，通过检验各均衡点的雅可比矩阵的特征值，可以判断均衡点是否为演化稳定均衡。系统（5-9）的雅可比矩阵为：

整理得：$J = \begin{bmatrix} \dfrac{\partial F(x_1)}{\partial x_1} & \dfrac{\partial F(x_1)}{\partial x_2} \\[2mm] \dfrac{\partial F(x_2)}{\partial x_1} & \dfrac{\partial F(x_2)}{\partial x_2} \end{bmatrix}$

分情况讨论：

$$J = \begin{bmatrix} x_2[x_2(I/2 - \Delta_{td}) - (x_2-1)(I-\Delta_{td})] - (2x_1-1)[\Delta_{td}x_2 + (I-\Delta_t)(x_2-1)] & -x_2[\Delta_{td}x_2 + (I-\Delta_d)(x_2-1)] \\ & -x_1[(x_1-1)(I-\Delta_t+\Delta_{td}) + (x_2-1)I+\Delta_{td})] \\ (I - \frac{I}{2}x_2 - \Delta_{td})*(x_2-1) - x_2[\frac{I(x_2-1)}{2} - (I - \frac{I}{2}x_2 - \Delta_{td}) + x_1(I-\Delta_t+\Delta_{td})] - x_1[\Delta_{td}x_2 + (I-\Delta_t)(x_2-1)] \end{bmatrix}$$

1.均衡（0,0）的雅克比矩阵为 $\begin{bmatrix} \Delta_t - I & 0 \\ 0 & \Delta_{td} - I \end{bmatrix}$，可得特征值 $\lambda_1 = \Delta_t - I$，$\lambda_2 = \Delta_{td} - I$，当 $\Delta_t < I$ 且 $\Delta_{td} < I$ 时，（0,0）为演化稳定均衡，当 $\Delta_t > I$ 或 $\Delta_{td} > I$ 时，不稳定；

2.均衡（1,0）的雅可比矩阵为 $\begin{bmatrix} I - \Delta_d & I - \Delta_{td} \\ 0 & \Delta_{td} - \Delta_t \end{bmatrix}$，可求得特征值 $\lambda_1 = I - \Delta_d$，$\lambda_2 = \Delta_{td} - \Delta_t$，当 $\Delta_d > I$ 时，（1,0）为演化稳定均衡。当 $\Delta_d < I$ 均衡（1,0）不稳定；

3. 均衡（0,1）的雅可比矩阵为 $\begin{bmatrix} \dfrac{I}{2} & 0 \\ -\Delta_{td} & \dfrac{I}{2}-\Delta_{td} \end{bmatrix}$，可求得特征值

$\lambda_1 = \dfrac{I}{2} > 0$，$\lambda_2 = \dfrac{I}{2}-\Delta_{td}$，所以，均衡（0,1）不稳定；

4）当 $\dfrac{I}{2} < \Delta_{td} < I$ 时有均衡点：$\left(0, \dfrac{I-\Delta_{td}}{\dfrac{I}{2}}\right)$ 求得此处雅可比矩阵为，

$$\begin{bmatrix} I-\Delta_{td} & 0 \\ \dfrac{-(I-\Delta_{td})\left[\dfrac{(I-\Delta_t)\left(\dfrac{I}{2}-\Delta_{td}\right)+\Delta_{td}(I-\Delta_{td})}{\dfrac{I}{2}}\right]}{\dfrac{I}{2}} & -(I-\Delta_{td})\left(\dfrac{\dfrac{I}{2}-\Delta_{td}}{I}\right) \end{bmatrix}$$，特征值为

$\lambda_1 = I-\Delta_{td} > 0$，$\lambda_2 = -(I-\Delta_{td})\left(\dfrac{\dfrac{I}{2}-\Delta_{td}}{I}\right) > 0$，因此 $\left(0, \dfrac{I-\Delta_{td}}{\dfrac{I}{2}}\right)$ 不稳定。

5）当 $\Delta_t < \Delta_{td}$ 时第五个均衡点 $\left(\dfrac{\dfrac{I}{2}}{\dfrac{I}{2}-(\Delta_t-\Delta_{td})}, \dfrac{-(\Delta_t-\Delta_{td})}{\dfrac{I}{2}-(\Delta_t-\Delta_{td})}\right)$ 处雅可比

矩阵特征值为 $\lambda_1 = \dfrac{\dfrac{I}{2}(\Delta_t-\Delta_{td})}{\dfrac{I}{2}-(\Delta_t-\Delta_{td})}$，$\lambda_2 = \dfrac{\dfrac{I}{2}(I-\Delta_t)+\Delta_{td}(\Delta_t-\Delta_{td})}{\dfrac{I}{2}-(\Delta_t-\Delta_{td})}$，当

$I-\Delta_t < \dfrac{\Delta_{td}\Delta_d}{\dfrac{I}{2}}$ 时，该均衡演化稳定，当 $I-\Delta_t > \dfrac{\Delta_{td}\Delta_d}{\dfrac{I}{2}}$ 时，系统不

稳定。

5.2 考虑外包模式的钢铁企业逆向物流网络模式演化稳定性分析

5.2.1 系统演化规律与数值模拟

对上节建立的单群体钢铁企业考虑外包策略时的逆向物流系统演化博弈模型的稳定性进行分析讨论。经过分情况讨论，得到系统在长期演化条件下，可能的三种演化稳定策略。

1. 当 $l > \Delta_t$ 且 $l > \Delta_{td}$ 时，系统的演化稳定策略为（0,0），即在固定成本比较高，固定成本高于在第三方取得废钢的可变成本与自营可变成本之差，也高于从第三方取得成本与从联营处获取废钢的可变成本之差时，经过长期的演化，钢铁企业群体趋向于均选择外包策略，该情况比较符合当前的实际情况，即使联营与第三方的价格也比较高，第三方的掺假存在，但由于建立逆向物流网络建设需要投入很高的固定成本，所以企业最终纷纷选择外包运营模式。为了更直观的说明系统的演化，用数值模拟的方法对情况进行说明验证结果，如图 5-1 所示，虽然一开始选择自营模式的会越来越多，并稳定一段时间，是经过长时间的演化最终稳定于选择外包模式策略。相比上一章模型，外包模式作为系统变异策略，成功入侵系统，改变系统的状态，成为新的系统演化稳定均衡。

2. 当 $\Delta_d > l$ 时，（1,0）为演化稳定均衡。即当从钢铁企业联盟处获取废钢的可变成本与自营可变成本之差大于固定成本投入时，长期演化下，自营模式会成为系统的演化稳定均衡，这种情况通常发生在回收者不够努力，而联合经营中废钢成品定价不合理的情形下。进行数值模拟，如图 5-2

所示。相比上一章中，当 $\Delta_d > 0$ 系统即稳定于自营模式，在考虑外包模式下，条件更严格。

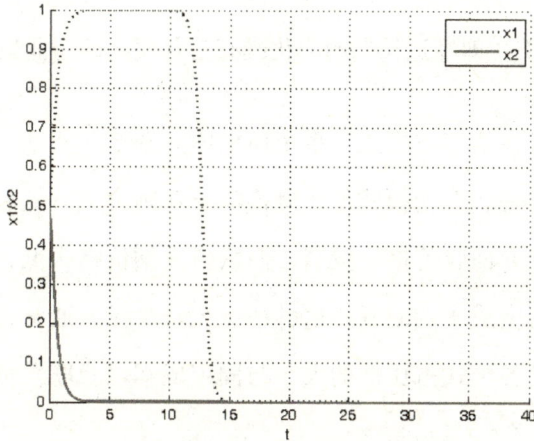

（注：其中参数 $p_d = 0.14$，$c_1 = 0.02$，$p_1 = 0.11$，$c_2 = 0.03$，$p_2 = 0.1$，$Q_0 = 10$，$a = 100$，$b = 100$，$\tau = 0.8$，$C_L = 10$，$p_t = 0.15$，$c_t = 0.02$，$\gamma = 0.1$）

图 5-1 考虑外包的钢铁企业逆向物流网络模式演化模拟图
（外包模式演化稳定）

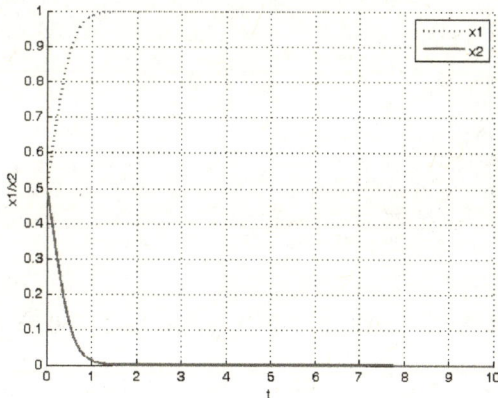

（注：其中参数 $p_d = 0.16$，$c_1 = 0.02$，$p_1 = 0.11$，$c_2 = 0.03$，$p_2 = 0.1$，$Q_0 = 10$，$a = 100$，$b = 100$，$\tau = 0.6$，$C_L = 10$，$p_t = 0.15$，$c_t = 0.02$，$\gamma = 0.1$）

图 5-2 考虑外包的钢铁企业逆向物流网络模式演化模拟图
（自营模式演化稳定）

3）当 $\Delta_t < \Delta_{td}$ 且 $I - \Delta_t < \dfrac{\Delta_{td}\Delta_d}{\dfrac{I}{2}}$ ，系统稳定（ $\dfrac{\dfrac{I}{2}}{\dfrac{I}{2}-(\Delta_t-\Delta_{td})}$ ，

$\dfrac{-(\Delta_t-\Delta_{td})}{\dfrac{I}{2}-(\Delta_t-\Delta_{td})}$ ），即经过长期的演化既有自营模式的企业也有联营模式的

企业，但是不存在第三方模式，系统模拟图如图5-3所示，自营模式的比例稳定于0.64左右，联营模式的比例稳定于0.36左右。这种情况会在回收商不努力，第三方回收价格比较高，而联营废钢价格很低，可变成本比较低且低于自营可变成本的时候，这种情况比较少见，通常自营模式所占比例更高，而最终各模式占比例的大小与固定成本以及联营可变成本与自营可变成本之差有关。

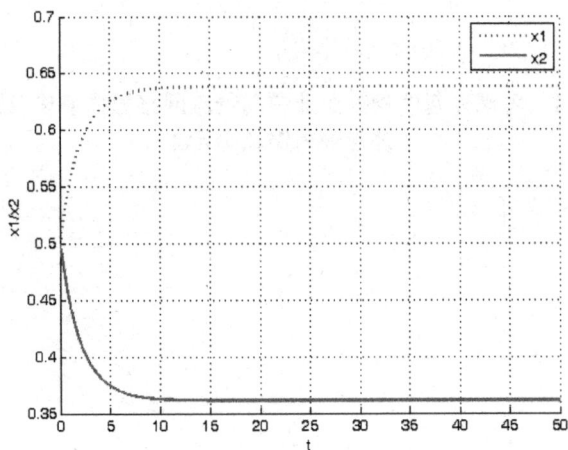

（注：其中参数 $p_d = 0.12$ ， $c_1 = 0.01$, $p_1 = 0.11$, $c_2 = 0.03$, $p_2 = 0.1$, $Q_0 = 10$ ，$a = 100$, $b = 100$, $\tau = 0.5$, $C_L = 10$, $p_t = 0.15$, $c_t = 0.02$, $\gamma = 0.1$ ）

图5-3 考虑外包的钢铁企业逆向物流网络模式演化模拟图
（自营模式与联营模式同在）

综上，在考虑外包的情况下，钢铁企业逆向物流网络模式选择的演化稳定性受到影响。当固定成本比联营可变成本与自营可变成本之差以及第

三方可变成本比联营可变成本之差高时，即使第三方的价格也比较高，且掺假现象存在，但由于建立逆向物流网络建设需要投入很高的固定成本，所以经过长期的演化虽然企业开始更多的选择自营模式但最终外包运营模式会成为系统的演化稳定状态，这与我国的现状比较相符；而当从钢铁企业联盟处获取废钢的可变成本与自营可变成本之差大于固定成本投入时，长期演化下，自营模式会成为系统的演化稳定均衡，这种情况通常发生在回收者不够努力，而联合经营中废钢成品定价比较高的情形下，相比不考虑外包模式时，自营模式成为演化稳定均衡时，需要更严格的条件；当回收商很不努力，第三方回收价格比较高，而联营废钢价格很低，可变成本比较低且低于自营可变成本的时候，联营模式与自营模式同时存在，这种情况比较少见，且通常模式下自营所占的比例较大。

5.2.2 关键影响因素对系统演化稳定性的影响

与只考虑自营模式和联营模式情况相同，从数学计算的角度看，v 在计算过程中由于不同模式中废钢对于企业的经济价值等值，计算中被约掉了，并不会对企业逆向物流网络模式决策产生影响。因此，本小节对公众环保意识以及企业的努力程度对系统演化的影响。

1. 公众环保意识对钢铁企业逆向物流系统演化稳定性的影响

如图 5-4（a），（b），（c）所示分别为 5.2.1 节中三种稳定情况下，Q_0 变化时对系统演化影响的模拟。实线为 x_1 的演化，虚线为 x_2 的演化。图 5-4（a）对比红线为 5.2.1 节中情况 1 图 5-1 所示演化过程，可以发现在考虑外包策略下，公众环保意识的改变并不能改变钢铁企业之间合作策略的演化（虚线重合），但是会改变采取自营模式的企业的比例演化轨迹，随着公众意识的提高，自营模式稳定阶段更长，虽然最终演化稳定结果不会被改变；从图 5-4（b）对比红线为 5.2.1 节中情况 2 图 5-2 所示演化过程，所有线条重合，并不会改变系统的演化轨迹与画稳定状态；如图 5-4（c）对比红线为 5.2.1 节中情况 3 图 5-3 所示系统演化过程，会改变系统的演化稳定状态，随着环保意识的增强，自营模式的企业比例越来越小，而采取联营模式的企业的比例在提高，这与不考虑外包模式时分析结果一致。

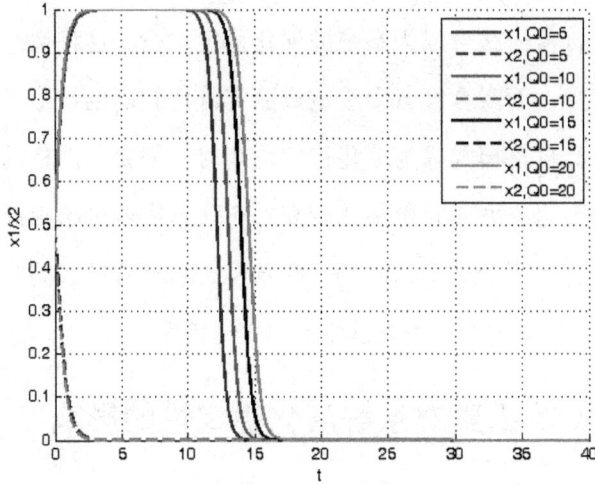

（a）对比图 5-1 中 Q_0 对系统演化的影响

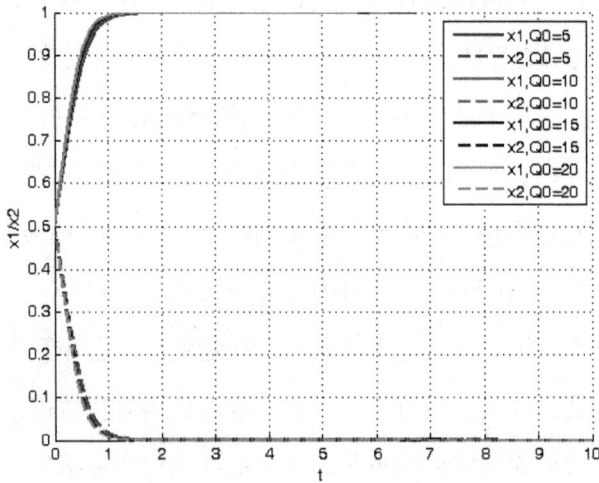

（b）对比图 5-2 中 Q_0 对系统演化的影响

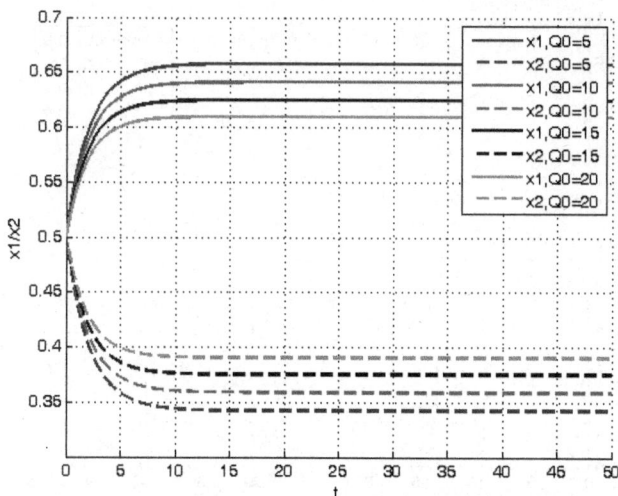

（c）对比图 5-3 中 Q_0 对系统演化的影响

图 5-4　公众环保意识对系统演化稳定状态的影响

2. 对污染治理的要求对系统演化稳定性的影响

探究在考虑外包回收策略的情况下，法律法规对系统的演化的影响。通过数值模拟，如图 5-5（a），（b），（c）所示。图 5-5（a）所示，回收者努力程度的变化并不会对最终的演化稳定状态，但是会改变系统的演化轨迹，当回收者的努力程度越低时；如图 5-5（b）所示，回收商努力程度越高，系统演化稳定状态下，自营回收模式的企业所占比例越高，这与未考虑外包模式时的分析结果一致。

在考虑外包模式时，公众的环保意识、法律法规对环境治理的强制要求对钢铁企业群体最终的演化稳定策略不会产生很大的影响，但是会对系统的演化轨迹产生影响，且影响的方向与未考虑外包模式时是一致的。

由于在考虑外包模式下不仅涉及钢铁企业群体还涉及到第三方回收处理商群体与钢铁企业群体间的合作，因此在下一章中对考虑外包模式下钢铁企业与第三方合作的演化博弈进行研究。

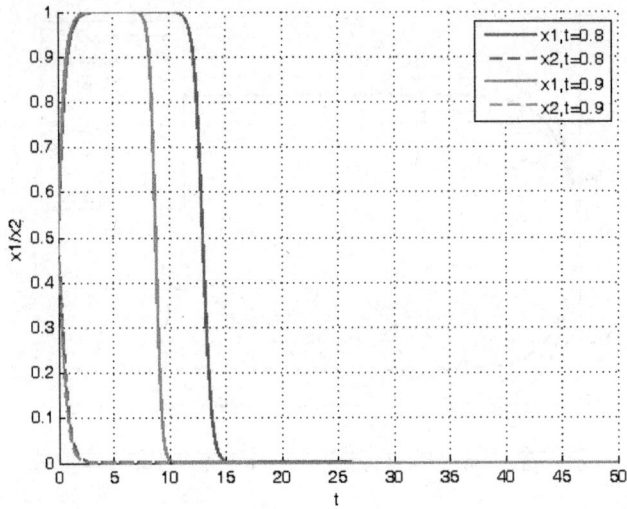

（a）对比图 5-1 中 τ 对系统演化的影响

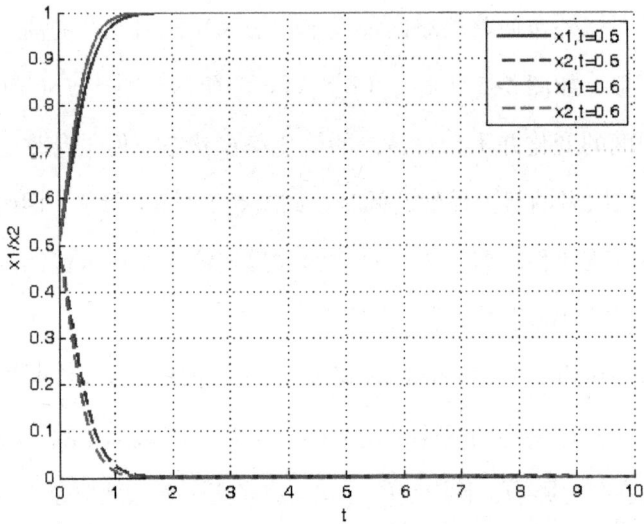

（b）对比图 5-2 中 τ 对系统演化的影响

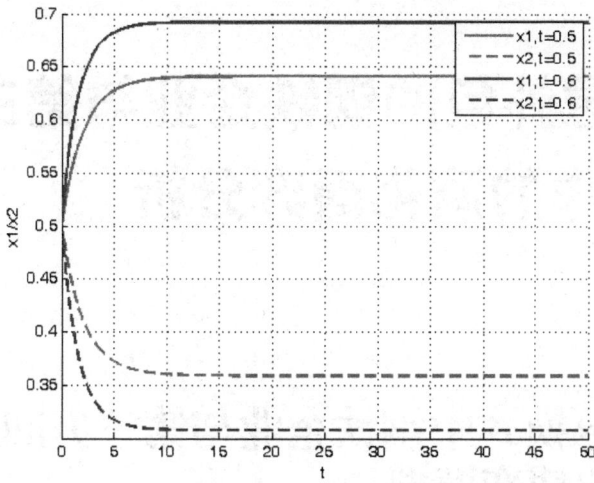

（c）对比图 5-3 中 τ 对系统演化的影响

图 5-5 回收者努力程度对系统演化稳定状态的影响

6. 考虑外包的钢铁企业与第三方合作的演化博弈分析

6.1 外包模式中钢铁企业与第三方回收商的演化博弈模型

6.1.1 模型描述与模型参数设定

本节以钢铁企业群体和第三方回收处理商群体作为研究对象；钢铁企业（记为 M）可以选择自营，企业间联营或与第三方（记为 T）合作；第三方可以选择与合作策略（记为 F_1），不合作策略（记为 F_2）或合作中掺杂（记为 F_3）。只有在钢铁企业选择外包，第三方选择合作，合作达成。否则一方将受到损失。外包方不合作的策略下，收益为 0；第三方合作但企业不外包的情况下，第三方遭受损失，且纯合作策略下比掺杂时的损失更大，分别记为 c_{n1}，c_{n3}，且 $c_{n1} > c_{n3}$；企业选择外包而第三方不合作时，钢铁企业会因为影响生产调度等损失，记为 c_m。

假设钢铁企业中采取自营模式的企业比例 x_1, $x_1 \in [0,1]$，采取联营模式的比例为 x_2, $x_2 \in [0,1]$，采取外包模式的企业比例为 $x_3=1- x_1- x_2$；第三方回收处理商中采取纯合作策略的第三方比例是 y_1, $y_1 \in [0,1]$, 不合作的第三方比例为 y_2, $y_2 \in [0,1]$, 合作中掺假的第三方比例 $y_3=1- y_1- y_2$。

$\prod_{ij}^{k}$ 代表对方采取 S_j 策略时，参与者 k 采取 S_i 策略时的收益，$k=M,\,T,$ $i=1,2,3,\ j=1,2,3,\ f_{s3}$ 表示采取外包策略时的期望收益。

6.1.2 收益矩阵

据上述假设，钢铁企业与第三方合作演化博弈模型支付矩阵见表 6-1。

表 6-1 　　　　　　钢铁企业与第三方合作演化博弈模型支付矩阵

M	T		
	F1	F2	F3
S1	$\prod_{1}^{M}$, $\prod_{1}^{T}$	$\prod_{2}^{M}$, $\prod_{2}^{T}$	$\prod_{3}^{M}$, $\prod_{3}^{T}$
S2	$\prod_{2}^{M}$, $\prod_{2}^{T}$	$\prod_{2}^{M}$, $\prod_{2}^{T}$	$\prod_{3}^{M}$, $\prod_{3}^{T}$
S3	$\prod_{3}^{M}$, $\prod_{3}^{T}$	$\prod_{3}^{M}$, $\prod_{3}^{T}$	$\prod_{3}^{M}$, $\prod_{3}^{B}$

钢铁企业 M 的收益矩阵：

$$M = \begin{bmatrix} \prod_{1}^{M} & \prod_{2}^{M} & \prod_{3}^{M} \\ \prod_{2}^{M} & \prod_{2}^{M} & \prod_{3}^{M} \\ \prod_{3}^{M} & \prod_{3}^{M} & \prod_{3}^{M} \end{bmatrix} ，第三方 3P 的收益矩阵： \quad T = \begin{bmatrix} \prod_{1}^{T} & \prod_{2}^{T} & \prod_{3}^{T} \\ \prod_{2}^{T} & \prod_{2}^{T} & \prod_{3}^{T} \\ \prod_{3}^{T} & \prod_{3}^{T} & \prod_{3}^{T} \end{bmatrix}$$

根据假设与参数设定：

$$\prod_{11}^{M} = \prod_{12}^{M} = \prod_{13}^{M} = \sum_{I=1,2}(v - c_I - p_I)(Q_0 + ap_I + b\tau) - C_L\tau^2 \quad (6-1)$$

$$\prod_{21}^{M} = \prod_{22}^{M} = \prod_{23}^{M} = \sum_{I=1,2}(v - p_d)(Q_0 + ap_I + b\tau) - \frac{C_L\tau^2}{2} \quad (6-2)$$

$$\prod_{31}^{M} = \sum_{I=1,2}(v - p_t)(Q_0 + ap_I + b\tau) \quad (6-3)$$

$$\prod_{32}^{M} = \sum_{I=1,2}(v - c_I - p_I)(Q_0 + ap_I + b\tau) - c_m \quad (6-4)$$

$$\Pi_{33}^{M} = \sum_{I=1,2} (v - p_t - \gamma c_t)(Q_0 + ap_1 + b\tau) \qquad (6-5)$$

$$\Pi_{11}^{T} = \Pi_{12}^{T} = -C_{n1} \qquad (6-6)$$

$$\Pi_{13}^{T} = \sum_{I=1,2} (p_t - c_1 - p_1)(Q_0 + ap_1 + b\tau) - C_L\tau^2 \qquad (6-7)$$

$$\Pi_{2}^{T} = \Pi_{2}^{T} = \Pi_{3}^{T} = 0 \qquad (6-8)$$

$$\Pi_{33}^{T} = \Pi_{31}^{A} = \sum_{I=1,2} [p_t - (1-\gamma)c_t - p_1](Q_0 + ap_1 + b\tau) - C_L\tau^2 \quad (6-9)$$

对于钢铁企业，可得：

采取自营模式的期望收益为：

$$f_{s_1} = y_1 \Pi_{11}^{M} + y_2 \Pi_{12}^{M} + (1 - y_1 - y_2) \Pi_{13}^{M} \qquad (6-10)$$

采取联营模式的期望收益为：

$$f_{s_2} = y_1 \Pi_{21}^{M} + y_2 \Pi_{22}^{M} + (1 - y_1 - y_2) \Pi_{23}^{M} \qquad (6-11)$$

采取外包策略的期望收益为：

$$f_{s3} = y_1 \Pi_{31}^{M} + y_2 \Pi_{32}^{M} + (1 - y_1 - y_2) \Pi_{33}^{M} \qquad (6-12)$$

群体的平均收益为：

$$\overline{f} = x_1 f_{s_1} + x_2 f_{s_2} + (1 - x_1 - x_2) f_{s3} \qquad (6-13)$$

对于第三方回收处理企业，可得：

采取单纯合作的期望收益为：

$$f_{F_1} = x_1 \Pi_{11}^{T} + x_2 \Pi_{12}^{T} + (1 - x_1 - x_2) \Pi_{13}^{T} \qquad (6-14)$$

采取不合作策略的期望收益为：

$$f_{F_2} = x_1 \Pi_{21}^{T} + x_2 \Pi_{22}^{T} + (1 - x_1 - x_2) \Pi_{23}^{T} \qquad (6-15)$$

采取外包策略的期望收益为：

$$f_{F_3} = x_1 \prod_{31}^{T} + x_2 \prod_{32}^{T} + (1 - x_1 - x_2) \prod_{33}^{T} \tag{6-16}$$

群体的平均收益为：

$$\overline{f} = y_1 f_{F_1} + y_2 f_{F_2} + (1 - y_1 - y_2) f_{F3} \tag{6-17}$$

6.1.3 复制动态方程与 ESS 分析

根据多群体复制动态方程（Selten, 1983, 1988），可以建立钢铁企业群体与第三方群体各策略的复制动态方程并对系统的演化稳定状态进行分析。下一步将通过对钢铁企业外包中与第三方的演化博弈分析，研究考虑第三方群体的策略时钢铁企业逆向物流网络模式的演化，以及各个影响因素对系统影响，从而进一步为我国钢铁企业逆向物流网络模式的选择提供参考，并为我国钢铁企业逆向物流的发展提供建议。

7. 钢铁企业逆向物流网络优化研究

逆向物流系统的高度复杂性、多样性、供需失衡性，使得系统的运作更依赖于物流网络。钢铁企业的逆向物流要向现代化的物流方向发展，提高钢铁的回收利用效率，改革废钢的供需体制，必须规划建设大型专业化的废钢加工配送网络，为钢铁企业实现高效的废钢循环利用网络创造基础条件。逆向物流与正向物流相比，传统的正向物流是单点对多点的模型，而逆向物流模型是从多点回收至单点的问题，相比传统的正向分发物流，具有更多的不确定性，更复杂。

逆向物流网络优化设计包括决策逆向物流网络结构、层次、各个层次设施的功能、位置、数量、设计容量以及设施间的分派方案等。逆向物流网络优化也是企业的战略层决策且与企业的逆向物流网络模式相关，本章研究钢铁企业自营逆向物流网络优化决策。

7.1 问题描述

本节研究钢铁企业逆向物流网络，对钢铁及废钢回收的网络集成优化。以企业网络建设中成本最小化和对周围环境影响的最小化为目标，同时在模型中考虑产品需求量、废钢回收量以及回收产品质量的不确定性，建立随机规划模型。

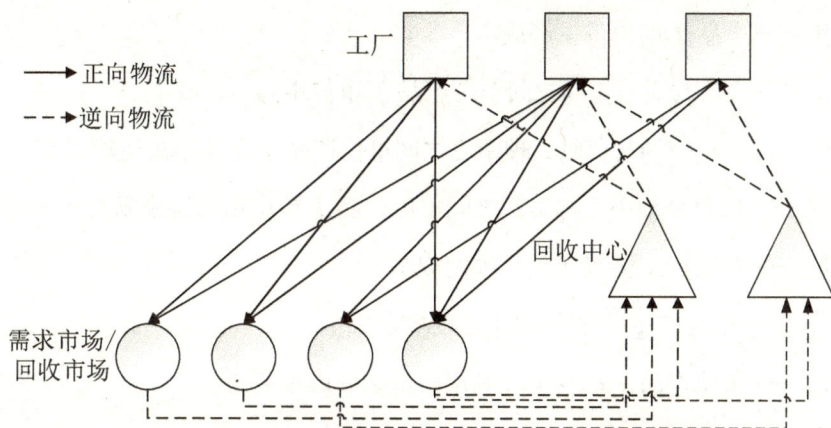

图 7-1　自营模式下逆向物流网络示意图

7.2 模型建立

7.2.1 假设、参数及决策变量的设定

假设如下：

1. 研究单阶段、多产品的废钢等产品回收循环再利用产品的逆向物流；

2. 所有已知需求市场的逆向废弃产品集中回收到回收处理中心；

3. 所有的回收材料都得到循环利用，没有剩余；

4. 需求市场的产品回收量和回收质量都是随机的。

模型中集合定义如下：

I —— 候选工厂地点集合 $i \in I$

J —— 需求市场集合 $j \in J$

K —— 候选回收处理中心地点集合 $k \in K$

L —— 产品种类集合 $l \in L$

参数定义如下：

A_l——产品 l 的单位生产成本

B_l——工厂与需求市场之间单位产品 l 单位距离运输成本

C_l——需求市场与回收处理中心之间单位产品 l 单位距离运输成本

D_l——回收处理中心与工厂之间单位产品 l 单位距离运输成本

E_i——在地点 i 开设工厂的固定成本

F_k—— 在地点 k 开设回收中心的固定成本

G_l——单位产品 l 的再循环利用所带来的成本节约

H_{jl}——需求市场 j 的回收产品 l 的单位回收处理成本，由于产品回收质量随机，回收处理成本为随机变量

P_{il}——工厂 i 对产品 l 的容量限制限制

Q_{kl}——回收中心 k 对产品 l 的容量限制

r_{jl}——需求市场 j 的产品 l 的回收量，为随机变量

s_{jl}——需求市场 j 的产品 l 的需求量，为随机变量

t_{ij}——工厂 i 到需求市场 j 的距离

t_{jk}——需求市场 j 到回收中心 k 的距离

t_{ki}——回收中心 k 到工厂 i 的距离

决策变量如下：

u_{ijl}——工厂 i 向需求市场 j 供应的产品 l 的生产量

v_{jkl}——需求市场 j 回收至回收处理中心 k 的产品 l 的数量

w_{kil}——回收中心 k 提供给工厂 i 的产品 l 的回收量

X_i——是否在地点 i 开设工厂的决策变量，1 表示地点 i 被选中，否则为 0

Y_k——是否在地点 k 开设回收中心的决策变量，1 表示地点 i 被选中，否则为 0

7.2.2 模型建立

以逆向物流网络中总成本最小化为目标一，包括了工厂与回收中心的固定投资成本、生产成本、回收产品的处理成本、循环利用节约成本和各节点之间的运输成本。同时，要考虑在逆向物流网络的建设中，工厂以及回收处理中心对环境的影响，包括能源的消耗，废弃物和有害物质的排放，噪声污染以及对居民的影响等。定义两个参数：

m_{il} 代表候选工厂地点 i 生产产品 l 对周围环境影响综合评价指数

n_{kl} 代表候选回收处理中心 k 回收处理产品 l 过程中的对周围环境影响综合评价指数。

环境综合评价参数可以通过层次分析、数据包络分析法、模糊综合评价等方法对回收产品材料的循环利用节能减排效能进行综合评价得到综合评价指数。以对周围环境的影响最小为模型的目标二。建立多目标模型如下：

$$Min \sum_i E_i X_i + \sum_k F_k Y_k + \sum_l \sum_i \sum_j \left(A_l - G_l + B_l t_{ij} \right) u_{ijl} + $$
$$\sum_l \sum_k \sum_j \left(H_{jl} + C_l t_{jk} \right) v_{jkl} + \sum_l \sum_k \sum_i D_l t_{ki} w_{kil} \tag{7-1}$$

$$Min \sum_l \sum_i \sum_j m_{il} u_{ijl} + \sum_l \sum_i \sum_k n_{kl} w_{kil} \tag{7-2}$$

$$\sum_i u_{ijl} \geqslant s_{jl} \sum_i u_{ijl} \geqslant s_{jl} \qquad \forall j,l \tag{7-3}$$

$$\sum_l \sum_k w_{kil} + \sum_l \sum_j u_{ijl} \leqslant X_i \sum_l P_{il} \qquad \forall i \tag{7-4}$$

$$\sum_j \sum_l v_{jkl} \leqslant Y_k \sum_l Q_{kl} \qquad \forall k \tag{7-5}$$

$$\sum_k v_{jkl} \leqslant \sum_i u_{ijl} \qquad \forall j,l \tag{7-6}$$

$$\sum_j v_{jkl} = \sum_i w_{kil} \qquad \forall k,l \tag{7-7}$$

$$\sum_k v_{jkl} = r_{jl} \qquad\qquad \forall j,l \qquad\qquad (7\text{-}8)$$

$$X_i, Y_k \in \{0,1\} \qquad\qquad \forall i,k \qquad\qquad (7\text{-}9)$$

$$u_{ijl}, v_{ikl}, w_{kil} \geq 0 \qquad\qquad \forall i,j,k,l \qquad\qquad (7\text{-}10)$$

约束 (7-3) 确保所有工厂生产产品满足所有需求市场需求；约束（7-4）表示工厂的容量限制；约束（7-5）表示回收处理中心的容量限制；约束（7-6）– 约束（7-8）表示节点流量逻辑限制；约束（7-9）–（7-10）为变量的取值范围。

7.2.3 多目标处理

求解多目标优化问题大多数是将向量优化问题转化为标量优化问题，权重法和约束法是两类基本方法。权重法中赋予不同的目标相应的权重，通过目标函数的加权和转化为单目标问题，权重法简单易操作，但是一个严重的缺点是权重法只适用于凸集模型；约束法是从全体目标中选择一个作为一个主目标，把其余的目标函数都作为约束条件。约束法理论上对非凸性和凸性问题都适用。Amin 等的研究表明，约束法在求解混合整数规划模型时更有效（Amin & Zhang, 2013）。采用约束法思想，将成本最小化目标作为主目标，将目标二转化为模型约束条件：

$$\sum_l \sum_i \sum_j m_{il} u_{ijl} + \sum_l \sum_i \sum_k n_{kl} w_{kil} \leq \varepsilon \qquad\qquad (7\text{-}11)$$

7.3 情景分析

7.3.1 情景分析模型

上述模型中，生产量和回收量以及回收处理产品都是不确定的，假设生产量、回收量和回收处理成本是相互独立的随机变量。结合离散的情景分析方法来处理随机变量。设情景集合为，$p\left(\xi_z\right)p\left(\xi_z\right)$ 为情景 ξ_z 发生的概率，将模型转化为基于情景的随机规划模型如下：

$$Min\sum_i E_i X_i + \sum_k F_k Y_k + \sum_z \sum_l \sum_i \sum_j p\left(\xi_z\right)\left(A_l - G_l + B_l t_{ij}\right)u_{ijl}\left(\xi_z\right) +$$

$$\sum_z \sum_l \sum_k \sum_j p\left(\xi_z\right)\left(H_{jl}\left(\xi_z\right) + C_l t_{jk}\right)v_{jkl}\left(\xi_z\right) +$$

$$\sum_z \sum_l \sum_k \sum_i p\left(\xi_z\right)D_l t_{ki} w_{kil}\left(\xi_z\right) \tag{7-12}$$

$s.\,t.$

$$\sum_l \sum_i \sum_j m_l u_{ijl}\left(\xi_z\right) + \sum_l \sum_i \sum_k n_{kl} w_{kil}\left(\xi_z\right) \leq \varepsilon \quad \forall z \tag{7-13}$$

$$\sum_i u_{ijl}\left(\xi_z\right) \geq s_{jl}\left(\xi_z\right) \qquad \forall j,l,z \tag{7-14}$$

$$\sum_l \sum_k w_{kil}\left(\xi_z\right) + \sum_l \sum_j u_{ijl}\left(\xi_z\right) \leq X_i \sum_l P_{il} \qquad \forall i,z \tag{7-15}$$

$$\sum_j v_{jkl}\left(\xi_z\right) \leq Y_k \sum_l Q_{kl} \qquad \forall k,z \tag{7-16}$$

$$\sum_k v_{jkl}\left(\xi_z\right) \leq \sum_i u_{ijl}\left(\xi_z\right) \qquad \forall j,l,z \tag{7-17}$$

$$\sum_j v_{jkl}\left(\xi_z\right) = \sum_i w_{kil}\left(\xi_z\right) \qquad \forall k,l,z \tag{7-18}$$

$$\sum_k v_{jkl}\left(\xi_z\right) = r_{jl}\left(\xi_z\right) \qquad \forall j,l,z \tag{7-19}$$

$$X_i, Y_k \in \left\{0,1\right\} \qquad \forall i,k \tag{7-20}$$

$$u_{ijl}\left(\xi_z\right), v_{ikl}\left(\xi_z\right), w_{kil}\left(\xi_z\right) \geq 0 \qquad \forall i,j,k,l,z \tag{7-21}$$

上述模型属于 NP-hard 问题，在已有研究基础上将情景分析与线性规划相结合来求解上述随机规划模型，在 MATLAB 2014a 平台中，调用 CPLEX 对模型算例进行求解。

7.3.2 算例

考虑某一大型钢厂建设废钢循环回收利用逆向物流网络，对工厂和回收中心设施网络进行集成设计。已知有 5 个工厂备选地点、8 个需求市场、3 个回收中心备选地点，考虑 3 类不同产品。备选网络节点相关参数见表 7-1。

由于需求市场需求及产品回收的不确定性，以情景 1 为基准，考虑不同情况下需求量、回收量和回收产品质量变动的组合下的 8 种可能发生的情景，参数如表 7-2 所示。情景发生的概率分别为（0.3 0.1 0.15 0.15 0.05 0.1 0.1 0.05）。备选网络节点、需求市场位置在 0 到 100 的二维平面中随机产生，并计算他们之间的欧式距离。

表 7-1　　　　　　　　　　备选网络节点相关参数

产品的生产成本：A_l = [800　600　500]
产品循环利用节约成本：G_l = [700　500　400]

地点	建设工厂的固定成本	对各产品的容量限制
1	1800000000	[50000000　30000000　20000000]
2	1500000000	[50000000　30000000　20000000]
3	1200000000	[50000000　30000000　20000000]
4	1000000000	[50000000　30000000　20000000]
5	800000000	[50000000　30000000　20000000]

地点	建设回收处理中心的固定成本	对产品的容量限制
1	1500000	[25000000　10000000　5500000]
2	120000	[25000000　10000000　5500000]
3	100000	[25000000　10000000　5500000]

表 7-2 　　　　　　　　　　　需求市场各节点相关参数

情景	需求市场	回收产品处理成本	需求量	回收量
情景1	1	[10 8 6]	[600000 500000 300000]	[250000 200000 180000]
	2	[8 5 3]	[500000 400000 250000]	[200000 180000 150000]
	3	[5 4 3]	[400000 300000 220000]	[180000 150000 130000]
	4	[4.8 4.5 4.3]	[300000 250000 200000]	[150000 130000 120000]
	5	[4 3.8 3.5]	[250000 200000 150000]	[130000 110000 100000]
	6	[3.8 3.5 3.2]	[150000 100000 80000]	[110000 80000 40000]
	7	[3.5 3.2 2.8]	[100000 80000 70000]	[60000 30000 25000]
	8	[3.2 2.8 2.3]	[80000 70000 50000]	[40000 25000 20000]
情景 2……情景 7				
情景8	1	[8 6 4]	[240000 190000 170000]	[580000 480000 280000]
	2	[6 3 1]	[190000 170000 140000]	[480000 380000 230000]
	3	[3 2 1]	[170000 140000 120000]	[380000 280000 200000]
	4	[2.8 2.5 2.3]	[140000 120000 110000]	[280000 230000 180000]
	5	[2 1.8 1.5]	[120000 100000 90000]	[230000 180000 130000]
	6	[1.8 1.5 .2]	[100000 70000 30000]	[130000 80000 60000]
	7	[1.5 1.2 .8]	[50000 20000 15000]	[80000 60000 50000]
	8	[1.2 0.8 .3]	[30000 15000 10000]	[70000 60000 40000]

7.3.3 结果分析

1. 首先以情景 1 为确定性情形，设 $\varepsilon=2000000$，对模型进行求解，得最优网络成本为 477060 万元，此时选中回收中心 2，工厂 3，4，5，各产品分配如图 7-2（a），（b），（c）所示分别是三种产品的网络结构图，其中实线表示正向物流，虚线表示逆向物流。约束法的缺点是容易受参数的影响，我们在可求解的范围内对参数 ε 作敏感性分析（见图 7-3（a），（b），结果如表 7-3 所示，决策者可权衡两个目标的优先重要性，选取适合的参数。

2. 结合情景分析，基于 8 个情景求解了随机规划模型，部分情景的参数见表 7-2，每个情景都代表了不同的产品需求量、回收量以及回收产品处理成本的组合。将基于情景分析的随机规划模型下网络的总成本与每个情景下的确定性模型的网络总成本进行对比，总成本的对比结果如图7-4所示，处于所有情景的平均水平。

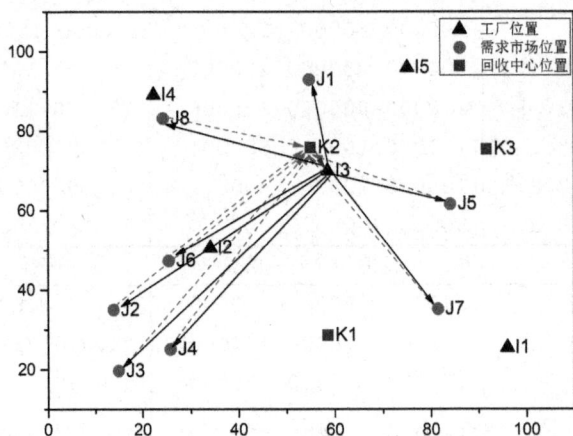

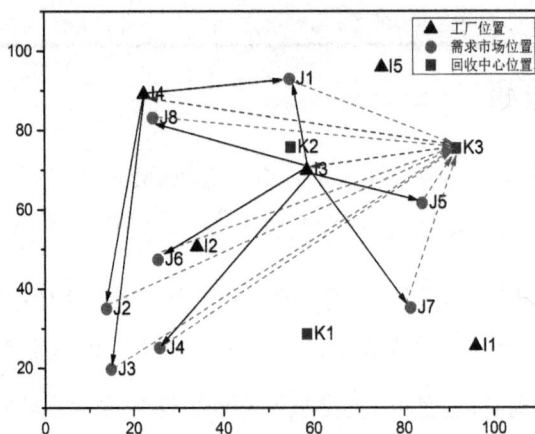

图7-2 最优的逆向物流网络结构图：
情景1（a）产品1，（b）产品2，（c）产品3

表 7-3 ε 敏感性分析

ε	网络成本	环境影响	ε	网络成本	环境影响
1200000	6328000000.00	1200000	3000000	8070600000.00	3000000
1300000	6604000000.00	1300000	4000000	6897400000.00	2907500
1400000	4788700000.00	1400000	5000000	5397400000.00	3877600
1500000	4779800000.00	1500000	6000000	5397400000.00	3877600
1600000	4772000000.00	1600000	7000000	5397400000.00	3877600
1700000	4770600000.00	1700000	8000000	5397400000.00	3877600
1800000	4770600000.00	1800000	9000000	5397400000.00	3877600
1900000	4770600000.00	1900000	10000000	5397400000.00	3877600
2000000	4770600000.00	2000000			

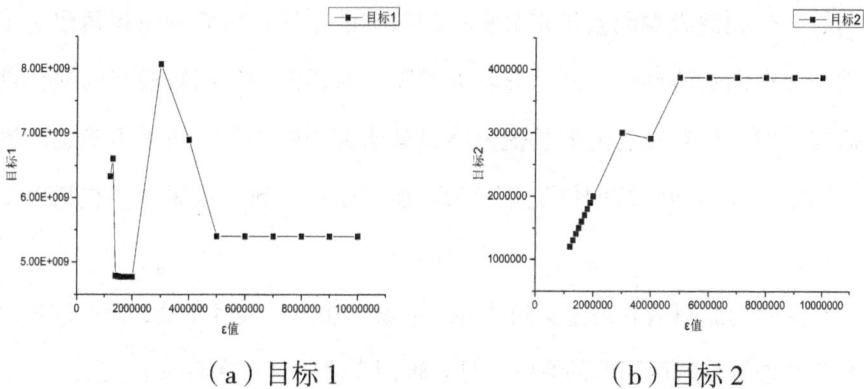

（a）目标1   （b）目标2

图 7-3   ε 值敏感性分析

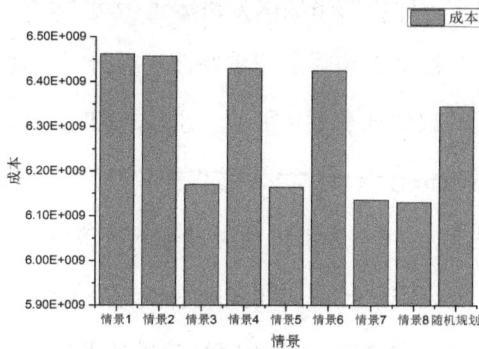

图 7-4   确定情景和随机规划情景下的成本

8. 研究总结及未来展望

8.1 研究总结

本文针对我国钢铁行业废钢回收回收率低，回收质量差，从而利用率低，迫切需要建立高效的逆向物流体系问题出发。对影响我国钢铁企业逆向物流网络构建关键影响因素识别分析；创新性的从演化博弈理论视角建立了钢铁企业逆向物流网络模式演化博弈模型，对逆向物流网络模式的演化进行研究；然后针对现有逆向物流网络设计研究中的不足，研究不确定环境下的钢铁企业逆向物流网络优化模型。前一阶段的研究成果主要包括以下几点：

1. 逆向物流网络的构建受到经济、市场、社会、自然环境、政府政策以及自身管理等多方面因素的影响，且多种因素之间也存在着关联关系，为了识别企业决策中的关键影响因素，研究中国根据现有的文献和调查收集了影响逆向网络构建的因素，应用网络层次分析法（Analytic Network Process, ANP）结合专家调查对各个影响因素的重要性进行分析。通过 ANP 模型，最终得到了各个元素的权值如表 3-9 所示。通过 ANP 的筛选，结果如下关键因素有（1）公众的环保意识，（2）环境保护效益，（3）企业形象，（4）政府对污染治理的要求，（5）废钢再利用带来的经济效益。表明公众的环保意识对我国钢铁企业废钢回收逆向物流网络构建决策中的影响系数最大。公众对废钢回收的积极参与是逆向物流网络建设的关键，很大程度上决定了物流的运行效率。其次废钢回收所能带来的环境保护效益起着重要的作用。此外，企业形象、政府对污染治理的要求以及废钢再利用带来的经济效益也起着重要的作用。企业的人员管理与沟通能力，信息管理能力，技术水平，经济实力，设施设备管理能力，信息反馈水平相对其他因素，对构建高效钢铁企业逆向物流网络的影响是很小的。

2. 对我国钢铁企业逆向物流网络构建的三种模式：自营模式，联营模式和外包模式进行对比分析。在定性分析的基础上，对我国钢铁企业逆向物流网络模式的演化进行了研究。

第一，以钢铁企业群体作为研究对象，建立考虑自营与联营模式的钢铁企业逆向物流网络构建中钢铁企业之间的合作演化博弈模型；对单群体钢铁企业逆向物流系统演化博弈模型的稳定性进行分析讨论，得到系统在长期演化条件下，可能的两种演化稳定策略。一是在从合作联盟取得成品废钢的价格高于自营回收加工时的可变成本时，群体中的钢铁企业在逆向物流活动的长期演化中，逐渐都采用自营网络模式；二是从联盟中获取废钢的可变成本更低时，群体中的钢铁企业在逆向物流活动的长期演化中，合作与不合作者并存，自营模式和联营模式也同时存在。在研究中用数值模拟对结果进行了验证，直观的展示了系统的演化轨迹，进而探讨了关键影响因素对系统演化的影响。研究表明公众的环保意识、法律法规对环境治理的强制要求都会很大的影响企业的逆向物流网络模式构建决策，且在公众环保意识不高的情况下，自营模式将成为我国钢铁企业逆向物流网络发展的主要模式。另外，产品的回收质量，回收处理成本，回收量以及联盟定价也会影响企业的决策，而废钢回收所能带来的间接和直接经济价值对采取何种模式进行回收则不会产生影响。

第二，以钢铁企业群体作为研究对象，考虑自营与联营模式外同时考虑外包模式，建立钢铁企业逆向物流网络模式演化博弈模型。通过演化稳定性分析得到系统在长期演化条件下，可能的三种演化稳定策略。一是固定成本高于在第三方取得废钢的可变成本与自营可变成本之差，也高于从第三方取得成本与从联营处获取废钢的可变成本之差时，经过长期的演化，钢铁企业群体趋向于均选择外包策略，该情况比较符合当前的实际情况，即使联营与第三方的价格也比较高，第三方的掺假存在，但由于建立逆向物流网络建设需要投入很高的固定成本，所以企业最终纷纷选择外包运营模式；二是当从钢铁企业联盟处获取废钢的可变成本与自营可变成本之差大于固定成本投入时，长期演化下，自营模式会成为系统的演化稳定均衡；三是经过长期的演化既有自营模式的企业也有联营模式的企业，但是不存在第三方模式的状态，同单考虑自营与联营模式的情形。对系统的演化进行了数值模拟，并分析关键影响因素对系统演化的影响，对比了单考虑自营与联营模式下的结果，对在考虑外包的情况下，钢铁企业逆向物流网络模式选择的演化稳定性受到的影响进行分析。

第三，由于在考虑外包模式下不仅涉及钢铁企业群体还涉及第三方回收处理商群体与钢铁企业群体间的合作，因此由考虑外包模式下钢铁企业与第三方合作的演化博弈初步建立模型。

3.建立了不确定环境下钢铁企业逆向物流网络多目标优化模型，以企业网络建设中成本最小化和对周围环境影响的最小化为目标，同时在模型中考虑产品需求量、废钢回收量以及回收产品质量的不确定性，建立随机规划模型。在求解中，初步结合情景分析，利用CPLEX对模型进行求解。

8.2 研究展望

1.针对考虑钢铁企业与第三方回收处理商的多群体非对称演化博弈的演化模型，建立复制动态方程，并对系统的演化稳定性进行分析，探究考虑多群体时，逆向物流网络模式的演化规律。对关键因素对系统的演化影响进行分析。结合我国钢铁企业逆向物流发展现状，为企业的逆向物流网络模式的选择提供参考意见。

2. 针对第 7 章中建立的逆向物流网络优化模型，设计随机模拟智能优化算法对模型进行求解，以适应实际工作中存在的更大的数据量。

3. 建立联营模式下的逆向物流网络优化模型，并设计算法对模型进行求解。

参考文献

[1] 扈云圈. 废钢铁加工与设备 [M]. 北京：化学工业出版社，2013.

[2] 中华人民共和国主席令. 中华人民共和国循环经济促进法 [Z]. 2008.

[3] 张群，邵球军，李岭. 论中国钢铁工业发展和循环经济 [J]. 冶金管理，2007(08)：38-41

[4] 张若生，张群，李岭. 循环经济与钢铁工业可持续发展研究 [J]. 冶金经济与管理，2009(02)：15-17

[5] Bortoni Herrera D. Who's Who in the Steel Consumption in the World: Global Trends and Impact [J] .International Journal of Good Conscience, 2012,7(2):114-128.

[6] Fleischmann M, Beullens P, Bloemhof-ruwaard J M, et al. The impact of product recovery on logistics network design [J] .Production and Operations Management, 2001,10(2):156-173.

[7] 周垂日，梁樑，许传永，等. 逆向物流研究的新进展：文献综述 [J]. 科研管理，2007(03)：123-132

[8] Fleischmann M, Krikke H R, Dekker R, et al. A characterisation of logistics networks for product recovery [J] .Omega, 2000,28(6):653-666.

[9] Wassenhove V L N, Thierry M C, Nunen V J A E, et al. Strategic Issues in Product Recovery Management [J] .California Management Review, 1995,37（2）:114.

[10] Lee J, Gen M, Rhee K. Network model and optimization of reverse logistics by hybrid genetic algorithm[J].Computers & Industrial Engineering, 2009,56（3）

:951–964.

[11] Zarei M, Mansour S, Husseinzadeh Kashan A, et al. Designing a reverse logistics network for end–of–life vehicles recovery [J] .Mathematical Problems in Engineering, 2010,2010:1–16.

[12] Alumur S A, Nickel S, Saldanha–da–Gama F, et al. Multi–period reverse logistics network design [J] .European Journal of Operational Research, 2012,220（1）:67–78.

[13] 马祖军，代颖. 再制造物流网络优化设计的扩展模型 [J]. 交通运输工程学报，2007，7（3）：121–126

[14] 马祖军，代颖，刘飞. 制造/再制造混合系统中集成物流网络优化设计模型研究 [J]. 计算机集成制造系统，2005（11）：1551–1557

[15] Zhou Y 和 W S. Generic model of reverse logistics network design [J] .Journal of Transportation Systems Engineering and Information Technology, 2008,8（3）:71–78.

[16] 何波，杨超. 基于成本/服务权衡的逆向物流网络设计问题研究 [J]. 中国管理科学，2008（04）：90–95

[17] Kroon L, Vrijens G. Returnable containers: an example of reverse logistics [J] .International Journal of Physical Distribution & Logistics Management, 1995,25（2）:56–68.

[18] Barros A I, Dekker R, Scholten V. A two–level network for recycling sand: A case study [J] .European Journal of Operational Research, 1998,110（2）:199–214.

[19] Louwers D, Kip B J, Peters E, et al. A facility location allocation model for reusing carpet materials[J].Computers & Industrial Engineering, 1999,36（4）:855–869.

[20] Ammons J C, Realff M J, Newton D. Reverse production system design and operation for carpet recycling [R] .1997.

[21] Kim J, Lee D. A restricted dynamic model for refuse collection network design in reverse logistics [J] .Computers & Industrial Engineering, 2013,66（4）:1131-1137.

[22] Hu T, Sheu J, Huang K. A reverse logistics cost minimization model for the treatment of hazardous wastes [J] .Transportation Research Part E, 2002,38（6）:457-473.

[23] 何波，杨超，张华，等. 固体废弃物逆向物流网络优化设计 [J]. 系统工程，2006（08）: 38-41

[24] 何波，杨超，张华. 废弃物回收的多层逆向物流网络优化设计问题研究 [J]. 中国管理科学，2007，15（3）: 61-67

[25] 何波，杨超，杨珺. 废弃物逆向物流网络设计的多目标优化模型 [J]. 工业工程与管理，2007（05）: 43-46

[26] Min H. A bicriterion reverse distribution model for product recall [J] .Omega, 1989,17（5）:483-490.

[27] Min H, Jeung Ko H, Seong Ko C. A genetic algorithm approach to developing the multi-echelon reverse logistics network for product returns [J] .Omega, 2006,34（1）:56-69.

[28] Li Y, Guo H, Wang L, et al. A Hybrid Genetic-Simulated Annealing Algorithm for the Location-Inventory-Routing Problem Considering Returns under E-Supply Chain Environment [J] .The Scientific World Journal, 2013,2013:1-10.

[29] Das D, Dutta P. A system dynamics framework for integrated reverse supply chain with three way recovery and product exchange policy [J] .Computers

& Industrial Engineering, 2013,66（4）:720-733.

［30］Jayaraman V, Guide V D R, Srivastava R. A closed-loop logistics model for remanufacturing［J］.The Journal of the Operational Research Society, 1999,50（5）:497-508.

［31］Tuzkaya G, G ü ls ü n B, ?nsel ?. A methodology for the strategic design of reverse logistics networks and its application in the Turkish white goods industry［J］.International Journal of Production Research, 2011,49（15）:4543-4571.

［32］Min H, Ko H. The dynamic design of a reverse logistics network from the perspective of third-party logistics service providers［J］.International Journal of Production Economics, 2008,113（1）:176-192.

［33］XiaoYan Q, Yong H, Qinli D, et al. Reverse logistics network design model based on e-commerce［J］.International Journal of Organizational Analysis, 2012,20（2）:251-261.

［34］岳辉，陈宇. 第三方逆向物流决策研究［J］. 物流技术，2004（6）: 38-40

［35］Spicer A J, Johnson M R. Third-party demanufacturing as a solution for extended producer responsibility［J］.Journal of Cleaner Production, 2004,12（1）:37-45.

［36］魏洁,李军. EPR下的逆向物流回收模式选择研究［J］. 中国管理科学, 2005，13（6）: 18-22

［37］Wei J, Zhao J. Reverse channel decisions for a fuzzy closed-loop supply chain ［J］.Applied Mathematical Modelling, 2013,37（3）:1502-1513.

［38］Savaskan R C, Van Wassenhove L N. Reverse Channel Design: The Case of Competing Retailers［J］.Management Science, 2006,52（1）:1-14.

［39］Savaskan C. Channel Choice and Coordination in a Remanufacturing Environment［Z］.2001.

［40］Savaskan R C, Bhattacharya S, Van Wassenhove L N. Closed–Loop Supply Chain Models with Product Remanufacturing［J］.Management Science, 2004,50（2）:239–252.

［41］姚卫新. 再制造条件下逆向物流回收模式的研究［J］. 管理科学,2004(1): 76–79

［42］易余胤. 基于再制造的闭环供应链博弈模型［J］. 系统工程理论与实践, 2009（8）: 28–35

［43］倪明，莫露骅. 两种回收模式下废旧电子产品再制造闭环供应链模型比较研究［J］. 中国软科学，2013（08）: 170–175

［44］Huang M, Song M, Lee L H, et al. Analysis for strategy of closed–loop supply chain with dual recycling channel［J］.International Journal of Production Economics, 2013,144（2）:510–520.

［45］Senthil S, Srirangacharyulu B, Ramesh A. A Decision Making Methodology for the Selection of Reverse Logistics Operating Channels［J］.Procedia Engineering, 2012,38（0）:418–428.

［46］Chiou C Y, Chen H C, Yu C T, et al. Consideration Factors of Reverse Logistics Implementation –A Case Study of Taiwan's Electronics Industry［J］.Procedia – Social and Behavioral Sciences, 2012,40（0）:375–381.

［47］贡文伟，葛翠翠，黄海涛. 基于灰色综合评价的逆向供应链回收模式选择研究［J］. 科技管理研究，2012（13）: 227–230

［48］Fleischmann M, Bloemhof–Ruwaard J M, Dekker R, et al. Quantitative models for reverse logistics: A review［J］.European Journal of Operational Research, 1997,103（1）:1–17.

［49］Lambert S, Riopel D, Abdul-Kader W. A reverse logistics decisions conceptual framework［J］.Computers & Industrial Engineering, 2011,61（3）:561-581.

［50］周根贵,曹振宇. 遗传算法在逆向物流网络选址问题中的应用研究［J］.中国管理科学，2005（01）：43-48

［51］达庆利，黄祖庆，张钦. 逆向物流系统结构研究的现状及展望［J］.中国管理科学，2004（01）：132-139

［52］Lau K H, Wang Y. Reverse logistics in the electronic industry of China: a case study［J］.Supply Chain Management: An International Journal, 2009,14（6）:447-465.

［53］Achillas C, Vlachokostas C, Aidonis D, et al. Optimising reverse logistics network to support policy-making in the case of Electrical and Electronic Equipment［J］.Waste Management, 2010,30（12）:2592-2600.

［54］El-Sayed M, Afia N, El-Kharbotly A. A stochastic model for forward reverse logistics network design under risk［J］.Computers & Industrial Engineering, 2010,58（3）:423-431.

［55］Salema M I G, Barbosa-Povoa A P, Novais A Q. An optimization model for the design of a capacitated multi-product reverse logistics network with uncertainty［J］.European Journal of Operational Research, 2007,179（3）:1063-1077.

［56］Keyvanshokooh E, Fattahi M, Seyed-Hosseini S M, et al. A dynamic pricing approach for returned products in integrated forward/reverse logistics network design［J］.Applied Mathematical Modelling, 2013,37（24）:10182-10202.

［57］戢守峰，李峰，董云龙，等. 基于遗传算法的三级逆向物流网络设计

模型研究［J］. 中国管理科学，2007（6）：86-91

［58］李波，曾成培. 一种逆向物流网络的多期动态选址方法［J］. 管理科学学报，2008，11（5）：76-84

［59］何波，孟卫东. 考虑顾客选择行为的逆向物流网络设计问题研究［J］. 中国管理科学，2009，17（6）：104-108

［60］Khajavi L T. An integrated forward/reverse logistics network optimization model for multi-stage capacitated supply chain［J］.iBusiness, 2011,03（02）:229-235.

［61］Hatefi S M, Jolai F. Robust and reliable forward reverse logistics network design under demand uncertainty and facility disruptions［J］.Applied Mathematical Modelling, 2014,38（9-10）:2630-2647.

［62］Cruz-Rivera R, Ertel J. Reverse logistics network design for the collection of End-of-Life Vehicles in Mexico［J］.European Journal of Operational Research, 2009,196（3）:930-939.

［63］Vahdani B, Tavakkoli-Moghaddam R, Modarres M, et al. Reliable design of a forward/reverse logistics network under uncertainty: A robust-M/M/c queuing model［J］.Transportation Research Part E: Logistics and Transportation Review, 2012,48（6）:1152-1168.

［64］Suyabatmaz A ?, Altekin F T, ?ahin G. Hybrid simulation-analytical modeling approaches for the reverse logistics network design of a third-party logistics provider［J］.Computers & Industrial Engineering, 2014,70:74-89.

［65］马祖军,代颖. 产品回收逆向物流网络优化设计模型[J]. 管理工程学报，2005，19（4）：114-117

［66］董景峰,王刚,吕民,等. 产品回收多级逆向物流网络优化设计模型[J]. 计算机集成制造系统，2008，14（1）：33-38

［67］Lieckens K, Vandaele N. Multi-level reverse logistics network design under uncertainty［J］.International Journal of Production Research, 2012,50（1）:23-40.

［68］Lee D, Dong M. Dynamic network design for reverse logistics operations under uncertainty［J］.Transportation Research Part E: Logistics and Transportation Review, 2009,45（1）:61-71.

［69］Das K, Chowdhury A H. Designing a reverse logistics network for optimal collection, recovery and quality-based product-mix planning［J］.International Journal of Production Economics, 2012,135（1）:209-221.

［70］Soleimani H, Govindan K. Reverse logistics network design and planning utilizing conditional value at risk［J］.European Journal of Operational Research, 2014,237（2）:487-497.

［71］Maynard Smith J. Evolution and the theory of games［M］.Cambridge University Press, 1982.

［72］Maynard Smith J, Price G R. The Logic of Animal Conflict［J］.Nature, 1973,246（5427）:15-18.

［73］Bishop D T, Cannings C. A generalized war of attrition［J］.Journal of Theoretical Biology, 1978,70（1）:85-124.

［74］Taylor P D, Jonker L B. Evolutionary stable strategies and game dynamics［J］.Mathematical Biosciences, 1978,40（1-2）:145-156.

［75］Foster D, Young P. stochastic evolutionary game dynamics［J］.Theoretical population biology, 1990,38（2）:219-232.

［76］Amir M, Berninghaus S K. Another Approach to Mutation and Learning in Games［J］.Games and Economic Behavior, 1996,14（1）:19-43.

［77］Kandori M, Mailath G J, Rob R. Learning, mutation, and long run equilibria in games［J］.Econometrica: Journal of the Econometric Society, 1993:29–56.

［78］Nowak M A, Sasaki A, Taylor C, et al. Emergence of cooperation and evolutionary stability in finite populations［J］.Nature, 2004,428（6983）:646–650.

［79］Riechmann T. Genetic algorithm learning and evolutionary games［J］.Journal of Economic Dynamics and Control, 2001,25（6–7）:1019–1037.

［80］Liu W, Wang X. An evolutionary game based particle swarm optimization algorithm［J］.Journal of Computational and Applied Mathematics, 2008,214（1）:30–35.

［81］Messerschmidt L, Engelbrecht A P. Learning to Play Games Using a PSO–Based Competitive Learning Approach［J］.IEEE Transactions on Evolutionary Computation, 2004,8（3）:280–288.

［82］Buesser P, Pe?a J, Pestelacci E, et al. The influence of tie strength on evolutionary games on networks: An empirical investigation［J］.Physica A: Statistical Mechanics and its Applications, 2011,390（23–24）:4502–4513.

［83］Chen Z, Qiu Y, Liu J, et al. Incentive mechanism for selfish nodes in wireless sensor networks based on evolutionary game［J］.Computers & Mathematics with Applications, 2011,62（9）:3378–3388.

［84］杨阳，荣智海，李翔. 复杂网络演化博弈理论研究综述［J］. 复杂系统与复杂性科学，2008（04）：47–55

［85］王龙，伏锋，陈小杰，等. 复杂网络上的演化博弈［J］. 智能系统学报，2007（02）：1–10

［86］Liu X, Pan Q, Kang Y, et al. Fixation probabilities in evolutionary games with the Moran and Fermi processes［J］.Journal of Theoretical Biology,

2015,364（0）:242-248.

[87] Chen J, Jiao L C, Wu J, et al. Fast efficient spectrum allocation and heterogeneous network selection based on modified dynamic evolutionary game ［J］.Physical Communication, 2014,13（0）:53-60.

[88] Aristotelous A C, Durrett R. Chemical evolutionary games ［J］.Theoretical Population Biology, 2014,93（0）:1-13.

[89] Afshar M, Giraldeau L. A unified modelling approach for producer scrounger games in complex ecological conditions ［J］.Animal Behaviour, 2014,96（0）:167-176.

[90] Yokoi H, Uehara T, Sakata T, et al. Evolution of altruism in spatial prisoner' s dilemma: Intra- and inter-cellular interactions ［J］.Physica A: Statistical Mechanics and its Applications, 2014,416（1）:361-370.

[91] Araujo R A, Moreira H N. Lyapunov stability in an evolutionary game theory model of the labour market ［J］.EconomiA, 2014,15（1）:41-53.

[92] Wang J, Zhou Z, Botterud A. An evolutionary game approach to analyzing bidding strategies in electricity markets with elastic demand ［J］.Energy, 2011,36（5）:3459-3467.

[93] Araujo R A, de Souza N A. An evolutionary game theory approach to the dynamics of the labour market: A formal and informal perspective ［J］.Structural Change and Economic Dynamics, 2010,21（2）:101-110.

[94] Anastasopoulos N P, Anastasopoulos M P. The evolutionary dynamics of audit ［J］.European Journal of Operational Research, 2012,216（2）:469-476.

[95] Tian Y, Govindan K, Zhu Q. A system dynamics model based on evolutionary game theory for green supply chain management diffusion among Chinese manufacturers ［J］.Journal of Cleaner Production, 2014,80（0）:96-105.

［96］Basu K. Civil institutions and evolution: Concepts, critique and models［J］.Journal of Development Economics, 1995,46（1）:19–33.

［97］Bester H, Güth W. Is altruism evolutionarily stable?［J］.Journal of Economic Behavior & Organization, 1998,34（2）:193–209.

［98］Guttman J M. On the evolutionary stability of preferences for reciprocity［J］.European Journal of Political Economy, 2000,16（1）:31–50.

［99］罗昌瀚. 非正式制度的演化博弈分析［D］. 吉林大学，2006.

［100］Rege M 和 N K. On social norms: the evolution of considerate smoking behavior［J］.Journal of economic behavior & organization, 2003,52（3）:323–340.

［101］Cao H, Zhang S. Analysis of the main interests of agricultural insurance main body based on the perspective of evolutionary game［J］.Agriculture and Agricultural Science Procedia, 2010,1（0）:354–363.

［102］Qin J, Yi Y, Wu H, et al. Some results on ethnic conflicts based on evolutionary game simulation［J］.Physica A: Statistical Mechanics and its Applications, 2014,406（0）:203–213.

［103］Menniti D, Pinnarelli A, Sorrentino N. Simulation of producers behaviour in the electricity market by evolutionary games［J］.Electric Power Systems Research, 2008,78（3）:475–483.

［104］Cai G, Kock N. An evolutionary game theoretic perspective on e-collaboration: The collaboration effort and media relativeness［J］.European Journal of Operational Research, 2009,194（3）:821–833.

［105］Lamantia F, Radi D. Exploitation of renewable resources with differentiated technologies: An evolutionary analysis［J］.Mathematics and Computers in Simulation, 2015,108（0）:155–174.

［106］易余胤，盛昭瀚，肖条军. 企业自主创新、模仿创新行为与市场结构的演化研究［J］. 管理工程学报，2005（01）：14-18

［107］冯南平，占李桢，张璐. 基于演化博弈的产业共生行为的研究［J］. 合肥工业大学学报（自然科学版），2014，37（02）：232-237

［108］Ji P, Ma X, Li G. Developing green purchasing relationships for the manufacturing industry: An evolutionary game theory perspective［J］.International Journal of Production Economics, 2014（0）.

［109］ZHU Q, DOU Y. Evolutionary Game Model between Governments and Core Enterprises in Greening Supply Chains［J］.Systems Engineering－Theory & Practice, 2007,27（12）:85-89.

［110］Zhao R, Neighbour G, Han J, et al. Using game theory to describe strategy selection for environmental risk and carbon emissions reduction in the green supply chain［J］.Journal of Loss Prevention in the Process Industries, 2012,25（6）:927-936.

［111］Jalali Naini S G, Aliahmadi A R, Jafari-Eskandari M. Designing a mixed performance measurement system for environmental supply chain management using evolutionary game theory and balanced scorecard: A case study of an auto industry supply chain［J］.Resources, Conservation and Recycling, 2011,55（6）:593-603.

［112］Sikhar B, Gaurav A, W. J C Z, et al. A decision framework for the analysis of green supply chain contracts: An evolutionary game approach［J］.Expert Systems with Applications, 2012,39（3）:2965-2976.

［113］Huizhong D, Hongli S. Research on Duplication Dynamics and Evolutionary Stable of Reverse Supply Chain［J］.Physics Procedia, 2012,24（0）:705-709.

［114］殷向洲. 基于演化博弈的闭环供应链协调问题研究［D］. 武汉理工大学，
2008.

［115］易俊，王苏生. 多样化逆向供应链回收模式演化博弈模型［J］. 深圳
大学学报（理工版），2012，29（02）：183-188

［116］王文宾. 演化博弈论研究的现状与展望［J］. 统计与决策，2009（03）：
158-161

［117］Saaty T L. Decision Making with Dependence and Feedback: The Analytic
Network Process : the Organization and Prioritization of Complexity
［M］.1996.

［118］Saaty T L. Theory and applications of the analytic network process:
Decision making with benefits, opportunities, costs, and risks［M］.RWS
Publications, 2005.

［119］Thomas L S. DECISION MAKING – THE ANALYTIC HIERARCHY AND
NETWORK PROCESSES（AHP/ANP）［J］.Journal of Systems Science
and Systems Engineering, 2004（01）:1-35.

［120］Saaty T L. Decision making for leaders: the analytical hierarchy process for
decisions in a complex world［M］.Lifetime Learning Publications, 1982.

［121］Savaskan R C, Bhattacharya S, Van Wassenhove L N. Closed-Loop Supply
Chain Models with Product Remanufacturing［J］.Management Science,
2004,50（2）:239-252.

［122］Mukhopadhyay S, Setoputro R. Optimal return policy and modular design
for build-to-order products［J］.Journal of Operations Management,
2005,23（5）:496-506.

［123］Friedman D. Evolutionary Games in Economics［J］.Econometrica,
1991,59（3）:637.

［124］威布尔 乔根 . W.. 演化博弈论［G］. 上海：上海人民出版社，2006.

［125］王玉燕，李帮义，申亮. 两个生产商的逆向供应链演化博弈分析［J］.
系统工程理论与实践，2008（04）：43-49

［126］栗鸿源. 环保税法征求意见：钢铁行业等超标排污将加倍征收环保
税［EB/OL］.［2015-9-21］. http://www.mlr.gov.cn/xwdt/jrxw/201506/
t20150615_1354376.htm.

［127］Selten R. Evolutionary stability in extensive two-person games
［J］.Mathematical Social Sciences, 1983,5（3）:269-363.

［128］Selten R. Evolutionary stability in extensive two-person games - correction
and further development［J］.Mathematical Social Sciences, 1988,16（3）
:223-266.

［129］Amin S H, Zhang G. A multi-objective facility location model for closed-
loop supply chain network under uncertain demand and return［J］.Applied
Mathematical Modelling, 2013,37（6）:4165-4176.

缩写和符号清单

AHP：层次分析法

BFG：高炉煤气

BOF/BF：高炉 – 转炉炼钢技术

COG：焦炉煤气

DRI：直接还原铁

DRI/EAF：直接还原铁 – 电弧炉炼钢技术

EAF：电弧炉

J：焦耳

Kgce：千克标煤

Kj：千焦

LDG：转炉煤气

PJ：拍焦

SD：系统动力学